서울대 한국어

Student's Book 5A

서울대학교 언어교육원

서울대 한국어 5A Student's Book

지은이 서울대학교 언어교육원
편집인 박형만, 윤여선, 임슬기, 양승주
펴낸곳 (주)투판즈
서울시 강남구 논현로 303
Tel (02)2140-2500
Fax (02)2140-2599
www.twoponds.co.kr
등록 1980년 10월 7일 제2004-000086호
디자인 두울스튜디오 / 새담디앤피
초판 1쇄 2012년 3월 1일
25쇄 2025년 5월 1일

ISBN 978-89-539-4960-7

Written by Language Education Institute, Seoul National University
Published by TWOPONDS Co., Ltd.
Designed by Doool Studio / SAEDAM D&P

머리말

〈서울대 한국어 5A Student's Book〉은 한국어 성인 학습자를 위한 정규 과정용(약 200시간) 한국어 교재 시리즈 중 다섯 번째 책이다. 이 책은 800시간의 한국어 교육을 받았거나 그에 준하는 한국어 능력을 가진 성인 학습자들이 정치, 경제, 사회, 문화 등 사회적 영역과 관련된 다양한 주제로 의사소통을 하고 자신의 전문 분야에서의 업무 수행에 필요한 언어 기능을 익힐 수 있도록 하는 데 목적이 있다. 이를 위해 본 책은 다음과 같은 특징을 가지고 있다.

첫째, 고급 학습자에게 적합한 주제를 선정하고 이를 기반으로 의사소통 활동이 이루어지도록 주제 중심적 교수요목으로 구성하였다. 주제는 인간, 사회, 문화, 교양을 대범주로 하여 사랑, 가족 등 개인적인 주제, 직장, 교육 등 사회적인 주제, 한국 문화, 대중문화 등 문화적인 주제, 역사, 문학 등 교양 차원의 주제로 나누어 선정하였다. 이와 같이 대주제의 하위에 2~3개의 소주제를 설정하여 단원 구성을 함으로써 해당 주제에 대한 심화 학습을 꾀하였다.

둘째, 듣기, 말하기, 읽기, 쓰기의 네 언어 기술을 한 과 내에서 학습하는 기술 통합형으로 구성하고 구어 학습과 문어 학습이 긴밀하게 연계되도록 구성하였다. 읽기와 듣기는 주제를 중심으로 선정된 다양한 텍스트를 이해하고 후 활동으로 말하기를 연계하였다. 듣기는 주제 중심의 듣기와 담화 기능 중심의 듣기로 나뉘는데, 특히 후자는 동의 구하기, 끼어들기, 화제 전환하기 등의 담화 기능이 포함된 구어 텍스트를 이해하고 담화 구조 및 담화 기능 표현을 익혀 말하기 중심의 과제에서 사용하도록 하였다.

셋째, 기술별 학습과 연계된 말하기와 쓰기 중심의 과제를 구성하였다. 말하기 과제는 듣기에서 익힌 담화 구조와 담화 기능 표현을 바탕으로 주민 회의, 공청회, 발표 등 실제적 상황에서 담화 층위의 수행을 하도록 하였다. 쓰기는 읽기의 주제 및 텍스트 구조와 연계하여 과정 중심적인 쓰기 활동을 하도록 하였다.

넷째, 고급 수준의 어휘 및 문법 학습이 체계적으로 이루어지도록 구성하였다. 어휘는 주제 어휘와 유형별 어휘를 구분하여 제시하였다. 주제 어휘는 각 과의 주제와 유기적으로 연계될 수 있도록 의미장으로 제시하여 체계적인 어휘력을 기를 수 있도록 하였다. 또한 매 단원별로 의성어, 의태어, 관용어, 속담 등 유형별 어휘를 제시하여 어휘 확장을 꾀하고 언어와 문화의 통합 학습이 가능하도록 하였다. 또한 고급 수준의 학습자에게 필요한 문법 항목을 제시하여 학습자가 상위의 의사소통 맥락에서 적합한 구조를 사용할 수 있도록 하였다.

다섯째, 멀티미디어 학습 자료를 함께 제공하여 수업용으로뿐만 아니라 자율 학습용으로도 사용이 가능하도록 하였다. 멀티미디어 학습 자료에는 각 과의 읽기 및 듣기 텍스트, 주제 어휘 · 문법 항목 · 담화 기능 표현의 목록 및 예문과 함께 오디오 파일 등을 제공하여 예습과 복습에 효과적으로 이용할 수 있게 하였다. 특히 듣기는 2단계로 구성된 받아쓰기 연습을 통해 음성 언어 이해의 정확성을 향상시키도록 하였다.

여섯째, 사진과 삽화 등 다양한 시각 자료를 풍부하게 제공하여 실제적이고 흥미 있는 학습이 가능하도록 하였다. 단원의 각 항목을 이해하는 데 도움이 되는 시각 자료를 통해 의미와 상황을 정확하게 전달하고 학습자의 흥미를 유발함으로써 학습 효과를 높이고자 하였다.

이 책이 완성되기까지 많은 분들의 노력과 수고가 있었다. 오랜 기간에 걸쳐 집필 및 출판 과정에 참여한 교재개발위원회 선생님들의 헌신이 없었다면 책이 만들어질 수 없었을 것이다. 또한 집필 초기에 참여한 광운대학교 박성현 선생님, 2011년 여름 학기에 수업에서 사용하며 꼼꼼하게 수정해 주신 박지영, 민정원, 하신영, 성석제, 윤수진, 신윤희, 김미연, 이성준 선생님, 정확한 발음으로 녹음을 해 주신 성우 임채헌, 윤미나 선생님의 노고에 감사를 드린다. 아울러 책이 출판되기까지 오랜 기간 동안 작업을 도와주신 투판즈의 사장님과 도현정 부장님, 박형만 편집팀장님, 양승주 대리님, 윤여선 씨, 임슬기 씨를 비롯한 편집진 여러분께도 고마운 마음을 전한다.

2012. 3.

서울대학교 언어교육원

원장 김 진 완

일러두기

서울대 한국어 5A Student's Book은 총 6단원 15과로 되어 있다. 주제에 따라 나뉜 각 단원에 2~3개의 소주제를 가진 과가 포함되어 있다. 한 과는 '들어가기(이야기해 보세요-들어 보세요), 읽고 말하기(주제 어휘-읽어 보세요-이야기해 보세요-문법과 표현), 듣고 말하기(들어 보세요 1 · 2-이야기해 보세요), 과제, 자기 평가, 보충 어휘, 어휘와 표현 목록'으로 구성되어 있다. 각 과의 세부 내용은 다음과 같다.

과별 주제, 읽고 말하기, 듣고 말하기, 과제, 문법, 어휘 영역의 학습 목표가 제시된다.

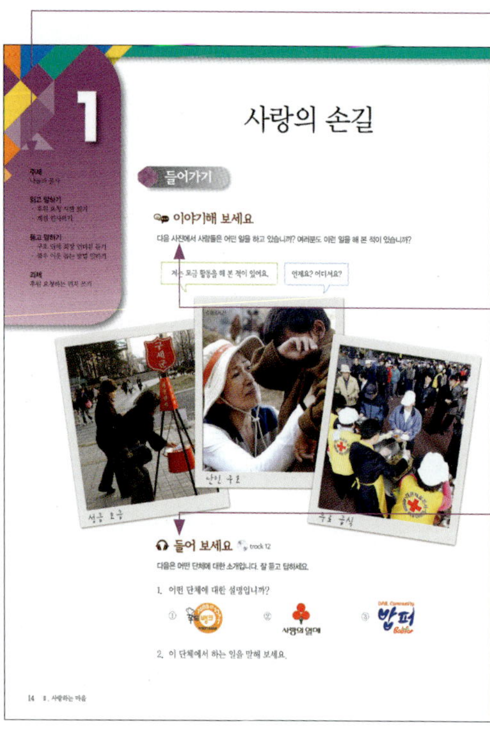

들어가기

〈이야기해 보세요〉, 〈들어 보세요〉로 구성된다.

해당 과의 주제, 읽고 말하기, 듣고 말하기, 과제의 학습 목표가 제시된다.

이야기해 보세요

그림, 사진 등의 시각 자료를 활용해 주제를 도입함으로써 학습자의 배경 지식을 활성화하고 내적 동기를 이끌어 낸다.

들어 보세요

주제와 관련된 짧은 듣기를 통해 주제를 도입한다.

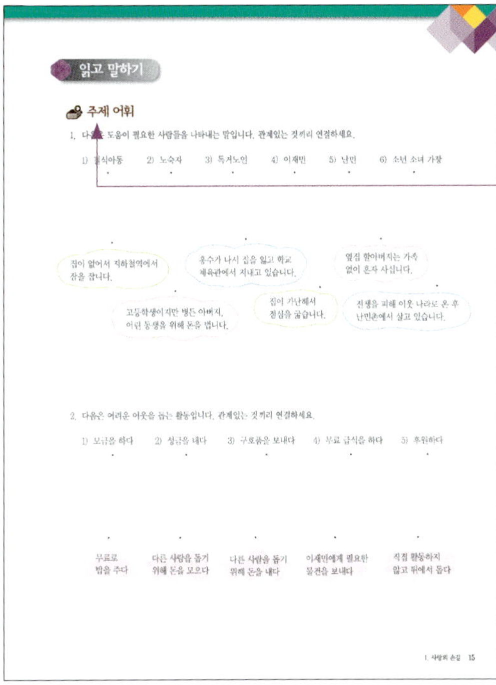

읽고 말하기

〈주제 어휘〉, 〈읽어 보세요〉, 〈이야기해 보세요〉, 〈문법과 표현〉으로 구성된다.

주제 어휘

읽기 전 단계로 주제와 관련된 어휘를 의미장으로 범주화하여 제시하고 문장이나 대화 단위 연습을 통해 의미와 용법을 익힌다.

읽어 보세요

설명문, 수필, 소설, 신문 기사 등 다양한 장르의 문어 텍스트를 읽고 글의 구조 및 언어 표현을 이해하고 훑어 읽기, 자세히 읽기 등의 읽기 기술을 학습한다.

이야기해 보세요

읽은 후 단계로 말하기를 통해 학습 내용을 강화하고 개인화하여 표현한다.

문법과 표현

읽기 텍스트에 포함된 문법과 표현 항목과 해당 예문을 제시하여 의미와 용법을 익힌다.

일러두기

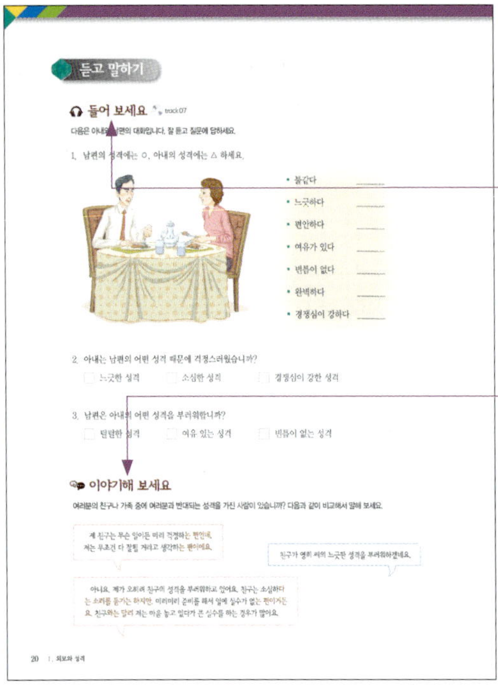

듣고 말하기

듣고 보세요 track07

다음은 아내와 남편의 대화입니다. 잘 듣고 질문에 답하세요.

1. 남편의 성격에는 ○, 아내의 성격에는 △ 하세요.

- 불같다
- 느긋하다
- 편안하다
- 여유가 있다
- 빈틈이 없다
- 완벽하다
- 경쟁심이 강하다

2. 아내는 남편의 어떤 성격 때문에 걱정스러웠습니까?

느긋한 성격 / 소심한 성격 / 경쟁심이 강한 성격

3. 남편은 아내의 어떤 성격을 부러워합니까?

털털한 성격 / 여유 있는 성격 / 빈틈이 없는 성격

이야기해 보세요

여러분의 친구나 가족 중에 여러분과 반대되는 성격을 가진 사람이 있습니까? 다음과 같이 비교해서 말해 보세요.

제 친구는 무슨 일이든 미리 걱정하는 편인데, 저는 무조건 다 잘될 거라고 생각하는 편이에요.

친구가 영희 씨의 느긋한 성격을 부러워하겠네요.

아니요, 제가 오히려 친구의 성격을 부러워하고 있어요. 친구는 소심하다는 소리를 듣기는 하지만, 미리미리 준비를 해서 일에 실수가 없는 편이거든요. 친구와는 달리 저는 마음 놓고 있다가 큰 실수를 하는 경우가 많아요.

20 I. 외모와 성격

듣고 말하기

〈들어 보세요〉 또는 〈들어 보세요 1 · 2〉와 〈이야기해 보세요〉로 구성된다.

들어 보세요

대화, 대담, 발표 등의 다양한 구어 텍스트를 들으며 듣기 기술을 학습한다.

이야기해 보세요

들은 후 단계에서 말하기로 연계하여 학습한 주제를 심화하거나 내재화한다.

듣고 말하기

들어 보세요 1 track22

다음은 회의의 대화입니다. 잘 듣고 질문에 답하세요.

1. 회의의 어느 부분입니까? 어떤 표현으로 알 수 있습니까?

2. 제안할 때 어떤 표현을 쓰고 있습니까?

3. 이와 같이 회의를 시작할 때와 제안할 때 쓰는 표현을 정리해 보세요.

회의 시작하기	제안하기
• 지금부터 ~을 시작하겠습니다 • 오늘의 안건은 ~입니다 • 많은 의견 부탁드립니다 • 좋은 의견 많이 부탁드립니다	• 제 생각에는 [제가 생각하기에는] ~는 것이 좋겠습니다 • ~는 것이 좋다고 생각합니다 • 제 생각에는 [제가 생각하기에는] ~었으면 합니다 [좋겠습니다] • ~으면 어떨까요? • ~는 것이 어떨까요? • 무엇보다 ~는 것이 필요합니다

18 II. 가정과 사회

들어 보세요 1

토론, 토의, 대담 등에 사용되는 담화 기능 표현을 이해하고 정리한다.

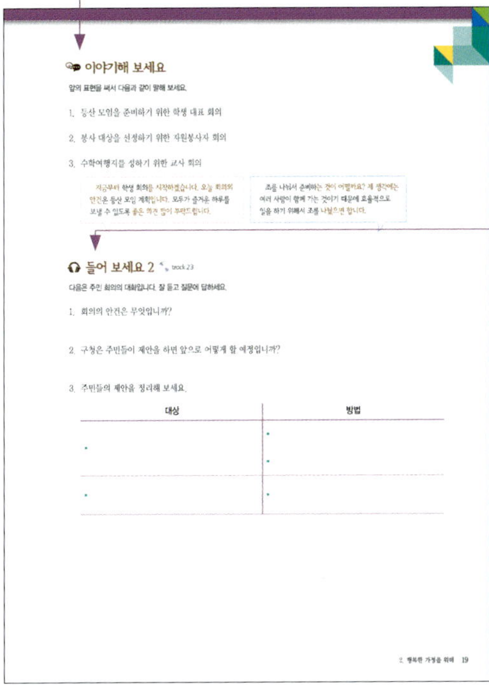

이야기해 보세요

〈들어 보세요 1〉에서 제시된 담화 기능 표현을 사용하여 의견을 표현한다.

들어 보세요 2

토론, 토의, 대담 등의 담화 구조와 담화 기능 표현을 이해함으로써 말하기 중심의 과제로 연계한다.

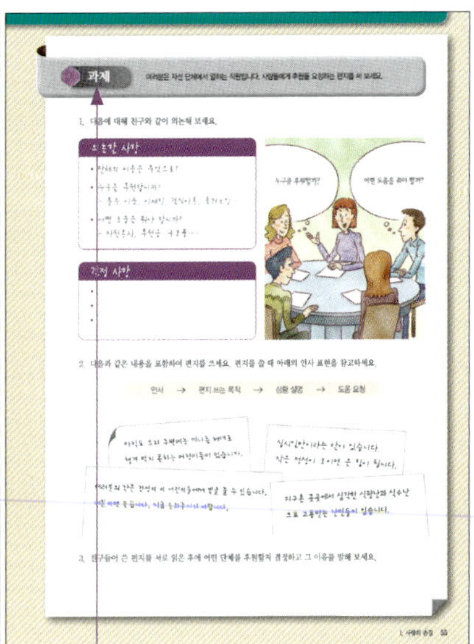

과제

말하기와 쓰기 중심의 과제를 수행한다.

말하기 중심의 과제에서는 〈들어 보세요 1〉에서 익힌 담화 기능 표현을 활용하여 담화 단위의 상호활동을 한다.

쓰기 중심의 과제에서는 〈읽어 보세요〉의 주제, 텍스트 구조를 바탕으로 과정 중심의 쓰기 활동을 한다.

일러두기

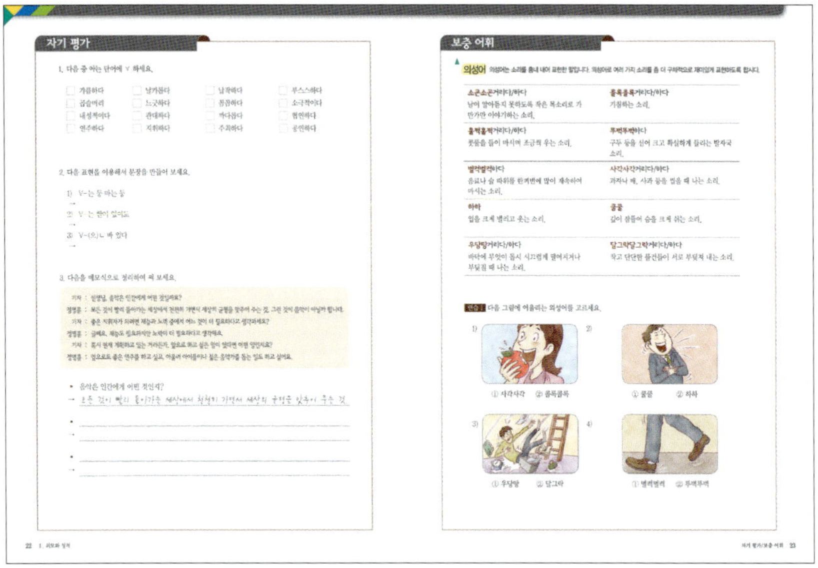

자기 평가

어휘와 문법을 중심으로 학습자 스스로 학습 정도를 점검함으로써 자기 주도 학습으로 이끈다.

보충 어휘

의성어, 의태어, 관용어, 속담 등 유형별 어휘의 의미를 파악하고 문맥 내에서의 용법을 이해한다.

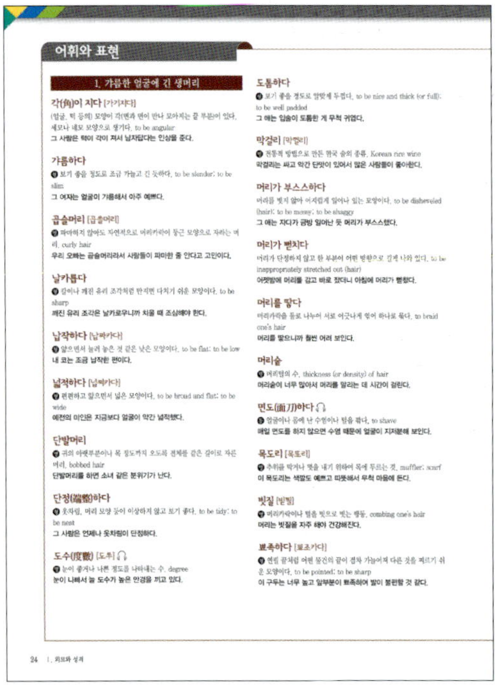

어휘와 표현

해당 과에 출현한 어휘의 뜻풀이(한국어, 영어), 예문, 이해의 편의를 돕기 위한 사진 자료 등이 제시된다. 음운 규칙이 적용되는 어휘는 [ ]에 발음이 표기되고, 한자어는 한자 정보가 함께 제공된다. 또한 듣기 지문에 나오는 주요 어휘는 🎧 으로 따로 표시된다.

부록

부록은 〈보충 자료〉, 〈듣기 지문〉, 〈모범 답안〉, 〈어휘 색인〉으로 구성된다.

보충 자료

단원별 내용 이해에 도움을 줄 수 있는 자료가 글, 지도, 사진 등의 형태로 제공된다.

듣기 지문

각 과의 〈들어가기〉와 〈듣고 말하기〉의 '들어 보세요' 내용이 텍스트로 제공된다.

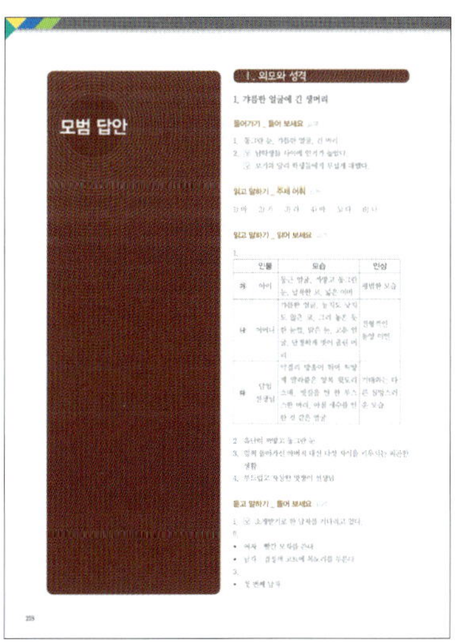

모범 답안

각 과에 포함된 연습 문제의 답이 모범 답안 형태로 제공된다.

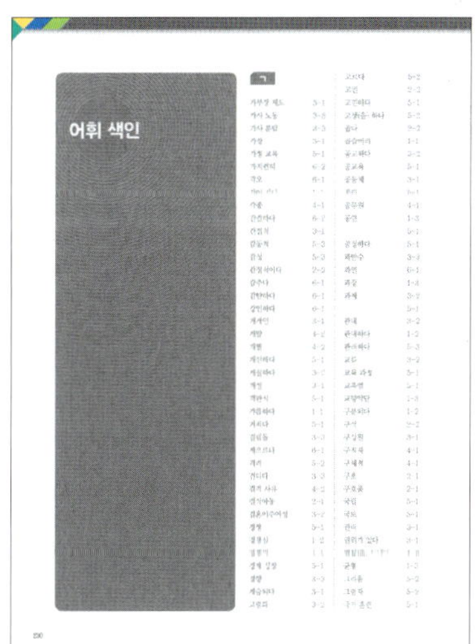

어휘 색인

각 과의 어휘와 표현을 가나다순으로 정리하고 출현한 단원과 과를 함께 제시한다.

일러두기

멀티미디어 학습 자료

각 과의 읽기 텍스트와 듣기 지문, 오디오 파일, 주제 어휘 · 문법과 표현 · 담화 기능 표현의 예문 및 오디오 파일, 사전, 사진, 동영상 등의 다양한 참고 자료를 제공한다.

- 읽기 텍스트 내용을 들어 볼 수 있다.
- 새 단어의 뜻과 예문을 확인할 수 있다.

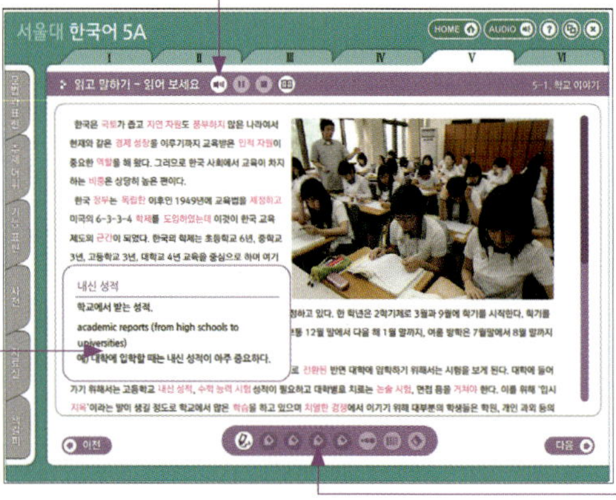

- 필요한 부분에 줄을 긋거나 표시할 수 있다.

- 들으면서 받아쓰기 연습을 할 수 있다.
- 듣기 지문을 볼 수 있다.
- 문법과 표현 · 주제 어휘의 예문을 확인할 수 있다.

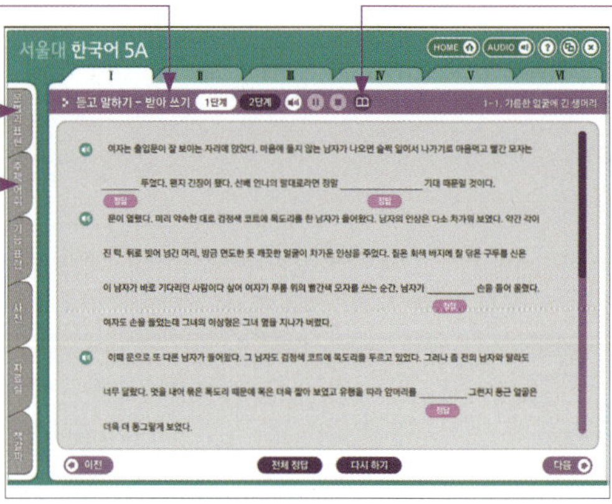

- 담화 기능 표현을 확인하고 예시 대화를 들어 볼 수 있다.
- 이미지, 동영상, 오디오, mp3 파일 등을 확인할 수 있다.
- 새 단어의 뜻과 예문을 확인할 수 있고 온라인으로 표준국어대사전에서 단어를 검색할 수 있다.
- 학습한 위치를 저장하여 그곳으로 이동할 수 있다.

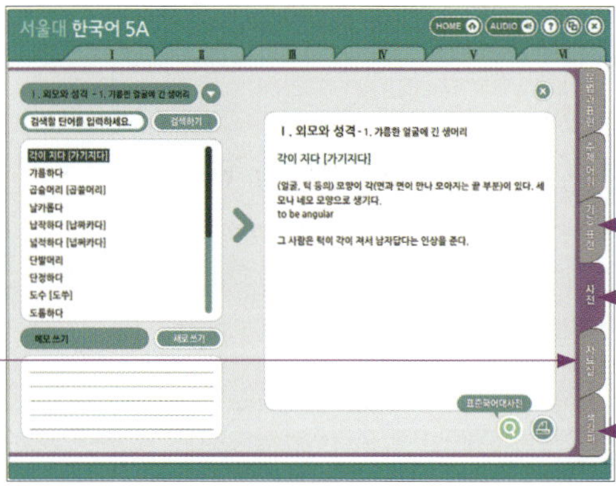

차례 Contents

교재 구성표

제목	주제	읽고 말하기	듣고 말하기
Ⅰ. 외모와 성격			
1. 갸름한 얼굴에 긴 생머리	외모와 옷차림	• 외모에 대한 묘사문 읽기 • 외모 묘사하기	• 외모 묘사하는 라디오 드라마 듣기 • 옷차림 묘사하기
2. A형 성격과 B형 성격	성격	• 성격 유형에 대한 설명문 읽기 • 성격 테스트하기	• 성격에 대한 대화 듣기 • 성격 비교하기
3. 만나고 싶은 사람	인물	• 정명훈 인터뷰 기사 읽기 • 인터뷰하며 메모하기	• 인터뷰 대화 듣기 • 말을 시작하고 끝내기
Ⅱ. 사랑하는 마음			
1. 사랑의 손길	나눔과 봉사	• 후원 요청 서한 읽기 • 계절 인사하기	• 구호 단체 회장 인터뷰 듣기 • 불우 이웃 돕는 방법 말하기
2. 사랑이란	연애	• 전래 동화 '견우와 직녀' 읽기 • 사랑 이야기 소개하기	• 남자 친구에 대한 상담 방송 듣기 • 우정과 사랑 구별해 말하기
Ⅲ. 가정과 사회			
1. 변화하는 가족	가족 제도의 변화	• 가족 제도에 대한 설명문 읽기 • 자국의 가족 제도 설명하기	• 효도에 대한 대담 듣기 • 효도에 대한 생각 말하기
2. 행복한 가정을 위해	가정에 대한 정책	• 출산율, 다문화 가정 관련 공고문 읽기 • 자국의 가족 정책 소개하기	• 주민 제안 관련 회의 듣기 • 회의 시작하기, 제안하기
3. 듣고 싶은 말	가족 의식	• 설문 조사 기사 읽기 • 주변 사람에게 듣고 싶은 말 표현하기	• 남자 전업주부의 대담 듣기 • 남자 전업주부에 대한 생각 말하기

과제	문법	어휘	보충 어휘
외모와 옷차림을 묘사하는 단락 쓰기	• (A-(으)ㄴ/V-는) N에 (A-(으)ㄴ/V-는) N • N(까지)는 못 돼도 N은/는 A/V-(으)ㄹ 줄 알았다 • V-는 둥 마는 둥	외모와 옷차림	
성격을 비교하는 짧은 글 쓰기	• A/V-다는 소리를 듣다 • A/V-다는 인상을 주다 • V-는 한이 있어도	성격	의성어
인물에 대해 인터뷰하고 기사 쓰기	• V-는 등 (N에) 재능을 발휘하다 • N을/를 시작으로 N을/를 거쳐 N을/를 맡다 • V-(으)ㄴ 바 있다 • N인지/일까	음악 공연	
후원 요청하는 편지 쓰기	• V-다시피 • 너나없이 (모두) • N(이)나마 • V-고자	불우 이웃 및 불우 이웃 돕기	의태어
사랑에 대한 정의 내리고 단락 쓰기	• A/V-(으)ㄹ 지경이다 • 생각다 못해 • N(이)란 N은/는 모두	사랑	
전통적 가족과 현대식 가족을 비교·대조하는 글 쓰기	• A-(으)ㄴ/V-는 데(에) 비해 • N의 특징은 A/V-다는 데(에) 있다 • A-(으)ㄴ가/V-는가 하면 • A-(으)ㄴ/V-는 데(에) 반해	가족 제도	
가족 지원 정책 토의하기	• V-(으)ㅁ에 따라 • 단 • N 및 N	단체나 기관의 업무	속담 I
가족을 주제로 설문 조사하기	• A/V-다는 응답이 N에 달하다 • N은/는 N에 그치다 • V-는 경향을 보이다	설문 조사	

교재 구성표

제목	주제	읽고 말하기	듣고 말하기
Ⅳ. 직업과 직장			
1. 일하는 사람들	직업의 변화와 직업 선택	• 직업의 변화에 대한 설명문 읽기 • 직업의 변화에 대해 말하기	• 직업에 대한 좌담회의 질의응답 듣기 • 공식적으로 질문하기, 확인하기
2. 취업 준비	모집 공고와 면접	• 사원 모집 공고문 읽기 • 자국의 사원 모집 절차 소개하기	• 면접 대화 듣기 • 면접에서 자기소개하기
Ⅴ. 가르침과 배움			
1. 학교 이야기	학교 교육과 제도	• 교육 제도에 대한 설명문 읽기 • 한국과 자국의 교육 제도 비교하기	• 평가 방식의 문제점에 대한 대화 듣기 • 교육에 대한 생각 말하기
2. 한석봉의 어머니	교육열	• '한석봉의 어머니' 일화 읽기 • 교육 관련 일화 소개하기	• '한석봉의 어머니' 일화 평가하는 대화 듣기 • 동의하기, 반대하기
3. 공부 잘하는 비결	교육과 학습 방법	• 교육에 대한 수필 읽기 • 교육 방법 소개하기	• 한국어 학습 비결에 대한 발표 듣기 • 한국어 잘하는 비결 소개하기
Ⅵ. 한국 탐구			
1. 한국인 이해하기	한국인의 기질	• 한국 생활에 대한 수필 읽기 • 한국, 한국인에 대해 말하기	• '한국인의 정'에 대한 발표 듣기 • '정'에 대한 경험 말하기
2. 한국의 멋	한국의 미	• 한국의 멋에 대한 설명문 읽기 • 도자기에 대해 묘사하기	• 한국의 미에 대한 강의 듣기 • 끼어들기, 보충하기

과제	문법	어휘	보충 어휘
'성공적인 직장 생활'에 대해 좌담회 하기	• N의 (대표적인) 예로 N을/를 들다 • N 외 • A/V-다면	직업	속담 Ⅱ
면접시험 역할극하기	• 아래와 같이 • V-(으)오니 • N에 한하여	직원 채용 및 입사 지원	
자국의 교육 제도를 설명하는 글 쓰기	• N이/가 중요한 역할을 하다 • N에서 N의 비중이 높다 • N(으)로 인해	교육 및 시험	한자성어 I
교육열에 대해 찬반 토론하기	• A-(으)ㄴ/V-는 탓 • A/V-(으)면 그만이다 • A/V-(으)ㄹ뿐더러 • 이래 가지고(서)(야)	사람의 능력	
자신만의 비결에 대해 메모해서 발표하기	• V-(으)ㅁ으로써 • N을/를 통해서 • A-(으)ㄴ/V-는 면이 있다 • N은/는 N을/를 보여 주는 좋은 예이다	교육 및 학습	
한국과 한국인에 대해 짧은 글 쓰기	• A-기 그지없다 • A/V-기에 • A/V-지 않을까 하다	사람의 기질	한자성어 Ⅱ
'한국의 날' 행사 준비 모임에서 토의하기	• A/V-(으)ㅁ에 틀림없다 • 한마디로 말하자면 • A-(으)ㄴ/V-는 점이 특징적이다 • N을/를 N(으)로 꼽다	모양 묘사	

I 외모와 성격

1 갸름한 얼굴에 긴 생머리

주제 외모와 옷차림

읽고 말하기
- 외모에 대한 묘사문 읽기
- 외모 묘사하기

듣고 말하기
- 외모 묘사하는 라디오 드라마 듣기
- 옷차림 묘사하기

과제 외모와 옷차림을 묘사하는 단락 쓰기

문법
- (A-(으)ㄴ/V-는) N에 (A-(으)ㄴ/V-는) N
- N(까지)는 못 돼도 N은/는 A/V-(으)ㄹ 줄 알았다
- V-는 둥 마는 둥

어휘 외모와 옷차림

2 A형 성격과 B형 성격

주제 성격

읽고 말하기
- 성격 유형에 대한 설명문 읽기
- 성격 테스트하기

듣고 말하기
- 성격에 대한 대화 듣기
- 성격 비교하기

과제 성격을 비교하는 짧은 글 쓰기

문법
- A/V-다는 소리를 듣다
- A/V-다는 인상을 주다
- V-는 한이 있어도

어휘 성격

3 만나고 싶은 사람

주제 인물

읽고 말하기
- 정명훈 인터뷰 기사 읽기
- 인터뷰하며 메모하기

듣고 말하기
- 인터뷰 대화 듣기
- 말을 시작하고 끝내기

과제 인물에 대해 인터뷰하고 기사 쓰기

문법
- V-는 등 (N에) 재능을 발휘하다
- N을/를 시작으로 N을/를 거쳐 N을/를 맡다
- V-(으)ㄴ 바 있다
- N인지/일까

어휘 음악 공연

보충 어휘 의성어

1

갸름한 얼굴에 긴 생머리

주제
외모와 옷차림

읽고 말하기
· 외모에 대한 묘사문 읽기
· 외모 묘사하기

듣고 말하기
· 외모 묘사하는 라디오 드라마 듣기
· 옷차림 묘사하기

과제
외모와 옷차림을 묘사하는 단락 쓰기

들어가기

이야기해 보세요

다음 표현을 사용하여 얼굴 모양에 대해 이야기해 보세요. 또 친구들의 얼굴에 대해서도 말해 보세요.

- 얼굴이 둥글다 · 갸름하다 · 각이 지다 · 넓적하다
- 입술이 도톰하다 · 얇다
- 코가 오뚝하다 · 납작하다
- 눈이 동그랗다 · 날카롭다
- 턱이 길다 · 뾰족하다

얼굴도 둥글고 눈도 동그래요.
입술은 얇아요.

들어 보세요 track 02

두 사람이 수학 선생님에 대해 이야기를 나누고 있습니다. 잘 듣고 질문에 답하세요.

1. 수학 선생님은 어떤 모습이었습니까?

2. 선생님에 대해서 맞는 것을 모두 고르세요.

- [ ] 남학생들 사이에 인기가 높았다.
- [ ] 학생들이 떠들어도 야단을 치지 않았다.
- [ ] 수업 시간에 조용히 가르치셨다.
- [ ] 보기와 달리 학생들에게 무섭게 대했다.

읽고 말하기

주제 어휘

다음은 머리 모양을 나타내는 말입니다. 알맞은 그림을 찾아 보세요.

가)

나)

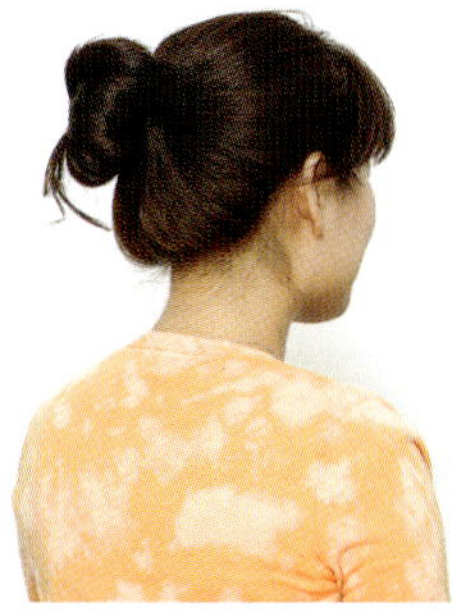

다)

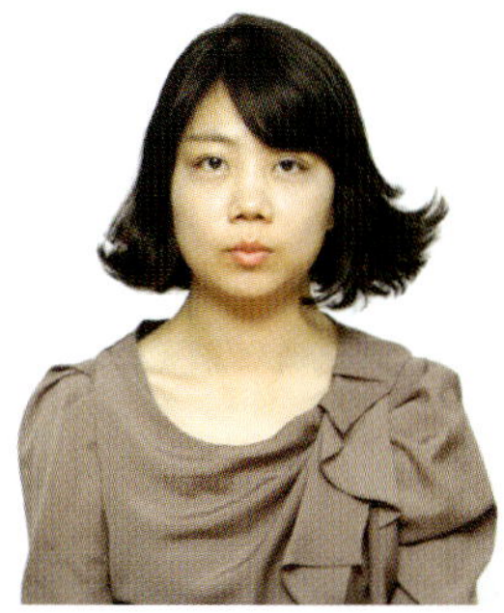

라)

마)

바)

1. 긴 생머리를 땋았어요. 마)
2. 파마머리를 두 갈래로 묶었어요. ....
3. 곱슬머리인 데다가 머리숱이 적네요. ....
4. 단발머리가 단정해 보여요. ....
5. 머리가 부스스하고 옆머리가 뻗쳤어요. ....
6. 뒷머리를 올렸는데, 머리숱이 많아 보여요. ....

읽어 보세요 track 03

다음은 사람의 외모를 묘사한 글입니다. 잘 읽고 질문에 답하세요.

가 철수는 둥근 얼굴에 코가 납작하고 이마가 넓은 편이었다. 특별히 잘 생기지도 않았고 청바지에 소매 없는 티셔츠를 입은, 어디에서라도 흔히 볼 수 있는 평범한 아이였다. 나를 올려다보고 있는 유난히 까맣고 동그란 눈이 아니었다면 나는 그냥 지나가고 말았을 것이다.

나 어머니는 전형적인 동양 미인이셨다. 갸름한 얼굴, 높지도 낮지도 않은 코, 그려 놓은 듯한 눈썹, 그리고 맑은 눈은 옛 미인도를 떠올리게 했다. 예순을 넘긴 연세에도 불구하고 여전히 고운 얼굴에는 잔잔한 미소가 떠나지 않으셨고 머리는 늘 단정하게 빗어 올리셨다. 일찍 돌아가신 아버지 대신 다섯 자식을 키우시느라 지쳐 피곤한 날도 있었을 텐데 40년을 한결같이 그런 모습이셨다.

다 나를 데리고 교무실로 들어서는 어머니를 알아보고 다가오는 담임 선생님도 내 기대와는 너무도 멀었다. 아름답고 상냥한 여선생님까지는 못 돼도 부드럽고 자상한 멋쟁이 선생님쯤은 될 줄 알았는데, 막걸리 방울이 튀어 하얗게 말라붙은 양복 윗도리 소매부터가 아니었다. 머리 기름은커녕 빗질도 안 해 부스스한 머리에 그날 아침 세수를 했는지가 정말로 의심스런 얼굴로 어머님의 말씀을 듣는 둥 마는 둥 하고 있는 그가 담임 선생이 된다는 게 솔직히 그렇게 실망스러울 수가 없었다.

– 이문열, 〈우리들의 일그러진 영웅〉 –

1. 가 ~ 다 에서 외모를 어떻게 묘사하고 있습니까?

	인물	모습	인상
가	아이	둥근 얼굴, 까맣고 동그란 눈, 납작한 코, 넓은 이마	평범한 모습
나			
다			

2. 가 에서 아이의 어떤 점이 글쓴이의 관심을 끌었습니까?

3. 나 에서 어머니는 어떤 생활을 해 오셨습니까?

4. 다 의 글쓴이가 기대한 선생님의 모습은 어떤 것이었습니까?

이야기해 보세요

다음 그림을 보고 외모에 대해 말해 보세요.

1. 

2. 

3. 

4. 

가늘고 긴 눈에 진한 눈썹이 차가운 인상을 줘요.

문법과 표현

1. (A-(으)ㄴ/V-는) N에 (A-(으)ㄴ/V-는) N
- 진수 씨는 청바지에 하얀 티셔츠를 입고 있어요.
- 내 동생은 갸름한 얼굴에 동그란 눈이 귀여운 아이예요.

2. N(까지)는 못 돼도[아니더라도] N은/는 A/V-(으)ㄹ 줄 알았다
- 상금이 100만 원까지는 못 돼도 50만 원 정도는 될 줄 알았는데 겨우 10만 원을 상금으로 받았다.
- 말하기 대회에서 1등은 아니더라도 작은 상 하나는 받을 줄 알았는데 아무 상도 못 받았다.

3. V-는 둥 마는 둥
- 요즘은 바빠서 아침은 늘 먹는 둥 마는 둥 해요.
- 어제는 주위가 너무 시끄러워서 자는 둥 마는 둥 했어요.

듣고 말하기

들어 보세요 track 04

다음은 라디오 드라마의 일부입니다. 잘 듣고 질문에 답하세요.

1. 여자에 대한 설명으로 맞는 것을 고르세요.
   - ☐ 소개받기로 한 남자를 기다리고 있다.
   - ☐ 소개받기로 한 남자에 대해 만족했다.
   - ☐ 소개받기로 한 남자를 만나지 못했다.
   - ☐ 소개받기로 한 남자를 처음부터 알아보았다.

2. 여자와 남자는 어떤 모습으로 만나기로 한 것 같습니까?
   - 여자
   - 남자

3. 두 남자의 외모와 옷차림에 대해 말해 보세요.

외모	옷차림
둥근 얼굴 • 각이 진 턱 • 뒤로 빗어 넘긴 머리 • 짧은 목 • 깨끗한 얼굴 • 짧은 앞머리	잘 닦은 구두 • 빨간 모자 • 검정색 양말 • 흰 운동화 • 회색 바지 • 검정색 코트 • 목도리 • 안경

   - 첫 번째 남자
   - 두 번째 남자

4. 여자는 왜 다음과 같은 행동을 했습니까?
   - 빨간 모자를 썼다.
   - 먼저 들어온 남자를 보고 손을 들었다.
   - 서둘러 일어나려고 했다.

이야기해 보세요

다음 사람들의 옷차림에 대해 말해 보세요.

그 여자는 어떤 모습이었어요?

긴 머리에 모자를 쓰고 회색 재킷에 미니스커트를 입고 있었어요.

과제

외모를 묘사하는 글을 써 보세요.

1. 같은 반 친구 한 사람을 마음속에 정하세요. 이름은 말하지 말고 그 사람의 외모와 옷차림에 대해 말해 보세요. 다른 사람들은 그 말을 듣고 누구인지 맞혀 보세요.

그 친구는 갸름한 얼굴에 머리를 땋았어요. 그리고 줄무늬 티셔츠에 초록색 바지를 입고 까만 구두에 하얀 모자를 썼어요. 웃으면 눈이 반달처럼 되는데 정말 귀여워요.

2. 가족이나 친구, 또는 아는 사람 중에서 한 사람을 골라 그 사람의 모습에 대해 묘사하는 글을 한 단락으로 써 보세요. 외모와 옷차림, 그로 인해 느껴지는 인상을 함께 써 보세요.

2

A형 성격과 B형 성격

주제
성격

읽고 말하기
· 성격 유형에 대한 설명문 읽기
· 성격 테스트하기

듣고 말하기
· 성격에 대한 대화 듣기
· 성격 비교하기

과제
성격을 비교하는 짧은 글 쓰기

들어가기

이야기해 보세요

행동을 보면 그 사람의 성격을 짐작할 수 있습니다. 다음 설명을 읽고 그에 알맞은 성격을 찾아보세요.

꼼꼼하다 느긋하다 소심하다 털털하다

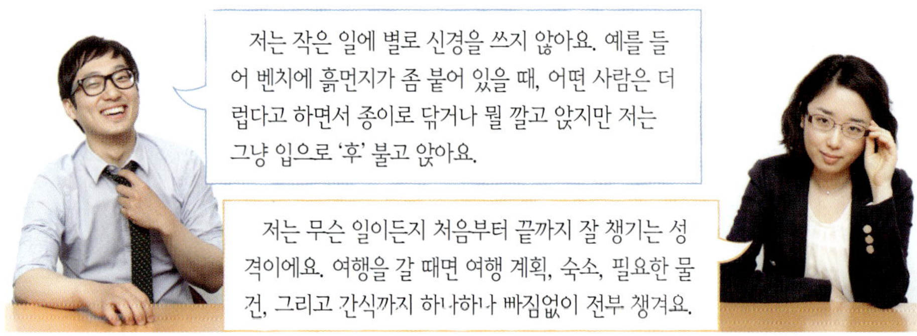

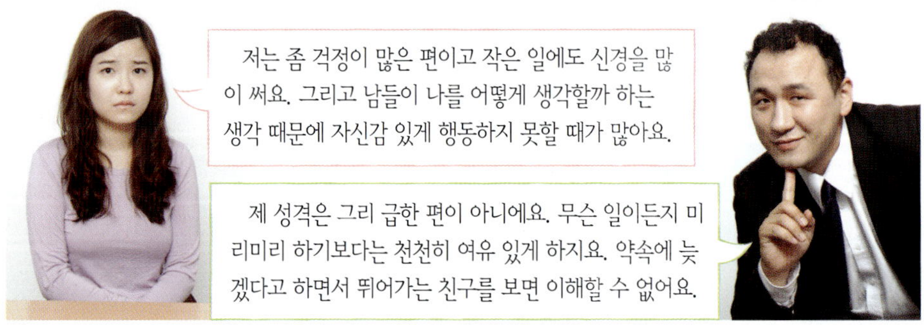

들어 보세요 track 05

다음은 고민 상담 내용입니다. 잘 듣고 질문에 답하세요.

1. 무엇에 대해 상담하고 있습니까?

☐ 성격 ☐ 외모 ☐ 옷차림 ☐ 직업

2. 이 사람의 성격을 나타낸 말로 알맞은 것을 모두 고르세요.

☐ 느긋하다 ☐ 소심하다 ☐ 털털하다 ☐ 급하다 ☐ 꼼꼼하다

3. 여러분의 성격은 어떤지 말해 보세요.

읽고 말하기

주제 어휘

다음은 성격에 관련된 말입니다. 알맞은 말을 골라 쓰세요.

내성적이다	외향적이다	참을성이 없다	적극적이다	소극적이다	이기적이다
냉정하다	상냥하다	인정이 많다	관대하다	까다롭다	차분하다

1. 자기 생각이나 느낌을 밖으로 잘 표현하지 않는다. 내성적이다
2. 마음이 넓어서 다른 사람들의 잘못도 잘 이해해 준다.
3. 마음에 들지 않으면 잘 받아들이지 않아서 마음에 들기가 어렵다.
4. 마음이 따뜻해서 다른 사람의 어려운 사정을 잘 이해해 준다.
5. 남에게 관심이 없고 마음이 차갑다.
6. 아프거나 힘든 일을 잘 참지 못한다.
7. 무슨 일이든 스스로 나서서 하지 못하고 시키는 일만 한다.
8. 다른 사람은 상관없이 자기의 이익만 생각한다.
9. 무슨 일이든 시키지 않아도 스스로 나서서 열심히 한다.
10. 언제나 당황하지 않고 조용하게 행동한다.
11. 자기 생각이나 느낌을 감추지 않고 밖으로 잘 표현한다.
12. 사람들에게 친절하고 밝은 모습으로 대한다.

읽어 보세요 track 06

다음은 성격에 대해 설명하는 글입니다. 잘 읽고 질문에 답하세요.

사람의 성격은 여러 가지 기준으로 나눌 수 있다. 그 가운데 스트레스에 관한 연구 결과를 활용하여 나눈 성격 유형으로 A형과 B형이 있다. A형과 B형 성격은 서로 뚜렷하게 구분되는 특징이 있다. 사람들은 보통 두 가지 성격을 부분적으로 다 갖고 있는데, 어느 쪽 특징을 더 많이 갖고 있느냐에 따라 A형 성격에 속하기도 하고 B형 성격에 속하기도 한다.

가 A형 성격은 일을 중요하게 여기는 성취 지향형으로 사회적으로 성공할 가능성이 높다. 그러나 성격이 급하고 경쟁심이 강해서 화를 잘 내고 스트레스에 민감하다. 따라서 스트레스 때문에 생기는 각종 질병에 걸리거나 일중독이 될 위험이 높은 성격이다.

나 이와는 달리 B형 성격은 느긋하고 여유가 있으며 주변 사람들과 조화를 이루는 것을 가장 중요하게 생각하는 인간관계 지향형이다. 관대하고 참을성이 많아 쉽게 흥분하지 않는 편이다. 그래서 스트레스를 덜 받고 건강을 해치지도 않는다. 그러나 매사에 소극적이고 행동이 느리다는 소리를 주변에서 많이 듣는다.

다 A형과 B형 성격은 여러 면에서 차이가 난다. 예를 들어서 A형은 B형에 비해 스트레스를 일으키는 요인을 더 많이 갖고 있다. A형은 스스로

1. 가 ~ 라 의 중심 내용을 써 보세요.

가 A형 성격의 특징	나
다	라

2. A형과 B형 성격의 특징과 알맞은 설명을 연결해 보세요.

- 급하다 •
- 경쟁심이 강하다 •
- 느긋하다 •
- 관대하다 •
- 까다롭다 •
- 참을성이 많다 •
- 소극적이다 •

• A형 성격 •

• B형 성격 •

- • 성공할 가능성이 높다
- • 주변 사람들과 잘 지내려고 한다
- • 스트레스에 민감하다
- • 병에 걸릴 확률이 낮다
- • 모든 것을 일일이 확인한다

문법과 표현

1. A/V-다는 소리를 듣다, N(이)라는 소리를 듣다
- 제 친구는 작은 일에 신경을 많이 써서 소심하다는 소리를 들어요.
- 저는 매사에 낙관적이라는 소리를 많이 들어요.

2. A/V-다는 인상을 주다[받다], N(이)라는 인상을 주다[받다]
- 그 사람은 남에게 별로 관심을 보이지 않아서 냉정하다는 인상을 줍니다.
- 그 사람을 처음 보았을 때 아주 친절한 사람 같다는 인상을 받았다.

3. V-는 한이 있어도[있더라도]
- 밤을 새우는 한이 있어도 내일 아침까지 보고서를 모두 끝내려고 한다.
- 사표를 쓰는 한이 있더라도 이 일은 할 수 없다.

목표를 높이 정하고 실패를 참지 못하기 때문에 모든 것을 완벽하게 처리하고 마음에 들지 않는 것은 받아들이지 않는다. 그래서 때로는 까다롭다는 인상을 준다. 또한 밤을 새우는 한이 있어도 목표로 정한 것은 반드시 해내고 빈틈없이 많은 것을 하려고 한다. 그 결과 A형 성격은 심장병, 위장병, 디스크 등의 병을 앓을 확률이 B형 성격에 비해 두 배 이상 높다.

라 성격은 유전적 요인과 성장 환경 등에 의해 결정되고 쉽게 고칠 수 없는 것이지만 자신의 성격이 A형이라고 여기면 건강을 위해서 성격을 바꾸려는 노력이 필요하다. 누구도 완벽할 수 없다는 사실을 받아들이고 계획을 무리하게 세우지 않는다면 매사에 좀 더 여유를 가질 수 있을 것이다.

이야기해 보세요

성격 테스트를 해 보세요. 그리고 결과에 대해 말해 보세요.

1. 나는 다른 사람보다 쉽게 흥분하는 편이다.
2. 나는 다른 사람보다 화를 잘 내는 편이다.
3. 나는 운동을 할 때 무슨 일이 있어도 이기고 싶다.
4. 나는 줄을 서서 기다리는 것을 싫어한다.
5. 나는 상대방이 말을 다하기도 전에 말한다.
6. 나는 내 일을 다른 사람에게 맡기고 싶지 않다.
7. 나는 일을 안 하고 쉴 때 불안하다.
8. 나는 일을 할 때 시간을 정해 놓고 그 시간에는 그 일만 한다.
9. 나는 정한 시간까지 일을 못 끝내는 것을 참을 수 없다.
10. 나는 일이 잘 안되면 다른 사람의 책임인데도 내 잘못인 것만 같다.

0점 전혀 그렇지 않다
1점 가끔 그렇다
2점 자주 그렇다
3점 항상 그렇다

- **나의 점수** : (   )점

20점 이상 : A형 성격
20점 이하 : B형 성격

듣고 말하기

들어 보세요 track 07

다음은 아내와 남편의 대화입니다. 잘 듣고 질문에 답하세요.

1. 남편의 성격에는 ○, 아내의 성격에는 △ 하세요.

- 불같다 ....
- 느긋하다 ....
- 편안하다 ....
- 여유가 있다 ....
- 빈틈이 없다 ....
- 완벽하다 ....
- 경쟁심이 강하다 ....

2. 아내는 남편의 어떤 성격 때문에 걱정스러웠습니까?

☐ 느긋한 성격　☐ 소심한 성격　☐ 경쟁심이 강한 성격

3. 남편은 아내의 어떤 성격을 부러워합니까?

☐ 털털한 성격　☐ 여유 있는 성격　☐ 빈틈이 없는 성격

이야기해 보세요

여러분의 친구나 가족 중에 여러분과 반대되는 성격을 가진 사람이 있습니까? 다음과 같이 비교해서 말해 보세요.

> 제 친구는 무슨 일이든 미리 걱정하는 편인데, 저는 무조건 다 잘될 거라고 생각하는 편이에요.

> 친구가 영희 씨의 느긋한 성격을 부러워하겠네요.

> 아니요. 제가 오히려 친구의 성격을 부러워하고 있어요. 친구는 소심하다는 소리를 듣기는 하지만, 미리미리 준비를 해서 일에 실수가 없는 편이거든요. 친구와는 달리 저는 마음 놓고 있다가 큰 실수를 하는 경우가 많아요.

과제

다음과 같이 자신과 친구의 성격을 비교하는 글을 써 보세요.

1. 자신과 친구에 대해 다음과 같이 정리해 보세요.

	나	친구
성격	▪ ▪	▪ ▪
성격을 나타내는 행동	▪ ▪	▪ ▪
성격에 대한 평가 (긍정적인 평가, 부정적인 평가 등)	▪ ▪	▪ ▪

2. 정리한 내용을 바탕으로 하여 성격을 비교하는 글을 써 보세요.

나의 성격	....
친구의 성격	....
마무리	....

3 만나고 싶은 사람

주제
인물

읽고 말하기
- 정명훈 인터뷰 기사 읽기
- 인터뷰하며 메모하기

듣고 말하기
- 인터뷰 대화 듣기
- 말을 시작하고 끝내기

과제
인물에 대해 인터뷰하고 기사 쓰기

들어가기

이야기해 보세요

1. 인터뷰할 때 보통 무엇에 대해 묻습니까?

☐ 직업	☐ 최근에 한 일	☐ 업적
☐ 인생관	☐	☐ ....

2. 다음 사람들을 인터뷰한다면 무엇에 대해 질문하고 싶습니까?

한국 최초의 유엔 사무총장 **반기문**

반기문 유엔 사무총장 정식 선출

흘렸던 피와 땀과 눈물의 소산이라고 말했다.

반 장관은 "이렇게 얻은것이기에 그 영광은 결코 저혼자만의 것이 될 수 없으며, 조국을 사랑해 온 모든 국민에게 돌려져야 마땅하다고 본다"고 강조했다.

신임 유엔사무총장에 당선된 반기문 외교 장관이 10일 외교장관 이임식을 갖고

돌려져야 마땅하다고 본다"고 강조했다.

신임 유엔사무총장에 당선된 반기문 외교 장관이 10일 외교장관 이임식을 갖고 37년간의 공직생활을 마무리했다. 반 장관은 유엔 사무총장직 취임준비를 위해 다음주 중반 뉴욕 유엔본부로 향한다.

반 장관은 이임식에서 "많은 사람들은 자신이 기쁜 마음으로 이임하게 될

외교 장관이 10일 외교장관 이임식을 갖고 37년간의 공직생활을 마무리했다. 반 장관은 유엔 사무총장직 취임준비를 위해 다음주 중반 뉴욕 유엔본부로 향한다.

반 장관은 이임식에서 "많은 사람들은 자신이 기쁜 마음으로 이임하게 될 것이라고 생각하겠지만 한국을 떠나려고 하니 마치 제가 한국으로부터 억지로 떨어져 나가는 상실감이 온 마음을 사로잡는다"고 운을 뗐다.

반장관은 자신이 유엔 사무총장에 선출된 것은 자신의 역량만으로 얻어진 것이 아니며 온 국민이 시련을 극복하며 흘렸던 피와 땀과 눈물의 소산이라고 말했다.

반 장관은 "이렇게 얻은것이기에 그 영광은 결코 저혼자만의 것이 될 수 없으며, 조국을 사랑해 온 모든 국민에게 돌려져야 마땅하다고 본다"고 강조했다.

신임 유엔사무총장에 당선된 반기문 외교 장관이 10일 외교장관 이임식을 갖고 37년간의 공직생활을 마무리했다. 반

37년간의 공직생활을 마무리했다. 반 장관은 유엔 사무총장직 취임준비를 위해 다음주 중반 뉴욕 유엔본부로 향한다.

반 장관은 이임식에서 "많은 사람들은 자신이 기쁜 마음으로 이임하게 될 것이라고 생각하겠지만 한국을 떠나려고 하니 마치 제가 한국으로부터 억지로 떨어져 나가는 상실감이 온 마음을 사로잡는다"고 운을 뗐다.

반장관은 자신이 유엔 사무총장에 선출된 것은 자신의 역량만으로 얻어진 것이 아니며 온 국민이 시련을 극복하며 흘렸던 피와 땀과 눈물의 소산이라고 말했다.

반 장관은 "이렇게 얻은것이기에 영광은 결코 저혼자만의 것이 될 없으며, 조국을 사랑해 온 모든 국민 돌려져야 마땅하다고 본다"고 강조했

신임 유엔사무총장에 당선된 외교 장관이 10일 외교장관 이임식 37년간의 공직생활을 마무리 장관은 유엔 사무총장직 취임준

©UN Photo/Paulo Filgueiras

©푸른숲

들어 보세요 track 08

다음은 책을 소개하는 라디오 프로그램입니다. 잘 듣고 질문에 답하세요.

1. 이 책을 쓴 사람의 직업은 무엇입니까?

2. 이 책은 글쓴이의 어떤 경험을 정리한 것입니까?

읽고 말하기

주제 어휘

다음은 음악 공연과 관련된 말입니다. 포스터를 보면서 질문에 답하세요.

공연하다　지휘하다　연주하다　협연하다　교향악단
주최하다　후원하다　협찬하다　연주회

1. 지휘자는 누구입니까?

2. 어떤 음악을 연주합니까?

3. 이 연주회에서 누가 협연합니까?

4. 어느 교향악단이 연주합니까?

5. 어디에서 공연합니까?

읽어 보세요 track 09

다음은 지휘자 정명훈을 인터뷰한 기사입니다. 잘 읽고 질문에 답하세요.

가 날씨가 제법 쌀쌀한 2월의 어느 날, 서울시향의 연습실 근처에 있는 식당에서 세계적인 지휘자 정명훈을 만났다. 수수해 보이는 스웨터에 편한 바지를 입은 그는 연습을 막 끝내고 왔다고 했다. 스웨터가 잘 어울린다고 인사를 하자, 살짝 미소를 띠며 편안한 옷을 좋아하는 편이라고 했다.

나 정명훈은 네 살 때부터 피아노를 시작하여, 3년 만에 서울시향과 협연을 하고 모스크바 차이코프스키 콩쿠르에 입상하는 등 일찍부터 음악적인 재능을 발휘하였다. 그 후 지휘자가 되어 1976년 뉴욕청년심포니의 지휘를 시작으로 1984년 서독 자르브뤼켄 방송교향악단, 1989년 프랑스 국립 바스티유 오페라단의 지휘자를 거쳐, 현재 서울시 교향악단을 맡고 있다. 이탈리아의 토스카니니상, 프랑스의 오시피에 문화 훈장과 일본의 아사히 음악상을 수상한 바 있다.

다 50년 넘게 음악을 해 온 사람에게 음악은 어떤 것일까 궁금해졌다. "모든 것이 빨리 돌아가는 세상에서 천천히 가면서 세상의 균형을 맞추어 주는 것, 신이 인간에게 주신 가장 위대한 선물이 바로 음악이지요." 음악은 정말 아름다운 것이라고 몇 번이나 말하는 그에게서 음악을 향한 열정이 느껴졌다.

피아니스트에서 지휘자로 진로를 바꾼 것을 생각하며 어떻게 하면 좋은 지휘자가 될 수 있는지 물어보았다. "저는 아직도 지휘자는 이상한 음악가라고 생각해요. 연주할 때 지휘자만 혼자 소리를 안 내니까요. 이렇게 지휘자는 연주를 하는 사람이 아니기 때문에 일반 음악가보다 노력을 훨씬 많이 해야 좋은 음악가가 될 수 있어요."

앞으로의 계획이 무엇인가를 묻는 기자의 질문에 지금까지 한 일이 바로 하고 싶은 일이라고 했다. 앞으로도 좋은 연주를 하고 싶고, 아울러 젊은 음악가를 도울 수 있었으면 한다고 했다.

1. 가 ~ 라 의 내용으로 적당한 것을 연결해 보세요.

가	나	다	라
•	•	•	•
•	•	•	•
관련 정보	도입	평가	인터뷰 내용

2. 이 글에서 느껴지는 이 사람의 성격이나 태도를 모두 고르세요.

☐ 편안하다 ☐ 냉정하다 ☐ 소심하다

☐ 차분하다 ☐ 철저하다 ☐ 털털하다

라 　한 시간 남짓 인터뷰를 하는 동안 차분하면서도 힘 있는 그의 말을 들으며 잔잔한 클래식 음악에 빠져드는 것 같은 느낌이 들었다. 한국이 낳은 세계적인 지휘자 정명훈은 음악을 진정으로 좋아하고, 그렇게 사랑하는 음악을 다른 사람에게도 나누어 주려고 노력하는 음악가였다.

3. 기자가 한 질문과 그에 대한 대답을 정리해 보세요.

질문	대답
▪ 음악은 어떤 것인가?	▪
▪	▪
▪	▪

4. 이 사람을 만난다면 어떤 질문을 해 보고 싶습니까?

이야기해 보세요

질문이나 대답을 메모할 때는 다음과 같이 짧게 줄여 씁니다. 친구와 함께 자유롭게 질문과 대답을 하고 그것을 메모해 보세요.

"음악을 무엇이라고 생각하세요?"

"신이 인간에게 주신 위대한 선물이라고 생각해요."

"어떻게 하면 좋은 지휘자가 될 수 있습니까?"

"일반 음악가보다 훨씬 노력을 많이 해야 돼요."

"앞으로의 계획은 무엇입니까?"

"좋은 연주를 하고 싶어요."

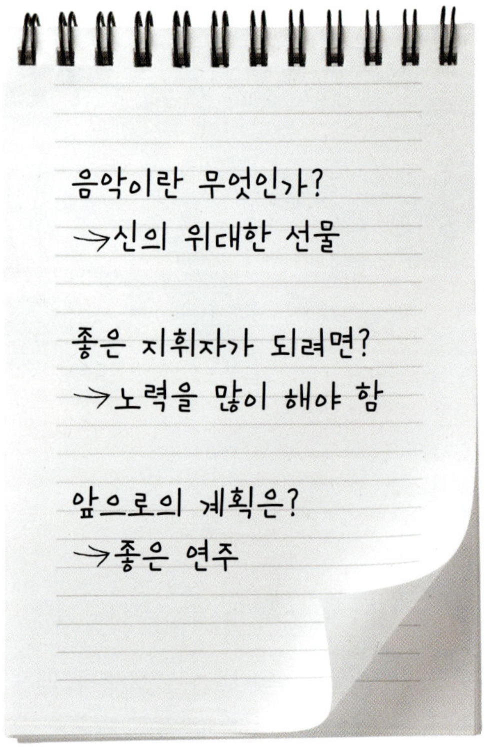

문법과 표현

1. **V-는 등 (N에) 재능[능력]을 발휘하다, N에 재능[능력]을 발휘하다**
   - 그는 일찍부터 여러 대회에서 입상하는 등 음악에 재능을 발휘했다.
   - 그 사람은 회사에서 맡은 업무에 능력을 발휘하고 있다.
2. **N을/를 시작으로 N을/를 거쳐 N을/를 맡다[하다]**
   - 그분은 평사원을 시작으로 과장을 거쳐 지금은 부장을 맡고 있다.
   - 그는 아르바이트 직원을 시작으로 연구원을 거쳐 지금은 연구 책임자를 맡고 있다.
3. **V-(으)ㄴ 바 있다**
   - 정명훈은 지휘자가 되기 전에 피아니스트로서 활동한 바 있다.
   - 이 상품은 아직까지 국내에 소개된 바가 없다.
4. **N인지/일까, A-(으)ㄴ지/V-는지, A/V-(으)ㄹ까**
   - 기자는 앞으로 하고 싶은 일이 무엇인지 물어 보았다.
   - 그 친구가 왜 전화를 했는지 궁금했다.
   - 우리가 정말 서로 사랑했을까 생각해 보았다.

듣고 말하기

들어 보세요 1 track 10

다음은 인터뷰 대화입니다. 잘 듣고 질문에 답하세요.

1. 인터뷰의 어느 부분입니까? 어떤 표현으로 알 수 있습니까?

2. 이와 같이 사람을 만나서 말을 시작하고 끝낼 때 쓰는 표현을 정리해 보세요.

말을 시작할 때	말을 끝낼 때
▪ 바쁘실 텐데 이렇게 시간을 내 주셔서 감사합니다 ▪ 인터뷰를 허락해 주셔서 감사합니다 ▪ 이렇게 불러 주셔서 감사합니다	▪ 귀한 시간을 내 주셔서 정말 감사합니다 ▪ 끝까지 대답해 주셔서 정말 감사합니다 ▪ 바쁘신 중에도 시간을 내 주셔서 감사합니다 ▪ 바쁘실 텐데 이만 일어나 보겠습니다

이야기해 보세요

앞의 표현을 써서 다음과 같이 말해 보세요.

1. 교수님을 만나서 말을 시작할 때와 끝낼 때

2. 인터뷰를 시작할 때와 끝낼 때

3. 부탁하기 위하여 잘 모르는 사람을 만날 때와 그 사람과 헤어질 때

> 어서 와요. 오랜만이군. 여기 앉아요.

> 교수님, 바쁘실 텐데 이렇게 시간을 내 주셔서 감사합니다.
> 교수님께 의논드릴 일이 있어서 왔습니다.

> 교수님, 바쁘실 텐데 이만 일어나 보겠습니다.
> 다음에 다시 연락드리겠습니다.

> 그래요. 다음에 또 만나지요.

들어 보세요 2 track 11

다음은 지휘자 정명훈을 인터뷰한 내용입니다. 잘 듣고 다음과 같이 메모해 보세요.

음악이란 무엇인가?

- 천천히 가면서 세상의 균형을 맞추어 주는 것
- 신이 주신 가장 위대한 선물

1. 지휘자에게 재능과 노력 중에서 무엇이 더 중요한가?

....

2. ....?

지휘자는 혼자만 소리를 안 내는 음악가. 노력을 많이 해야 좋은 음악가가 될 수 있음.

3. 현재 계획하고 있는 것, 앞으로 하고 싶은 일은?

....

....

과제

여러분은 신문에 '인물 탐구'라는 인터뷰 기사를 쓰는 기자입니다. 소개하고 싶은 인물을 정해서 인터뷰를 한 후에 기사를 써 보세요.

1. 인터뷰 대상을 정하고 기본 정보를 적어 보세요.

- 이름
- 나이
- 직업
- ________________
- ________________
- ________________

2. 인터뷰에 사용할 질문을 써 보세요.

- 요즘은 어떻게 지내나?
- 관심 있는 일은 무엇인지?
- ________________
- ________________
- ________________

3. 인물을 인터뷰하면서 메모해 보세요.

4. 위의 메모를 보고 인터뷰 기사를 써 보세요.

자기 평가

1. 다음 중 아는 단어에 ∨ 하세요.

□ 갸름하다	□ 날카롭다	□ 납작하다	□ 부스스하다
□ 곱슬머리	□ 느긋하다	□ 꼼꼼하다	□ 소극적이다
□ 내성적이다	□ 관대하다	□ 까다롭다	□ 협연하다
□ 연주하다	□ 지휘하다	□ 주최하다	□ 공연하다

2. 다음 표현을 이용해서 문장을 만들어 보세요.

1) V-는 둥 마는 둥

→

2) V-는 한이 있어도

→

3) V-(으)ㄴ 바 있다

→

3. 다음을 메모식으로 정리하여 써 보세요.

기자 : 선생님, 음악은 인간에게 어떤 것일까요?
정명훈 : 모든 것이 빨리 돌아가는 세상에서 천천히 가면서 세상의 균형을 맞추어 주는 것, 그런 것이 음악이 아닐까 합니다.
기자 : 좋은 지휘자가 되려면 재능과 노력 중에서 어느 것이 더 필요하다고 생각하세요?
정명훈 : 글쎄요. 재능도 필요하지만 노력이 더 필요하다고 생각해요.
기자 : 혹시 현재 계획하고 있는 거라든가, 앞으로 하고 싶은 일이 있다면 어떤 일인지요?
정명훈 : 앞으로도 좋은 연주를 하고 싶고, 아울러 아이들이나 젊은 음악가를 돕는 일도 하고 싶어요.

▪ 음악은 인간에게 어떤 것인지?
모든 것이 빨리 돌아가는 세상에서 천천히 가면서 세상의 균형을 맞추어 주는 것.

▪

▪

보충 어휘

의성어 의성어는 소리를 흉내 내어 표현한 말입니다. 의성어로 여러 가지 소리를 좀 더 구체적으로 재미있게 표현하도록 합시다.

소곤소곤거리다/하다
남이 알아듣지 못하도록 작은 목소리로 가만가만 이야기하는 소리.

콜록콜록거리다/하다
기침하는 소리.

훌쩍훌쩍거리다/하다
콧물을 들이 마시며 조금씩 우는 소리.

뚜벅뚜벅하다
구두 등을 신어 크고 확실하게 들리는 발자국 소리.

벌컥벌컥하다
음료나 술 따위를 한꺼번에 많이 계속하여 마시는 소리.

사각사각거리다/하다
과자나 배, 사과 등을 씹을 때 나는 소리.

하하
입을 크게 벌리고 웃는 소리.

쿨쿨
깊이 잠들어 숨을 크게 쉬는 소리.

우당탕거리다/하다
바닥에 무엇이 몹시 시끄럽게 떨어지거나 부딪칠 때 나는 소리.

달그락달그락거리다/하다
작고 단단한 물건들이 서로 부딪쳐 내는 소리.

연습 1 다음 그림에 어울리는 의성어를 고르세요.

1)

① 사각사각 ② 콜록콜록

2)

① 쿨쿨 ② 하하

3)

① 우당탕 ② 달그락

4)

① 벌컥벌컥 ② 뚜벅뚜벅

보충 어휘

연습 2 다음 상황과 관련 있는 의성어를 쓰세요.

1) 좋아하던 장난감이 망가져서 실망한 아이가 힘없이 울고 있어요.
→ 훌쩍훌쩍

2) 운동하고 와서 너무 목이 말라서 물 한 병을 한꺼번에 다 마셨어요.
→

3) 감기에 걸려 계속 기침을 해요.
→

4) 친구가 많이 피곤했는지 불편한 버스 좌석인데도 깊이 잘 자고 있어요.
→

5) 무슨 비밀 이야기를 하는지 다른 사람한테 들리지 않게 작은 목소리로 얘기하고 있어요.
→

6) 빈 도시락 안에 숟가락을 넣어 놓았더니 걸어갈 때 가방 안에서 소리가 나요.
→

연습 3 의성어를 넣어서 대화 연습을 해 보세요.

1) 가 : 어젯밤에 집에 가다가 넘어져서 다쳤다고?
   나 : 응, 골목길이 어둡고 사람도 없어서 무서운데 누군가 .... 따라오는 발자국 소리가 들리잖아. 놀라서 뛰어가다가 넘어졌어.

2) 가 : 이 .... 소리가 뭐예요? 무슨 일 있어요?
   나 : 미안해요. 제가 재활용품 버리러 나가다가 쓰레기통을 떨어뜨려서 빈 물통이며 캔이며 다 쏟아졌어요.

3) 가 : 여러분, 지하철은 자기 방이 아니죠? 함께 이용하는 공간에서 전화 통화할 때는 어떻게 해야 하지요? 이야기해 보세요.
   나 : 다른 사람들에게 방해되지 않게 .... 낮은 목소리로 통화해야 하고 빨리 끝내야 해요.

4) 가 : 아까 내가 길에서 미끄러져 넘어질 때 어떻게 ....하며 큰 소리로 웃을 수가 있니? 나는 아프고 창피해 죽겠는데 너는 재미있었어?
   나 : 화 풀어. 미안해. 안 넘어지려고 애쓰는 모습이 너무 웃겨서 웃음을 참을 수가 없었어.

5) 가 : 수미가 왜 저래요? 학교에서 무슨 일 있었대요?

나 : 모르겠어요. 물어봐도 대답도 안 하고 아까부터 저렇게 .... 울고만 있네요.

6) 가 : 과일 샐러드에 귤과 딸기를 넣었는데 뭘 더 넣을까요?

나 : 사과 어때요? 맛도 있고 씹을 때 .... 소리도 나는 게 재미있잖아요.

7) 가 : 엄마가 벌써 일어나셨나 봐. 부엌에서 ....거리는 소리가 들리네.

나 : 그러게. 아침 준비하시나 봐. 우리도 일어나서 도와드리자.

8) 가 : 엄마, 아이스크림 사 주세요. 시원한 아이스크림 먹고 싶어요.

나 : 기침을 ....하면서도 아이스크림을 먹고 싶다고? 안 돼. 감기 나으면 사 줄게.

9) 가 : 너 어제 정말 잘 자더라. 사람들이 그렇게 시끄럽게 떠드는데도 .... 자던데.

나 : 응, 며칠 동안 잠을 못 잤거든. 너무 졸려서 시끄러운 줄도 모르고 잤어.

10) 가 : 좀 천천히 드세요. 그렇게 맥주를 물 마시듯이 .... 마시면 어떻게 해요?

나 : 일을 너무 열심히 했더니 갈증이 나서요. 아, 이제 좀 시원하다.

어휘와 표현

1. 갸름한 얼굴에 긴 생머리

각(角)이 지다 [가기지다]
(얼굴, 턱 등의) 모양이 각(면과 면이 만나 모아지는 끝 부분)이 있다. 세모나 네모 모양으로 생기다. to be angular
그 사람은 턱이 각이 져서 남자답다는 인상을 준다.

갸름하다
형 보기 좋을 정도로 조금 가늘고 긴 듯하다. to be slender; to be slim
그 여자는 얼굴이 갸름해서 아주 예쁘다.

곱슬머리 [곱쓸머리]
명 파마하지 않아도 자연적으로 머리카락이 둥근 모양으로 자라는 머리. curly hair
우리 오빠는 곱슬머리라서 사람들이 파마한 줄 안다고 고민이다.

날카롭다
형 칼이나 깨진 유리 조각처럼 만지면 다치기 쉬운 모양이다. to be sharp
깨진 유리 조각은 날카로우니까 치울 때 조심해야 한다.

납작하다 [납짜카다]
형 얇으면서 눌러 놓은 것 같은 낮은 모양이다. to be flat; to be low
내 코는 조금 납작한 편이다.

넓적하다 [넙쩌카다]
형 편편하고 얇으면서 넓은 모양이다. to be broad and flat; to be wide
예전의 미인은 지금보다 얼굴이 약간 넓적했다.

단발머리
명 귀의 아랫부분이나 목 정도까지 오도록 전체를 같은 길이로 자른 머리. bobbed hair
단발머리를 하면 소녀 같은 분위기가 난다.

단정(端整)하다
형 옷차림, 머리 모양 등이 이상하지 않고 보기 좋다. to be tidy; to be neat
그 사람은 언제나 옷차림이 단정하다.

도수(度數) [도쑤]
명 눈이 좋거나 나쁜 정도를 나타내는 수. degree
눈이 나빠서 늘 도수가 높은 안경을 끼고 있다.

도톰하다
형 보기 좋을 정도로 알맞게 두껍다. to be nice and thick (or full); to be well padded
그 애는 입술이 도톰한 게 무척 귀엽다.

막걸리 [막껄리]
명 전통적 방법으로 만든 한국 술의 종류. Korean rice wine
막걸리는 싸고 약간 단맛이 있어서 많은 사람들이 좋아한다.

머리가 부스스하다
머리를 빗지 않아 어지럽게 일어나 있는 모양이다. to be disheveled (hair); to be messy; to be shaggy
그 애는 자다가 금방 일어난 듯 머리가 부스스했다.

머리가 뻗치다
머리가 단정하지 않고 한 부분이 어떤 방향으로 길게 나와 있다. to be inappropriately stretched out (hair)
어젯밤에 머리를 감고 바로 잤더니 아침에 머리가 뻗쳤다.

머리를 땋다
머리카락을 둘로 나누어 서로 어긋나게 엮어 하나로 묶다. to braid one's hair
머리를 땋으니까 훨씬 어려 보인다.

머리숱
명 머리털의 수. thickness (or density) of hair
머리숱이 너무 많아서 머리를 말리는 데 시간이 걸린다.

면도(面刀)하다
동 얼굴이나 몸에 난 수염이나 털을 깎다. to shave
매일 면도를 하지 않으면 수염 때문에 얼굴이 지저분해 보인다.

목도리 [목또리]
명 추위를 막거나 멋을 내기 위하여 목에 두르는 것. muffler; scarf
이 목도리는 색깔도 예쁘고 따뜻해서 무척 마음에 든다.

빗질 [빋찔]
명 머리카락이나 털을 빗으로 빗는 행동. combing one's hair
머리는 빗질을 자주 해야 건강해진다.

뾰족하다 [뾰조카다]
형 연필 끝처럼 어떤 물건의 끝이 점차 가늘어져 다른 것을 찌르기 쉬운 모양이다. to be pointed; to be sharp
이 구두는 너무 높고 앞부분이 뾰족하여 발이 불편할 것 같다.

상냥하다

형 태도가 부드럽고 친절하다. to be gentle; to be kind; to be friendly

그 사람은 항상 웃는 얼굴로 상냥하게 말해서 기분이 좋다.

생머리

명 파마를 하지 않은 자연 그대로의 머리. natural straight hair

그 여자의 긴 생머리가 바람에 날렸다.

실망스럽다(失望---)

형 바라던 일이 뜻대로 되지 않아 마음이 안 좋다. to be disappointing

열심히 했는데 점수가 너무 안 나와서 실망스럽다.

오뚝하다 [오뚜카다]

형 사람의 코와 같이 작은 것이 바닥보다 위로 올라와 서 있는 모양이다. to be high (nose)

그 애는 코가 오뚝해서 참 예쁘다.

옷차림

명 옷의 종류를 선택하여 입은 모양. one's attire; outfit

음악회에 가는데 어떤 옷차림이 어울릴까?

윗도리 [위또리/윋또리]

명 윗옷. upper garment

남학생들이 윗도리를 벗고 농구를 하고 있다.

유난히

부 (말이나 행동, 상태 등이) 보통과 아주 다르게. exceptionally; particularly; unusually

오늘은 유난히 피곤하다.

의심스럽다(疑心---)

형 확실히 알지 못하거나 믿지 못하여 이상하게 생각할 만하다. to be doubtful; to be questionable

그 사람이 이 일을 제대로 해낼지 의심스럽다.

자상(仔詳)하다

형 작은 것까지 하나하나 자세하고 친절하게 하다. to be thoughtful; to be considerate

우리 아버지는 늘 우리 일에 마음을 써 주시는 자상한 분이셨다.

잔잔하다

형 바람이나 파도 등이 조용하거나 높지 않다. to be quiet; to be still

오늘은 바람도 거의 없고 바다도 아주 잔잔하다.

전형적(典型的)

관 명 어떠한 것의 중요한 특징을 가장 잘 나타내는 (것). typical

오늘 날씨는 무척 따뜻한 것이 전형적인 봄 날씨다.

파마머리

명 미용실에서 일정한 모양이 나오도록 파마한 머리. permed hair; permanent wave

파마머리를 하니까 좀 나이가 들어 보이는 것 같다.

한결같다

형 처음부터 끝까지, 또는 여럿이 모두 하나처럼 같다. to be consistent

선생님은 한결같이 우리에게 친절하셨다.

2. A형 성격과 B형 성격

경쟁심(競爭心)

명 남을 이기거나 남보다 앞서려고 하는 마음. competitive mind

경쟁심이 강한 그는 늘 나를 이기려고 한다.

관대(寬大)하다

형 마음이 넓어 이해심이 있고 다른 사람들의 잘못을 잘 용서해 주다. to be generous

몰라서 한 행동이니까 그 사람의 잘못을 관대하게 용서해 주세요.

구분(區分)되다

동 일정한 기준에 따라 전체가 나누어지다. to be classified; to be divided

기숙사는 대개 남자 기숙사와 여자 기숙사로 구분되어 있다.

까다롭다

형 자기의 마음에 들지 않으면 잘 받아들이지 않는다. to be hard to please; to be picky

사장님은 너무 까다로워서 직원들이 힘들어 한다.

꼼꼼하다

형 작은 것도 빼놓지 않고 하나하나 살펴보는 성격이다. to be careful; to be detailed; to be precise

꼼꼼한 사람은 모든 일에 거의 실수가 없다.

낙관적(樂觀的) [낙꽌적]

관 명 앞으로의 일이 잘되어 갈 것으로 여기는 (것). optimistic; positive

낙관적으로 생각하는 것은 좋지만 너무 준비가 없으면 안 된다.

어휘와 표현

내성적(內省的)이다 [내성저기다]
자신의 생각, 감정을 밖으로 잘 표현하지 않는 성격이다. to be introspective; to be reflective
그는 내성적인 성격이라서 평소에 말이 적은 편이다.

냉정(冷情)하다
형 남을 배려하는 마음이 없고 도움을 요청해도 차갑게 거절하다. to be cold; to be cold-hearted
그는 내 부탁을 냉정하게 거절했다.

느긋하다 [느그타다]
형 걱정이 적어서 급하지 않고 여유가 있다. to be relaxed; to be easygoing
그는 너무 느긋하게 일을 처리해서 어떤 때는 답답하다.

디스크
명 등뼈의 뼈와 뼈 사이에 있는 연한 뼈. 또는 그곳에 생기는 병. disk(disc); a ruptured disk trouble
디스크가 심하여 이제는 앉아 있기도 힘들다.

매사(每事)
명 하나하나의 모든 일. everything; every matter
어른 앞에서는 매사에 행동을 조심해야 한다.

무리(無理)하다
형 어떤 일을 할 때 적당한 기준에서 벗어난 정도가 심하다. to be impractical; to be severe
무리하게 일을 하다 보면 건강을 잃을 수 있다.

민감(敏感)하다
형 어떤 것을 빠르고 깊이 더 잘 느끼며 반응하다. to be sensitive
이 기계는 특히 열에 민감하다.

불안(不安)하다
형 걱정 등이 있어서 마음이 편하지 않다. to be uneasy
아이들만 집에 두고 와서 불안하다.

빈틈
명 비어 있는 틈이나 사이. 단점이나 부족한 점. a crack; a gap; unpreparedness; a blindside
그는 빈틈이 없는 사람이라 일을 할 때 실수가 없다.

사연(事緣)
명 일의 앞뒤 사정과 까닭. the origin and circumstances of a matter; the (full) story
라디오에서 가난한 부부의 슬픈 사연이 소개됐다.

성취(成就)
명 목적한 대로 일을 이룸. accomplishment; achievement
올해 상황이 좋지 않아서 목표 생산량의 성취가 쉽지 않을 것 같다.

소극적(消極的)이다 [소극쩌기다]
스스로 나서지 못하고 시키는 일만 하는 성격이다. to be passive
그 애는 소극적이라 누가 시키지 않으면 아무 일도 안 한다.

소심(小心)하다
형 남이 어떻게 생각할까 신경 써서 자신감이 없고 지나치게 조심스럽다. to be timid
나는 소심한 편이라서 남한테 반대하는 말을 잘 못한다.

여유(餘裕)
명 시간이나 물건, 돈 등을 쓰고 남는 것. 느긋하게 생각하거나 행동하는 마음 상태. extra time or money; serenity of mind; composure
늘 바쁘지만 가끔은 여유를 갖고 살고 싶다.

완벽(完璧)하다 [완벼카다]
형 조금도 잘못이나 나쁜 것이 없이 완전하다. to be perfect
이 세상에 완벽한 사람이 있을까요?

외향적(外向的)이다 [외향저기다/웨향저기다]
자신의 생각, 감정을 밖으로 잘 표현하는 성격이다. to be outgoing; to be extroverted
나는 성격이 외향적이어서 사람들을 쉽게 사귄다.

요인(要因)
명 중요한 원인. primary factor; main cause
이번 사고의 가장 큰 요인은 엔진 고장이었다고 한다.

위장병(胃臟病) [위장뼝]
명 위에 생기는 병. gastroenteric disorder (or trouble)
항상 시간이 없어 식사를 제때 하지 못했더니 위장병이 생겼다.

유전적(遺傳的)
관 명 부모, 조상으로부터 어떤 특성을 받아 닮은 (것). hereditary; genetic
이 병의 원인은 유전적인 것보다 환경적인 것이 더 크다고 한다.

의지(意志)
명 어떤 일을 이루고자 하는 마음. will
의지가 약한 사람은 이 일을 해내지 못할 것이다.

이기적(利己的)이다 [이기저기다]
다른 사람은 상관없이 자기에게 좋은 것만 하는 성격이다. to be selfish; to be self-centered; to be egoistic
자기만 생각하는 이기적인 사람이 되지 말자.

인정(人情)이 많다
마음이 따뜻하다. to be warm-hearted; to be kind-hearted
시골 사람들은 아직도 인정이 많다.

적극적(積極的)이다 [적끅쩌기다]
시키지 않아도 스스로 나서서 열심히 하는 성격이다. to be active; to be aggressive; to be enthusiastic
모두의 적극적인 참여로 일이 빨리 끝났다.

중독(中毒)
명 술이나 일 등을 너무 많이 하여 그것을 하지 않으면 참기 어려운 상태. addiction
요즘 인터넷 중독에 걸린 청소년들이 많다.

지향(志向)
명 생각이 어떤 목표, 방향으로 향하는 것. orientation; aim
나는 미래 지향적인 태도를 갖고 싶다.

진행(進行)되다
동 어떤 일이 시간의 흐름에 따라 실제로 되어 가다. to be in progress
여러 날 준비했던 일이 별 문제없이 잘 진행되었다.

차분하다
형 당황하지 않고 조용하게 행동하는 모습이다. to be calm; to be composed
불이 났을 때는 당황하지 말고 차분하게 행동하세요.

참을성이 없다
잘 참지 못하다. to lack patience; to be impatient
나는 참을성이 없어서 힘든 일을 끝까지 못한다.

챙기다
동 필요한 것을 잘 준비하거나 잊지 않고 기억하다. to get things together; to pack
외국 여행을 가려면 챙겨야 할 것들이 많다.

털털하다
형 사람의 성격이나 행동이 시원하고 작은 일들에 신경 쓰지 않는 편이다. to be free and easy
그 사람은 성격이 털털해서 그런 일로 기분 나빠할 사람이 아니다.

흥분(興奮)하다
동 어떤 원인으로 감정이 강하게 일어나다. to be excited
기분이 나쁘더라도 너무 흥분하지 말고 잘 생각해서 행동해야 한다.

3. 만나고 싶은 사람

공연(公演)하다
동 음악, 무용, 연극 등을 많은 사람 앞에서 하다. to perform; to play
유명한 음악가가 대극장에서 공연한다.

과장(課長)
명 회사에서 한 과(課)를 맡은 책임자. head of a division; section chief
회사에 들어가서 과장이 되려면 보통 3년 이상이 걸린다.

교향악단(交響樂團) [교향악딴]
명 많은 악기 연주자가 함께 참여하는 심포니 오케스트라. orchestra
시립 교향악단의 가을 정기 음악회가 다음 달에 열린다.

균형(均衡)
명 한쪽으로만 너무 가지 않고 여러 가지가 다 비슷하여 좋은 상태. balance
자전거를 탈 때는 균형을 잘 잡아야 넘어지지 않는다.

남짓
명 크기, 수, 양 등이 조금 남는 정도. a little over
이번 모임에 열 명 남짓 왔다.

띠다
동 색깔, 감정, 성질 등을 나타내 보이다. to have (feeling or color)
저녁 하늘이 붉은 빛을 띠고 있다.

발휘(發揮)하다
동 능력이나 재능을 나타내다. to show one's ability
이번 경기에서 우리가 가진 능력을 최대한 발휘해 주기 바란다.

부장(部長)
명 회사에서 한 부(部)를 맡은 책임자. head of a department
부장이 직원들과 함께 내년도 사업 계획서를 검토하고 있다.

사고방식(思考方式)
명 어떤 문제에 대하여 생각하는 방법이나 태도. one's way of thinking
사람들은 서로 다른 사고방식을 가지고 있다.

어휘와 표현

사무총장(事務總長)
명 유엔(UN) 등 큰 단체에서 일을 하며 전체의 책임을 맡은 사람. secretary general; executive secretary
그는 한국인으로서는 최초로 유엔 사무총장이 되었다.

수상(受賞)하다
동 상을 받다. to be awarded a prize
그 여자는 이번 대회에서 일등 상을 수상했다.

시향(市響)
명 시립 교향악단. municipal orchestra
서울시향의 무료 정기 음악회에 시민들이 모여들었다.

아울러
부 동시에. 함께. at the same time; in addition
새로 나온 스마트폰은 다양한 통화 기능이 있다. 아울러 인터넷도 자유롭게 사용할 수 있다.

업적(業績) [업쩍]
명 어떤 일이나 연구 등에서 잘한 일. 그동안 해 온 일. work; achievement
그는 새로운 약을 개발하는 등 많은 업적을 남겼다.

연주(演奏)하다
동 악기를 소리 내어 음악을 표현하다. to play (music)
그 여자는 기타를 멋있게 연주하였다.

연주회(演奏會) [연주회/연주훼]
명 음악을 연주하고 들려주는 모임. concert; recital
오늘부터 사흘간 대강당에서 피아노 연주회가 열립니다.

열정(熱情) [열쩡]
명 어떤 일을 열심히 하는 뜨거운 마음. passion
그분의 음악에 대한 열정은 누구도 따라갈 수 없을 것이다.

위대(偉大)하다
형 뛰어나고 훌륭하다. to be great; to be magnificent
인도의 타지마할은 위대한 문화유산이다.

입상(入賞)하다 [입쌍하다]
동 상을 받을 수 있는 사람 수 안에 들다. to win a prize
그는 이번 대회에서 일 등으로 입상했다.

재능(才能)
명 재주와 능력. ability; talent
모차르트는 어릴 때부터 음악에 재능을 보였다.

주최(主催)하다
동 행사나 모임을 주인으로서 계획하고 열다. to host
서울시가 외국인 말하기 대회를 주최했다.

지휘(指揮)하다
동 많은 사람이 함께 노래하거나 연주할 때 앞에서 손이나 몸을 움직여 연주를 잘할 수 있도록 하다. to conduct; to direct
그가 오케스트라를 지휘하자 청중들이 숨을 죽였다.

진로(進路) [질로]
명 앞으로 가게 될 길. course; path in one's life
대개 대학교에 들어갈 때쯤 진로를 정한다.

진정(眞情)
명 진짜로 느끼는 정이나 마음. one's true sentiments
그는 아이들을 진정으로 사랑했다.

참여(參與)하다
동 어떤 일에 들어가서 함께하다. to participate; to take part in
그녀는 남을 돕는 일이라면 무슨 일이든 참여하려고 한다.

콩쿠르
명 음악, 미술, 영화 등에서 훌륭한 연주자나 작품을 뽑는 대회. contest; competition
그녀는 피아노 콩쿠르에 참가하여 상을 받았다.

평사원(平社員)
명 회사의 보통 사원. mere clerk; plain employee
회사에 처음 들어가면 평사원부터 시작한다.

협연(協演)하다
동 함께 연주하다. to perform with; to play with
그는 유명 바이올리니스트와 협연할 예정이다.

협찬(協贊)하다
동 어떤 일에 돈이나 물건으로 도움을 주다. to sponsor
이번 공연이 화제가 되자 회사들이 많은 물품들을 협찬하겠다고 한다.

후원(後援)하다
동 뒤에서 도와주다. to support; to patronize
몇몇 큰 회사들이 이번 지방 공연을 후원하고 있다.

훈장(勳章)
명 나라를 위해 훌륭한 일을 한 사람에게 국가가 기념하여 주는 것(물건). medal; decoration order
그는 작년에 국가로부터 과학 기술 훈장을 받았다.

II 사랑하는 마음

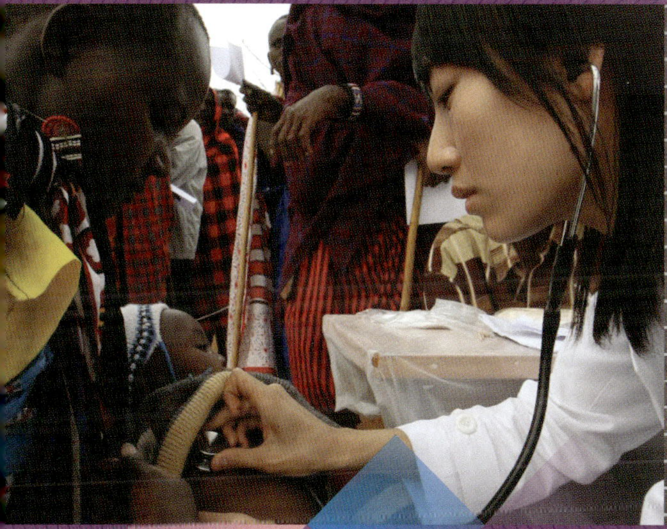

1 사랑의 손길

주제 나눔과 봉사

읽고 말하기
- 후원 요청 서한 읽기
- 계절 인사하기

듣고 말하기
- 구호 단체 회장 인터뷰 듣기
- 불우 이웃 돕는 방법 말하기

과제 후원 요청하는 편지 쓰기

문법
- V-다시피
- 너나없이 (모두)
- N(이)나마
- V-고자

어휘 불우 이웃 및 불우 이웃 돕기

2 사랑이란

주제 연애

읽고 말하기
- 전래 동화 '견우와 직녀' 읽기
- 사랑 이야기 소개하기

듣고 말하기
- 남자 친구에 대한 상담 방송 듣기
- 우정과 사랑 구별해 말하기

과제 사랑에 대한 정의 내리고 단락 쓰기

문법
- A/V-(으)ㄹ 지경이다
- 생각다 못해
- N(이)란 N은/는 모두

어휘 사랑

보충 어휘 의태어

1 사랑의 손길

주제
나눔과 봉사

읽고 말하기
- 후원 요청 서한 읽기
- 계절 인사하기

듣고 말하기
- 구호 단체 회장 인터뷰 듣기
- 불우 이웃 돕는 방법 말하기

과제
후원 요청하는 편지 쓰기

들어가기

이야기해 보세요

다음 사진에서 사람들은 어떤 일을 하고 있습니까? 여러분도 이런 일을 해 본 적이 있습니까?

> 저는 모금 활동을 해 본 적이 있어요.

> 언제요? 어디서요?

성금 모금

난민 구호

©월드비전

무료 급식

들어 보세요 track 12

다음은 어떤 단체에 대한 소개입니다. 잘 듣고 답하세요.

1. 어떤 단체에 대한 설명입니까?

① 푸드뱅크 FOOD BANK 1688-1377　② 사랑의 열매　③ DAIL Community 밥퍼 Babfor

2. 이 단체에서 하는 일을 말해 보세요.

읽고 말하기

주제 어휘

1. 다음은 도움이 필요한 사람들을 나타내는 말입니다. 관계있는 것끼리 연결하세요.

1) 결식아동 2) 노숙자 3) 독거노인 4) 이재민 5) 난민 6) 소년 소녀 가장

- 집이 없어서 지하철역에서 잠을 잡니다.
- 홍수가 나서 집을 잃고 학교 체육관에서 지내고 있습니다.
- 옆집 할아버지는 가족 없이 혼자 사십니다.
- 고등학생이지만 병든 아버지, 어린 동생을 위해 돈을 법니다.
- 집이 가난해서 점심을 굶습니다.
- 전쟁을 피해 이웃 나라로 온 후 난민촌에서 살고 있습니다.

2. 다음은 어려운 이웃을 돕는 활동입니다. 관계있는 것끼리 연결하세요.

1) 모금을 하다 2) 성금을 내다 3) 구호품을 보내다 4) 무료 급식을 하다 5) 후원하다

- 무료로 밥을 주다
- 다른 사람을 돕기 위해 돈을 모으다
- 다른 사람을 돕기 위해 돈을 내다
- 이재민에게 필요한 물건을 보내다
- 직접 활동하지 않고 뒤에서 돕다

읽어 보세요 track 13

다음은 후원을 요청하는 편지입니다. 잘 읽고 질문에 답하세요.

김민석 선생님께

가 안녕하십니까? 이웃사랑운동본부입니다.

설 명절 잘 쇠셨습니까? 가족과 함께 따뜻하고 좋은 시간 보내셨기를 바랍니다.

나 저는 오늘 우리가 관심을 가져야 할 불우 이웃에 관해 말씀드리기 위해서 편지를 드립니다.

다 아시다시피 아직도 우리 주변에는 하루의 끼니를 걱정하며 살아가고 있는 사람들이 있습니다. 너나없이 경제적 풍요를 누리고 있는 것 같은 시대이지만 의지할 곳 없이 버려진 무의탁 독거노인들부터 끼니를 제대로 챙겨 먹지 못하는 결식아동까지 우리의 도움을 기다리는 사람들은 많습니다.

라 이웃사랑운동본부에서는 이러한 어려운 이웃들에게 조금이나마 도움이 되고자 무료 급식을 하고 있습니다. 이웃사랑운동에 쓰이는 쌀은 하루 250kg으로 우리의 이웃 3,000여 명이 매일 따뜻한 한 끼를 먹을 수 있는 양입니다. 선생님의 도움이 필요합니다. 선생님이 보내 주시는 후원금으로 우리 이웃들에게 희망과 웃음을 되찾아 줄 수 있습니다. 지금 바로 따뜻한 손길을 내밀어 주십시오.

마 선생님 가정에 평화와 행복이 가득하기를 빕니다. 감사합니다.

20xx년 3월 2일

이웃사랑운동본부 올림

1. 나 의 '불우 이웃'은 어떤 사람들을 가리킵니까?

2. 이 단체는 어떤 일을 하고 있습니까?

3. 이 편지를 쓰는 목적은 무엇입니까?

4. 가 ~ 마 의 내용으로 알맞은 것을 찾아보세요.

.... 상황 설명 .... 도움 요청 .... 끝인사/날짜/보내는 사람

.... 인사 .... 편지 쓰는 목적

이야기해 보세요

다음은 여러 가지 인사 표현입니다. 계절 인사와 복을 비는 인사를 연결해 보세요. 또 다른 인사말을 만들어 보세요.

계절 인사

- 따뜻한 봄이 왔습니다. 생명력 가득한 봄기운이 싱그럽습니다.
- 열정과 활기로 가득한 여름, 푸른 바다와 산이 아름답습니다.
- 가을 하늘이 참으로 높고 푸릅니다.
- 겨울이 깊었습니다. 하얀 눈이 세상을 덮어 우리의 마음이 어느 때보다 깨끗합니다.

복을 비는 인사

- 희망의 계절 봄을 맞아 모든 일이 뜻대로 이루어지시기를 기원합니다.
- 한여름 더위를 식혀 주는 소나기처럼 기분 좋은 일들로 가득한 나날 되시길 빕니다.
- 가을의 여유와 낭만 속에 귀하의 건강과 행복을 빕니다.
- 한 해를 마무리하는 이때 가정에 기쁨과 행복이 가득하시기를 빕니다.

문법과 표현

1. V-다시피
- 이 사진에서 보시다시피 이 지역 어린이들의 질병은 심각한 상황입니다.
- 말씀하셨다시피 우리 모두 사회 문제에 관심을 가지는 것이 필요합니다.

2. 너나없이 (모두)
- 김치는 한국 사람들이 너나없이 모두 좋아하는 음식이에요.
- 요즘은 농사철이라서 너나없이 바빠요.

3. N(이)나마, A-게나마, A-(으)나마
- 친구의 농담으로 힘든 것을 잊고 한때나마 큰 소리로 웃었어요.
- 방 한 칸이지만 이렇게나마 가족들이 모여 살 수 있어서 다행입니다.
- 부족하나마 제 작은 힘을 봉사 활동에 보태고 싶습니다.

4. V-고자
- 난민들의 고통스러운 생활을 알리고자 사진전을 열었습니다.
- 이재민들을 돕고자 성금을 모으고 있습니다.

듣고 말하기

들어 보세요 track 14

다음은 '십시일반운동본부' 회장과의 인터뷰입니다.
잘 듣고 질문에 답하세요.

1. 이 단체의 이름은 무슨 뜻을 가졌습니까?

2. 어떤 일을 하는 단체입니까?
   - ☐ 난민 구호
   - ☐ 구호품 전달
   - ☐ 무료 급식
   - ☐ 결식아동 후원

3. 어떤 행사를 했습니까? 행사 음식으로 왜 그것을 선택했습니까?

4. 어떤 사람들이 이 단체에서 자원봉사를 합니까?

이야기해 보세요

십시일반으로 어려운 사람을 돕는 방법에 대해 이야기해 보세요.

> 텔레비전에서 전화 ARS로 성금을 모으는 것을 봤는데 좋은 방법이던데요. 한 통화에 2,000원씩 기부하는 것이지만 여러 사람의 전화가 모여 금방 1,000만 원, 2,000만 원이 되는 것을 봤어요.

> 제가 활동하던 동아리에서는 시각 장애인들을 위한 녹음 봉사를 했는데요. 일주일에 한 시간씩만 봉사하면 여러 사람의 힘이 모여 소설책 두 권 정도를 녹음할 수 있었어요.

과제

여러분은 자선 단체에서 일하는 직원입니다. 사람들에게 후원을 요청하는 편지를 써 보세요.

1. 다음에 대해 친구와 같이 의논해 보세요.

의논할 사항

- 단체의 이름은 무엇으로?
- 누구를 후원합니까?
  - 불우 이웃, 이재민, 결식아동, 독거노인……
- 어떤 도움을 줘야 합니까?
  - 자원봉사, 후원금, 구호품……

결정 사항

-
-
-

2. 다음과 같은 내용을 포함하여 편지를 쓰세요. 편지를 쓸 때 아래의 인사 표현을 참고하세요.

인사 → 편지 쓰는 목적 → 상황 설명 → 도움 요청

아직도 우리 주변에는 끼니를 제대로 챙겨 먹지 못하는 어린이들이 있습니다.

십시일반이라는 말이 있습니다. 작은 정성이 모이면 큰 힘이 됩니다.

여러분의 작은 정성이 이 어린이들에게 빛을 줄 수 있습니다. 내일이면 늦습니다. 지금 도와주시기 바랍니다.

지구촌 곳곳에서 심각한 식량난과 식수난으로 고통받는 난민들이 있습니다.

3. 친구들이 쓴 편지를 서로 읽은 후에 어떤 단체를 후원할지 결정하고 그 이유를 말해 보세요.

2 사랑이란

주제
연애

읽고 말하기
· 전래 동화 '견우와 직녀' 읽기
· 사랑 이야기 소개하기

듣고 말하기
· 남자 친구에 대한 상담 방송 듣기
· 우정과 사랑 구별해 말하기

과제
사랑에 대한 정의 내리고 단락 쓰기

들어가기

이야기해 보세요

여러분은 사랑에 대해 어떻게 생각합니까?

들어 보세요 track 15

다음은 여자에게 말을 걸기 위해 고민하는 남자의 혼잣말입니다. 잘 듣고 질문에 답하세요.

1. 이 남자의 마음을 다음 단어로 표현해 보세요.

   화끈화끈　　두근두근　　바짝바짝

2. 남자는 여자에게 말을 걸기 위해 어떤 말들을 생각했습니까?

3. 여러분이라면 이런 경우 어떻게 말을 걸겠습니까?

읽고 말하기

주제 어휘

다음은 사랑과 관련된 말입니다. 알맞은 말을 골라 쓰세요.

첫사랑 풋사랑 짝사랑 안타까운 사랑 영원한 사랑 순수한 사랑 헌신적인 사랑

1. 준이는 미나를 좋아합니다. 그렇지만 미나는 준이가 자기를 좋아한다는 것을 모릅니다. 준이가 용기가 없어서 마음을 고백하지 못하고 혼자서만 좋아하고 있기 때문입니다. 짝사랑

2. 작년 봄 어느 날 그가 농구하는 모습이 멋있다고 생각한 다음부터 그와 마주치면 가슴이 두근거리고 얼굴이 빨개져 당황스럽습니다. 그는 제가 처음으로 좋아하게 된 사람입니다.

3. 사춘기 아이들은 쉽게 사랑에 빠집니다. 그러나 그 마음은 깊이 있는 것이라고 하기는 어렵습니다. 성숙하지 않은 어린 날의 이런 감정은 아직 익지 않은 과일과 같습니다.

4. 어머니는 자식들을 위해 모든 것을 다 바칩니다. 그 사랑은 크고 깊어서 당신의 모든 것을 희생하면서도 아까워하지 않습니다. 어쩌면 목숨까지도 바칠 수 있을 것입니다.

5. 그때는 같이 있는 것만으로 행복했습니다. 데이트 비용이 없어 떡볶이밖에 먹지 못했지만 전혀 문제가 되지 않았습니다. 티 없이 즐겁고 행복했던 그때 그 마음으로 돌아가고 싶습니다.

6. 사랑하는 그 사람이 암으로 세상을 떠난 지 벌써 10년이 지났습니다. 그러나 저는 사랑의 약속은 언제까지나 변함이 없는 것이라고 생각합니다. 그 사람을 향한 제 사랑은 죽음으로도 멈출 수 없습니다.

7. 우리 할아버지는 결혼 한 달 만에 전쟁터에 나가신 후 소식이 끊어졌습니다. 스무 살 신부이던 할머니는 평생 동안 할아버지를 기다리셨습니다. 그리고 작년 이산가족 상봉 때 두 분은 60년 만에 만나셨습니다. 손을 꼭 잡고 눈물 흘리시는 두 분을 보고 가족들의 마음도 너무 아팠습니다.

읽어 보세요 track 16

다음은 전래 동화 '견우와 직녀'입니다. 잘 읽고 질문에 답하세요.

견우와 직녀

옛날 하늘나라의 임금에게는 딸 하나가 있었는데, 베를 잘 짜서 이름을 직녀라고 했습니다. 마음씨도 곱고 영리해서 임금은 직녀를 무척 사랑했습니다.

시집을 보낼 때가 되자, 임금은 견우라는 젊은이를 사위로 얻었습니다. 견우는 소를 돌보는 사람이었습니다. 그런데 결혼한 견우와 직녀는 서로를 너무 사랑해서 잠깐이라도 안 보면 살 수 없을 지경이 되었습니다. 그러다 보니 각자 맡은 일에 신경을 쓰지 않고 같이 놀기만 해서 모든 일이 엉망이 되었습니다. 임금은 이 모습을 보고 불같이 화가 났습니다.

그래서 견우는 동쪽 하늘 끝으로, 직녀는 서쪽 하늘 끝으로 귀양을 보냈습니다. 귀양을 간 견우와 직녀는 일 년에 단 한 번, 음력 7월 7일 밤에만 은하수 강가에서 만날 수 있도록 허락을 받았으므로 그날이 오기만 손꼽아 기다렸습니다.

드디어 그날이 되어 두 사람은 은하수 강가로 갔지만 은하수는 너무나 넓은 강이었습니다. 다리는 물론 나룻배도 없어 만날 수 없었던 두 사람은 너무나 안타까워 눈물만 흘렸고 이 눈물은 비가 되어 땅 위에 떨어졌습니다. 그래서 해마다 칠월 칠석이 되면 이 세상에는 큰비가 오고 곳곳에 홍수가 나서 사람도 짐승도 큰 고통을 당하게 되었습니다.

생각다 못해 까치와 까마귀가 은하수에 올라가 다리를 놓아 두 사람이 만날 수 있게 해 주기로 했습니다. 칠석날 이 세상의 까치란 까치, 까마귀란 까마귀는 모두 하늘나라로 날아가 자기들의 몸으로 다리를 만들어 견우와 직녀가 그 위를 밟고 건너게 해 주었습니다. 견우와 직녀는 까마귀와 까치가 만든 오작교 위에서

1. 임금은 왜 화가 났습니까?

2. 견우와 직녀는 언제 서로 만날 수 있습니까?

3. 칠석날에 비가 오는 이유는 무엇 때문입니까?

4. 칠석날이 지나면 까마귀와 까치의 머리가 벗어지는 이유는 무엇입니까?

5. 견우와 직녀의 사랑은 어떤 사랑이라고 말할 수 있습니까?

서로를 만날 수 있었습니다.

그 후로도 까마귀와 까치들은 해마다 칠석날이 되면 은하수로 가서 견우와 직녀를 위해 다리를 만들어 주었습니다. 매년 칠석날이 지나면 까마귀와 까치의 머리가 벗어지는데 이것은 다리를 만들어 머리 위로 두 사람을 걸어 다니게 했기 때문이라고 합니다.

그 후로 심한 비는 더 이상 오지 않게 되었습니다. 그래도 해마다 칠월 칠석날이면 비가 조금씩은 내립니다. 이 비는 오랜만에 만나는 견우와 직녀가 반가워서 흘리는 눈물이라고 합니다.

이야기해 보세요

여러분 나라에도 이와 같은 사랑 이야기가 있습니까? 여러분 나라에 전해 오는 유명한 사랑 이야기를 해 보세요.

문법과 표현

1. **A/V-(으)ㄹ 지경이다**
   - 일주일 내내 쉬지 못했더니 몸살이 날 지경이에요.
   - 지하철에서 졸다가 넘어졌어요. 너무 창피해서 죽을 지경이었어요.
   - 이가 너무 아파서 잠을 잘 수 없을 지경이다.

2. **생각다 못해**
   - 큰아들을 과외 공부 시키세요?
     – 네, 대학은 보내야 하는데 성적은 나쁘고, 그래서 생각다 못해 시작했어요.
   - 이번 학기에는 등록금을 낼 돈이 없어요. 그래서 생각다 못해 휴학했어요.

3. **N(이)란 N은/는 모두[전부, 다]**
   - 비가 와서 우산을 찾으니 우산이란 우산은 모두 고장이 났더라고요.
   - 휴가철이라서 호텔이란 호텔은 전부 꽉 찼어요.

듣고 말하기

주제 어휘

다음은 사랑에 대한 표현입니다. 서로 알맞게 연결해 보세요.

1.	눈에 콩깍지가 씌었나 봐요. •	• 이 사람은 하늘이 정해 준 짝인 것 같아요.
2.	짚신도 짝이 있대요. •	• 자기 짝이 없는 사람은 없대요.
3.	천생연분이군요. •	• 사랑을 하면 단점은 안 보이고 장점만 보여요.
4.	첫눈에 반했어요. •	• 처음 보자마자 사랑하게 되었어요.

들어 보세요 track 17

다음은 라디오 방송 사연입니다. 잘 듣고 질문에 답하세요.

1. 여자는 남자와 어떤 사이였습니까?

2. 남자는 새로 사귄 여자 친구에 대해 뭐라고 표현합니까?

3. 여자와 관계된 것을 모두 고르세요.

- ☐ 마음이 쓸쓸하다.
- ☐ 남자 친구에게 첫눈에 반했다.
- ☐ 친구의 여자 친구가 마음에 든다.
- ☐ 남자에게 신경을 쓰고 있다.
- ☐ 천생연분을 만났다.
- ☐ 자기의 짝을 찾고 있다.

4. 여자가 알고 싶은 것은 무엇입니까?

5. 여러분은 이 여자에게 어떤 말을 해 주고 싶습니까?

이야기해 보세요

1. 우정과 사랑을 어떻게 구별할 수 있을까요?

그 사람을 보기만 해도 가슴이 뛴다, 그러면 사랑이겠지요?

그러게요. 손을 잡았는데 아무렇지도 않으면 그건 우정이고요.

또 약속 시간 한참 전부터 설레고 기다려지고 이런 감정이 있다면 이건 사랑이겠지요?

맞아요. 왠지 헤어지기 싫고 집에 가서도 자꾸 생각나고 그러면 그건 사랑이지요. 그냥 친구 사이라면 헤어져도 별 생각이 안 들잖아요.

2. 남녀 사이의 우정은 가능할까요? 자신의 생각을 말해 보세요.

과제 사랑을 정의하고 한 단락으로 써 보세요.

1. 다음 만화를 읽고 사랑을 정의해 보세요.

비빔툰

©홍승우

사랑이란 그가 행복하면 나도 행복해지는 것이에요.

그의 전화가 기다려지는 것, 그것이 사랑이지요.

2. 여러분이 생각하는 사랑, 행복, 결혼, 우정의 정의를 써서 발표해 보세요.

사랑이란 사랑하는 사람이 괴로워할 때 위로해 주는 것이다.

사랑이란 ____________________

행복이란 ____________________

결혼이란 ____________________

우정이란 ____________________

3. 다음 글과 같이 사랑에 대한 여러분의 생각을 한 단락으로 써 보세요.

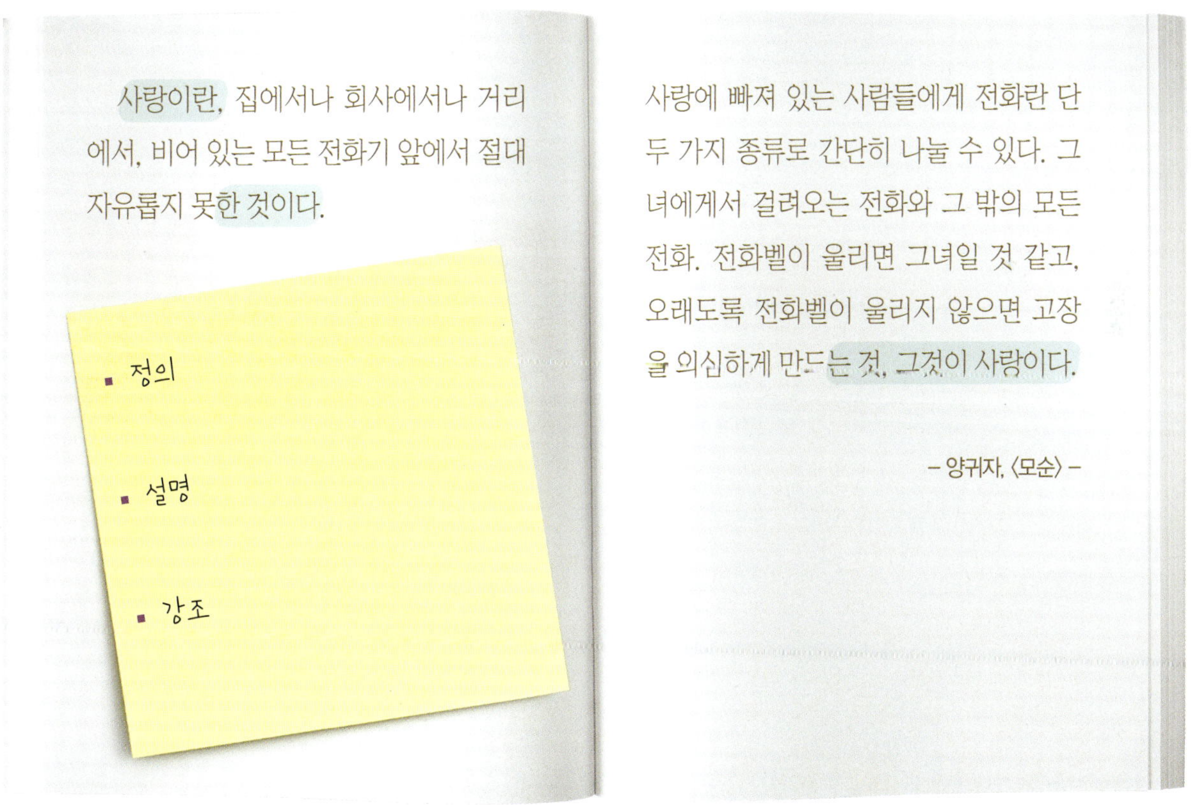

사랑이란, 집에서나 회사에서나 거리에서, 비어 있는 모든 전화기 앞에서 절대 자유롭지 못한 것이다.

사랑에 빠져 있는 사람들에게 전화란 단 두 가지 종류로 간단히 나눌 수 있다. 그녀에게서 걸려오는 전화와 그 밖의 모든 전화. 전화벨이 울리면 그녀일 것 같고, 오래도록 전화벨이 울리지 않으면 고장을 의심하게 만드는 것, 그것이 사랑이다.

– 양귀자, 〈모순〉 –

자기 평가

1. 다음 중 아는 단어에 ∨ 하세요.

☐ 성금	☐ 모금	☐ 구호품	☐ 후원하다
☐ 결식아동	☐ 이재민	☐ 독거노인	☐ 소년 소녀 가장
☐ 헌신적이다	☐ 안타깝다	☐ 순수하다	☐ 영원하다

2. 다음 표현을 이용해서 문장을 만들어 보세요.

1) N(이)나마

→

2) V-고자

→

3) A/V-(으)ㄹ 지경이다

→

3. 다음 표현은 어떤 뜻입니까?

1) 눈에 콩깍지가 씌다

....

2) 천생연분이다

....

3) 짚신도 짝이 있다

....

4) 첫눈에 반하다

....

보충 어휘

의태어 의태어는 모습을 흉내 내어 표현한 말입니다. 의태어로 여러 가지 모습을 좀 더 구체적으로 재미있게 표현하도록 합시다.

꾸벅꾸벅거리다/하다 졸려서 머리가 앞으로 자꾸 숙여지는 모양.	**힐끗힐끗거리다/하다** 안 보는 척하면서 몰래 자꾸 보는 모양.
싱글벙글거리다/하다 기분이 좋은 듯 소리 내지 않고 즐겁게 웃는 모양.	**깡충깡충** 주로 아이들이나 작은 동물이 다리를 모아 힘 있게 위로 뛰는 모양.
헐렁헐렁하다 옷 같은 것이 딱 맞지 않고 커서 공간이 남는 모양.	**살금살금** 남이 알아차리지 못하도록 조심스럽게 행동하는 모양.
투덜투덜하다 내용을 분명히 말하지 않고 불평하는 모양.	**반짝반짝하다** 별, 보석, 눈동자, 유리 등이 빛나는 모양.
허둥지둥하다 급하게 서두르는 모양.	**뒤죽박죽이다/으로** 여럿이 마구 뒤섞여 엉망이 된 모양. 또는 그런 상태.

연습 1 다음 그림에 어울리는 의태어를 고르세요.

1) 

① 싱글벙글 ② 힐끗힐끗

2) 

① 허둥지둥 ② 깡충깡충

3) 

① 반짝반짝 ② 뒤죽박죽

4) 

① 꾸벅꾸벅 ② 헐렁헐렁

보충 어휘

연습 2 다음 ________ 부분과 관련 있는 의태어를 쓰세요.

1) 한 달 동안 운동도 열심히 하고 다이어트도 했더니 바지가 커져서 흘러내릴 것 같다.

→ 헐렁헐렁해졌다

2) 친구와 여행을 갔는데 하루 종일 불평과 불만 섞인 말을 해서 내 머리가 아프다.

→

3) 오랫동안 해 오던 일을 드디어 끝내서 기분이 좋아 계속 웃고 있다.

→

4) 가방 속 물건들이 정리되어 있지 않아서 열쇠를 찾으려니 너무 힘들다.

→

5) 아기가 자고 있어서 소리가 나지 않게 조심스럽게 걷는다.

→

6) 아침에 늦게 일어나서 정신없이 급하게 버스 정류장으로 뛰어갔다.

→

연습 3 의태어를 넣어서 대화 연습을 해 보세요.

1) 가 : 버스 의자에 앉아서 .... 졸다가 그만 앞으로 넘어지고 말았어요.
   나 : 저런, 많이 피곤했나 봐요. 어쨌든 굉장히 창피했겠네요.

2) 가 : 너 날마다 청바지에 티셔츠만 입고 다니다가 그렇게 여성스러운 옷을 입으니까 완전히 다른 사람 같다.
   나 : 그래서 아까부터 나를 .... 쳐다봤구나.

3) 가 : 앗, 깜짝이야. 너 교실에 언제 들어온 거야?
   나 : 너 깜짝 놀라게 하려고 소리 없이 .... 들어왔지.

4) 가 : 숙제가 많은데도 학생들이 다 잘해 오네요.
   나 : 가끔 숙제가 너무 많다고 ....하면서 불평도 하지만 그래도 잘해 와요.

5) 가 : 네 남자 친구는 언제 봐도 .... 웃는 얼굴이네.
   나 : 응, 낙천적이고 긍정적인 성격이라 거의 항상 밝은 표정이야.

6) 가 : 오늘은 뭘 정리할 거예요?

나 : 책들이 ____________으로 섞여 있어서 찾기가 어렵거든. 책 제목을 가나다순으로 정리해서 책꽂이에 꽂자.

7) 가 : 얼마나 열심히 청소를 했는지 온 집안이 다 ____________ 빛나네.

나 : 그럼요. 저는 일단 일을 시작하면 확실하게 한다고요.

8) 가 : 생일 선물을 받고 딸이 좋아했어요?

나 : 그럼요. 좋아서 ____________ 뛰며 기뻐하던 걸요.

9) 가 : 1년에 한 번은 병원에 가서 건강검진을 받을 필요가 있대요.

나 : 시간에 쫓겨 하루하루를 ____________ 살다 보니 병원 갈 시간을 내는 것이 쉽지 않아요.

10) 가 : 반지를 어쩌다가 잃어버린 거야?

나 : 살이 빠져서 반지가 ____________하더니 나도 모르는 사이에 손가락에서 빠졌나 봐.

어휘와 표현

1. 사랑의 손길

결식아동(缺食兒童)
명 가난하여 밥을 못 먹는 아이. poorly-fed children
결식아동을 위한 사랑의 쌀 모으기 운동을 시작합니다.

구호(救護)
명 지진, 태풍, 홍수 등의 재난으로 어려움을 당한 사람을 돕고 보호함. relief; help; aid
재난을 당한 난민을 구호하기 위해 음식을 마련했다.

구호품(救護品)을 보내다
재난으로 어려운 상황에 있는 사람을 도와주기 위하여 물건을 보내다. to send relief supplies
홍수로 집을 잃은 사람들을 위해서 옷과 음식 등의 구호품을 보냈다.

기념(記念)하다
동 어떤 일을 잊지 않고 마음에 기억하다. to commemorate; to celebrate
만난 지 100일이 된 것을 기념하기 위해 남자 친구가 장미꽃 100송이를 선물로 줬어요.

기부(寄附)하다
동 다른 사람을 돕거나 좋은 일에 쓰려고 돈이나 물건을 내다. to donate; to make a contribution
이 식당은 매달 번 돈의 3%를 어려운 사람들을 위해 기부한대요.

끼니
명 아침, 점심, 저녁과 같이 날마다 일정한 시간에 먹는 밥. daily meals
끼니때마다 뭘 해 먹을지 고민이다.

난민(難民)
명 전쟁이나 재난 등을 당하여 어려움에 빠진 사람들. refugee
내전을 피해 다른 나라로 간 난민들의 고통이 크다.

노숙자(露宿者) [노숙짜]
명 집이 없어 길이나 공원 등 바깥에서 자는 사람. the homeless
거리에서 생활하는 노숙자들의 건강 문제가 심각해요.

누리다
동 (자유, 행복, 혜택 등을) 하고 싶은 만큼 마음껏 해 보고 좋은 점을 느끼고 즐기다. to enjoy
모든 사람이 자유와 행복을 누리는 것은 아니다.

단체(團體)
명 개인이 아니라 여러 사람으로 이루어진 모임. group; organization
단체 손님 때문에 오늘은 다른 손님 예약을 받을 수 없습니다.

독거노인(獨居老人)
명 가족이 없거나 가족과 떨어져 혼자 생활하는 노인. senior citizen who lives alone
독거노인들은 혼자 지내기 때문에 마음이 무척 외롭대요.

뜻하다 [뜨타다]
동 어떤 의미를 가지다. to mean; to signify
경제 성장이 반드시 사회의 발전을 뜻하는 것은 아니다.

모금(募金)을 하다
다른 사람을 돕기 위해 돈을 모으다. to raise money
어려운 이웃을 돕기 위해 모금을 하고 있습니다.

무료 급식(無料給食)을 하다
돈을 받지 않고 식사를 제공하다. to serve free meals
무료 급식을 하는 학교가 늘고 있다.

무의탁(無依託)
명 의지할 곳이 없음. having no one to depend on
무의탁 노인들에게 도시락을 배달하는 봉사 활동을 했어요.

본부(本部)
명 학교, 회사 등 기관이나 단체의 중심이 되는 곳. the headquarters
이 사건의 관계자들이 경찰 본부에 모여 회의를 하고 있다.

불우(不遇) 이웃 [부루이욷]
가정 사정이 어려운 이웃. needy neighbors
우리 학교에서는 해마다 불우 이웃 돕기 모금을 합니다.

비비다
동 어떤 재료에 다른 재료를 넣어 함께 섞다. to mix (food)
오늘 점심때는 밥에 콩나물이랑 고추장을 넣고 맛있게 비벼 먹읍시다.

상징(象徵)
명 머릿속의 생각이나 의미 등을 어떤 사물로 나타내는 것. symbol
비둘기는 평화의 상징이에요.

성금(誠金)을 내다
다른 사람을 도우려고 돈을 내다. to contribute money
가난한 이웃을 돕기 위해 성금을 냈다.

소년 소녀 가장(少年少女家長)
부모가 없어서 어린 나이인데도 가정을 책임지게 된 소년 소녀. a boy and a girl who make a living for their family; a child head of household
그 아이는 6학년인데 어린 동생과 둘이 살고 있는 소년 소녀 가장이다.

손길 [손낄]

명 손의 움직임. 도움을 주려고 내민 손. outstretched hand; helping hand

어려운 이웃들이 도움의 손길을 기다리고 있습니다.

쇠다

동 명절을 관습대로 하며 지내다. to celebrate (a festive day)

설을 쇠러 고향에 갑니다.

시각 장애인(視覺障碍人)

앞을 보지 못하는 사람. a blind person; a person who is visually impaired

그는 시각 장애인이지만 노력 끝에 변호사가 되었다.

신비(神秘)하다

형 상식이나 과학으로 이해할 수 없을 만큼 신기하다. to be mysterious

작은 들꽃 한 송이에서도 신비한 자연의 생명력이 느껴져요.

실천(實踐)하다

동 생각한 바를 실제 행동으로 하다. to put the idea into practice

계획만 세우고 실천하지 않으면 꿈을 이룰 수 없어요.

십시일반(十匙一飯) [십씨일반]

명 열 숟가락이 한 그릇의 밥을 만듦. 여러 사람의 밥을 조금씩 모아 한 사람의 밥을 만듦. making a united (or combined) effort to help a person

학생들이 십시일반으로 모은 돈 100만 원을 수술비로 쓰라고 가져왔어요.

의지(依支)하다

동 스스로가 아니라 다른 사람이나 다른 것을 믿고 도움을 받으려고 하다. to depend on; to rely on

남에게 의지할 생각만 하지 말고 스스로 해결할 방법을 찾아봐라.

이재민(罹災民)

명 지진, 태풍, 홍수 등 커다란 재난을 당한 사람. victims (or suffers) of disaster

이번 태풍으로 집을 잃은 이재민들을 도웁시다.

정성(精誠)

명 할 수 있는 노력을 다하는 마음. true heart; sincerity

내 손으로 정성 들여 만든 케이크야. 맛있게 먹어.

제대로

부 마음먹은 대로. 알맞은 정도로. 정해진 대로. as it should; properly

목이 너무 아파서 말도 제대로 못 하겠어요.

풍요(豊饒)

명 많아서 넉넉함. richness; wealth

전쟁을 경험한 나는 입을 것, 먹을 것이 이렇게 풍요로운 세상이 가끔은 꿈만 같다.

후원(後援)하다

동 돈이나 물건으로 뒤에서 누군가를 돕다. to support; to sponsor

그 회사는 어려운 학생들을 위한 후원금을 매년 내놓고 있다.

2. 사랑이란

감추다

동 남이 보거나 찾아내지 못하도록 가리거나 숨기다. to hide

오빠가 못 보도록 일기장을 비밀 장소에 감추어 두었어요.

고민(苦悶)

명 마음속으로 괴로워하고 애를 태움. worry; agony

요즘에 공부가 잘되지 않아 고민이에요.

곱다

형 모습이나 상태가 아름답고 깨끗하다. to be pretty; to be beautiful

이 한복의 색깔이 참 곱다.

구석

명 어떤 곳의 안쪽 끝. inside corner

보이는 곳만 청소하지 말고 구석까지 잘 치워라.

귀양(을) 보내다

죄인을 멀리 보내다. to condemn a person exile; to banish a person far away

임금은 백성을 괴롭힌 신하를 귀양을 보냈다.

나룻배 [나루빼/나룯빼]

명 강에서 사람이나 짐을 실어 나르는 작은 배. ferryboat

나룻배를 타고 강을 건넙시다.

놀리다

동 상대방의 약점을 장난스럽게 괴롭히거나 웃음거리로 만들다. to tease; to make fun of

이름이 이상하다고 친구들이 놀려요.

어휘와 표현

눈길 [눈낄]

명 눈이 가는 곳. 또는 눈으로 보는 방향. a glance; a look

그 여자의 아름다운 얼굴이 사람들의 눈길을 끈다.

두근두근

부 몹시 놀라거나 불안하여 가슴이 자꾸 뛰는 모양. pit-a-pat; palpitating

너무 놀라서 가슴이 두근두근 뛰어요.

따지다

동 맞고 틀리는 것을 분명하게 밝히다. to distinguish between right and wrong; to nitpick

잘못한 사람이 누구인지 한번 따져 보자.

바짝바짝

부 물기가 자꾸 마르거나 없어지는 모양. completely dry up

제가 합격할 수 있을까요? 입이 바짝바짝 타네요.

반하다

동 어떤 사람이나 사물 등을 보고 너무 좋아서 마음을 빼앗기다. to fall in love; to be charmed

예쁘게 웃는 모습에 반했어요.

밟다 [밥따]

동 발을 어떤 것 위에 놓으면서 누르다. to step on

지하철에서 어떤 사람이 내 발을 밟았어요.

벗어지다 [버서지다]

동 머리카락이 빠져 없어지다. to lose one's hair; to become bald

나이가 들면서 머리가 벗어지고 있다.

베

명 옷감의 한 종류. hemp cloth

베로 만든 옷은 시원해서 보통 여름에 입어요.

부담스럽다(負擔---)

형 어떠한 의무나 책임을 느끼다. to be a burden (or strain); to feel uncomfortable

이 오피스텔은 월세가 너무 비싸 매달 돈을 내기가 부담스럽다.

빼앗기다 [빼앗끼다]

동 남이 내 것을 억지로 가져가 버리다. to be deprived of (something) to be taken away; to lose

음주 운전을 하다 걸려서 경찰에게 운전 면허증을 빼앗겼다.

사위

명 딸의 남편. son-in-law

세 딸이 모두 결혼해서 이제 사위가 셋이다.

선수(選手)

명 어떤 일을 잘하는 사람을 비유적으로 이르는 말. master; pro; someone who is good at something

수미는 그릇 깨기 선수야. 설거지를 하면 그릇 하나씩은 꼭 깨.

설레다

동 마음이 가라앉지 않고 들뜨다. to throb; to beat high; to have one's heart flutter

결혼식 전날 밤, 설레는 마음에 잠을 잘 수가 없었다.

순수(純粹)하다

형 다른 것이 전혀 섞이지 않고 깨끗하다. to be pure; to be genuine

아이들은 마음이 순수해요.

신경(神經)을 쓰다

어떤 일에 관심을 가지고 마음을 쓰다. to mind; to care

여자 아이들은 자신의 모습에 신경을 많이 쓴다.

안타깝다

형 뜻대로 되지 않거나 보기에 가슴이 아프고 답답하다. to be pitiful; to be regrettable

능력이 있는데도 노력을 안 해 성적이 좋지 않은 학생들을 보면 안타깝습니다.

엉망

명 정리가 안 되어 복잡한 상태. mess; wreck

너무 바빠서 청소를 못 했더니 방이 엉망이다.

영리하다

형 눈치가 빠르고 똑똑하다. to be clever; to be bright; to be witty

아이가 영리해서 무슨 말을 들으면 금방 이해해요.

영원(永遠)하다

형 어떤 상태가 끝없이 계속되다. to be forever; to be eternal; to be everlasting

그들은 변하지 않는 영원한 사랑을 약속했다.

오작교(烏鵲橋) [오작꾜]

명 까마귀와 까치가 은하수에 놓았다는 다리. a bridge believed to be built by magpies and crows in the Milky Way

남한과 북한 사이에 사랑의 오작교를 놓읍시다.

은하수(銀河水)

명 하늘에 있을 거라고 생각하는, 별들로 이루어진 강. the Milky Way; the Galaxy

비가 그치자 밤하늘에 은하수가 나타났다.

음력(陰曆) [음녁]

명 달을 기준으로 만든 날짜 계산법. the lunar calendar

음력 1월 1일을 설날이라고 해요.

지경(地境)

명 상황. 정도. situation; condition

몸이 아파서 회사에 못 갈 지경이 되어서야 병원에 갔어요.

질투(嫉妬)

명 남이 잘되는 것을 부러워하면서 미워함. jealousy; envy

여자 친구가 다른 남자와 얘기하는 것만 봐도 심한 질투를 느꼈다.

짐승

명 사람이 아닌 동물. beast; animal

동물원에는 여러 종류의 새와 짐승이 있다.

짚신 [집씬]도 짝이 있다

보잘것없는 사람도 자기 짝이 있다. Every jack has jill.

짚신도 짝이 있다고 하는데 어딘가에 네 짝도 있겠지.

짜다

동 옷감이나 옷을 만들다. to weave; to knit

털실로 스웨터를 짜서 남자 친구에게 선물했다.

짝사랑

명 남녀 사이에서 한쪽만 상대편을 사랑하는 일. a one-sided love; (secret) crush

수미가 결혼했다고? 민수의 사랑은 결국 짝사랑으로 끝나는구나.

천생연분(天生緣分)이다

하늘이 정하여 준 인연이다. to be a match made in heaven

우리 부부는 마음이 참 잘 맞아 정말 천생연분이라는 생각을 자주 합니다.

첫눈 [천눈]에 반하다

명 처음 본 인상으로 다른 사람을 좋아하게 되다. to love at first sight

처음 만나자마자 첫눈에 반해서 결혼까지 하게 되었어요.

첫사랑 [철싸랑]

명 처음으로 느끼거나 맺은 사랑. (one's) first love

첫사랑에 대한 기억은 누구에게나 달콤하다.

초대권(招待券) [초대꿘]

명 어떤 자리나 모임에 초대하는 뜻을 적어 보내는 표. invitation (ticket or card)

피아니스트 친구한테서 음악회 초대권을 받았다.

칠월 칠석(七月七夕) [치뤌칠썩]

음력 7월 7일. the 7th day of the seventh lunar month

주말부부들은 견우와 직녀가 칠월 칠석을 기다리듯이 주말을 기다립니다.

눈에 콩깍지가 씌다

앞에 가리어 사물을 정확하게 보지 못하다. to be blinded by love

남자 친구의 나쁜 점이 전혀 보이지 않지? 눈에 콩깍지가 씌어서 그런 거야.

풋사랑

명 어려서 깊이를 모르는 사랑. puppy love

김 선생님은 우리 여학생들의 풋사랑의 대상이었다.

헌신적(獻身的)이다

몸과 마음을 바쳐서 모든 힘을 다하다. to be devoted; to be devoting

어머니들은 자식을 위해 모든 것을 다 바치는 헌신적인 사랑을 한다.

화끈화끈

부 몸이 불처럼 뜨겁거나 그렇게 느껴지는 모양. burning; flushing

부끄러워서 얼굴이 화끈화끈 달아 올라요.

III 가정과 사회

1 변화하는 가족

주제 가족 제도의 변화

읽고 말하기
- 가족 제도에 대한 설명문 읽기
- 자국의 가족 제도 설명하기

듣고 말하기
- 효도에 대한 대담 듣기
- 효도에 대한 생각 말하기

과제 전통적 가족과 현대식 가족을 비교·대조하는 글 쓰기

문법
- A-(으)ㄴ/V-는 데(에) 비해
- N의 특징은 A/V-다는 데(에) 있다
- A-(으)ㄴ가/V-는가 하면
- A-(으)ㄴ/V-는 데(에) 반해

어휘 가족 제도

2 행복한 가정을 위해

주제 가정에 대한 정책

읽고 말하기
- 출산율, 다문화 가정 관련 공고문 읽기
- 자국의 가족 정책 소개하기

듣고 말하기
- 주민 제안 관련 회의 듣기
- 회의 시작하기, 제안하기

과제 가족 지원 정책 토의하기

문법
- V-(으)ㅁ에 따라
- 단
- N 및 N

어휘 단체나 기관의 업무

3 듣고 싶은 말

주제 가족 의식

읽고 말하기
- 설문 조사 기사 읽기
- 주변 사람에게 듣고 싶은 말 표현하기

듣고 말하기
- 남자 전업주부의 대담 듣기
- 남자 전업주부에 대한 생각 말하기

과제 가족을 주제로 설문 조사하기

문법
- A/V-다는 응답이 N에 달하다
- N은/는 N에 그치다
- V-는 경향을 보이다

어휘 설문 조사

보충 어휘 속담 I

1

주제
가족 제도의 변화

읽고 말하기
- 가족 제도에 대한 설명문 읽기
- 자국의 가족 제도 설명하기

듣고 말하기
- 효도에 대한 대담 듣기
- 효도에 대한 생각 말하기

과제
전통적 가족과 현대식 가족을 비교·대조하는 글 쓰기

변화하는 가족

들어가기

이야기해 보세요

'가족' 하면 생각나는 느낌에 대해 이야기해 보세요.

들어 보세요 track 18

다음은 라디오 방송의 일부입니다. 잘 듣고 질문에 답하세요.

1. 무엇에 대해 조사했습니까?

2. 어떤 결과가 나왔습니까?

3. 이 결과를 보고 어떤 것을 알 수 있습니까?

읽고 말하기

주제 어휘

다음은 가족 제도와 관련된 말입니다. 알맞은 말을 골라 ....에 쓰세요.

가장　　가부장 제도　　혈연 의식　　효도를 하다　　권위가 있다　　대를 잇다

1. 가 : 요즘은 여자들도 남자와 똑같은 교육을 받지만 전에는 여자 형제들이 돈을 벌어 오빠나 남동생의 교육비를 대는 경우도 흔했지요?

   나 : 네, 남자만이 한 집안을 이끌어 나갈 수 있다는 .... 때문에 남자들이 여자에 비해 더 많은 교육을 받았지요.

2. 가 : 김 선생님은 누님이 여섯 분이나 되시는군요.

   나 : 네, 저희 아버지께서 3대 독자셨어요. 그래서 .... 위해 아들을 꼭 낳으시려고 했어요. 마침내 일곱 번째로 아들인 제가 태어났지요.

3. 가 : 민수 씨, 전에는 월급 받아도 아끼지 않고 쓰더니 요즘 딴 사람이 된 것 같아요. 아주 철저하고 계획적인 사람이 됐어요.

   나 : 결혼도 하고 아이도 생기니까 한 집안의 ....(이)라는 책임감이 들어요. 그래서 돈도 함부로 안 쓰게 되더라고요.

4. 가 : 어떤 아버지를 좋은 아버지라고 생각하세요? 요즘은 아이들과 친구처럼 지내는 아버지도 많아졌는데요.

   나 : 그것도 좋겠지만 아이들에게는 좀 엄하고 .... 아버지도 필요하다고 생각해요. 아이들은 아직 어리기 때문에 원칙을 지키고 잘못된 방향으로 가지 않도록 해야 하거든요.

5. 가 : 어떻게 하는 게 부모님께 .... 거라고 생각하세요?

   나 : 부모님 마음을 편하게 해 드리고 잘 모시는 것 아닐까요?

6. 가 : 요즘 아이를 입양해서 키우는 사람들이 예전보다 많아졌대요. 자기 핏줄이 아닌 아이를 사랑해 주고 보살피기가 쉽지 않은 일일 텐데…….

   나 : 자기 핏줄을 지나치게 중시하는 .... 때문에 그렇게 생각할 수도 있지요. 그렇지만 아이를 키우며 사랑하는 일은 무엇과도 비교할 수 없는 큰 기쁨을 주는 것 같아요.

읽어 보세요 track 19

다음은 한국의 가족에 관해 설명하는 글입니다. 잘 읽고 질문에 답하세요.

한국인에게 가족은 무엇보다도 소중한 것으로 되어 있다. 여기서는 전통적인 가족 형태인 대가족과 최근의 가족 형태의 특징을 통해 한국인의 가족 의식을 살펴보고자 한다.

일반적으로 한국의 전통적 가족 형태는 가부장적인 대가족이었다. 핵가족이 부부와 미혼인 자녀로만 이루어진 것인데 비해 대가족은 부부와 결혼한 자녀 및 손자, 손녀들까지를 포함하는 가족 형태를 말한다. 대가족의 특징은 무엇보다도 아버지가 집안의 가장으로서 가족을 책임지며 모든 가족 구성원들이 아버지의 권위를 존중하고 아버지의 결정을 따른다는 데 있다. 가족의 수가 많다 보니 서로 공동체 의식을 가지고 화목하게 지내려고 노력하는 가운데 가족 안에서 간접적으로 사회를 경험할 기회를 가지거나 서로의 경험을 나눌 수 있다는 장점이 있는가 하면, 가족 구성원 개개인의 개성이나 창의성이 인정되기 어렵다는 단점도 있다.

대가족 안에서 부모를 모시는 것은 장남 부부였고 다른 아들은 결혼 후 분가하는 것이 보편적이었다. 가장으로서 절대적 권위가 있는 아버지가 돌아가시면 장남이 뒤를 이어 가장이 되었고 그것은 다시 다음 세대

1. 무엇과 무엇을 비교하고 있습니까?

2. 대가족과 핵가족의 정의와 특징에 대해 어떻게 비교하고 있습니까?

	대가족	핵가족
정의		
특징		

3. 대가족 안에서 형성된 가족 의식은 어떤 것이 있습니까?

4. 이러한 가족 의식은 어떻게 바뀌고 있습니까?

5. 최근 다양해진 가족 형태의 예를 들어 보세요.

의 장남에게 계승되었다. 이러한 가족 안에서 형성된 한국인의 가족 의식은 아들을 통해 집안의 '대를 잇는다'는 의식과 서로 피를 나누었다는 '혈연 의식', 그리고 자식이 부모에게 하는 '효도' 등으로 대표될 수 있다.

이에 반해 현대 사회의 대표적인 가족 형태는 핵가족으로서 가족 내에서 부부는 동등하며 가족 문제에 대해서도 두 사람이 권리와 의무를 나눠 갖는다는 특징이 있다. 특히 가정 경제나 자녀 교육에서 여성이 남성보다 더 큰 역할을 하는 경우도 종종 있다. 이런 현상은 여성의 사회 활동이 증가하면서 여성도 경제력을 가지게 되었고 자녀 교육에서 어머니의 비중이 커진 것이 주요인이라고 할 수 있다. 이처럼 여성의 역할이 증대되고 부부의 권리와 의무가 동등해지면서 가부장 제도나 부권 중심으로 대를 잇는 전통도 약화되고 있다.

최근에는 더욱 다양한 형태의 가족이 등장하고 있다. 주말 가족, 기러기 가족, 한부모 가족, 재혼 가족, 입양 가족, 다문화 가정 등 가족의 형태가 다양해졌고 결혼을 하지 않거나 혼인 신고를 하지 않는 동거 가구, 혼자 사는 일인 가구, 자녀의 부양을 받지 못하는 노인 단독 가구 등 가족의 구성도 바뀌고 있다.

이야기해 보세요

1. 여러분의 가족은 대가족입니까, 핵가족입니까? 그 가족 형태의 장점과 단점은 무엇입니까?

2. 여러분 나라의 전통적인 가족 형태는 어떻습니까? 요즘은 어떻게 변화했습니까?

문법과 표현

1. A-(으)ㄴ/V-는 데(에) 비해
- 올해 소득은 5% 줄어든 데에 비해 지출은 10% 정도 늘어났다.
- 도시는 갈수록 집값이 오르는 데 비해 시골은 오히려 내리고 있다.

2. N의 특징은[문제는] A/V-다는 데(에) 있다
- 그 가게의 특징은 주인이 직접 만든 옷을 판다는 데에 있습니다.
- 너의 문제는 자신의 문제가 뭔지 모른다는 데 있어.

3. A-(으)ㄴ가/V-는가 하면
- 누구에게나 단점이 있는가 하면 장점도 있다.
- 서울은 현대적인 도시인가 하면 옛 궁궐이나 한옥도 많은 역사적인 도시이다.
- 그 가수는 뛰어난 노래 솜씨로 유명하다. 그런가 하면 자선 활동도 열심히 하는 것으로 알려져 있다.

4. A-(으)ㄴ/V-는 데(에) 반해
- 경험 많은 운전자는 여유 있게 운전합니다. 이에 반해 초보 운전자는 긴장 한 상태에서 운전을 합니다.
- 학생들은 시간이 자유로운 데에 반해 직장인들은 자기 시간이 거의 없습니다.
- 다른 친구들이 현실을 얘기하는 데 반해 이 친구는 늘 꿈을 이야기한다.

듣고 말하기

들어 보세요 track 20

다음은 효도에 대한 대담입니다. 잘 듣고 질문에 답하세요.

1. 전통적인 효도에 대해 설명해 보세요.

2. 남자는 무엇을 걱정하고 있습니까?

3. 여자의 생각과 같은 것을 모두 고르세요.
   - ☐ 젊은 부모들이 아이들을 너무 보호해서 키운다.
   - ☐ 결혼한 아들이 분가하는 경우가 줄어들고 있다.
   - ☐ 요즘 부모들이 아이들에게 효도를 가르치려고 노력한다.
   - ☐ 요즘 사람들도 효도를 하지만 그 방식이 옛날과 다르다.

4. 요즘 부모들은 자식들에게 무엇을 기대하고 있습니까?

이야기해 보세요

1. '효'라는 한자는 자식이 부모를 업고 가는 모양을 나타낸다고 합니다. 이것을 보면 '효도'는 무엇을 의미하는 것 같습니까?

2. 여러분은 어떻게 하는 것이 효도라고 생각합니까?

> 저는 부모님 마음을 편안하게 해 드리는 것이 효도라고 생각해요. 가까이에서 모시느냐, 안 모시느냐 그런 것보다는 건강하고 행복하게 지내는 모습을 보여 드리면서 마음을 편안하게 해 드리는 것이 제일 중요한 것 같아요.

> 저는 부모님께 관심을 갖고 다정하게 대해 드리는 것이 좋은 효도 방법인 것 같아요. 사람은 나이 들면 몸도 마음도 약해지잖아요. 우리가 어렸을 때 부모님께 의지했던 것처럼 부모님이 우리를 믿고 의지하실 수 있도록 보살펴 드리는 것이 효인 것 같아요.

과제 전통적 가족과 현대식 가족을 비교 · 대조하는 글을 써 보세요.

1. 다음 글의 주제는 무엇입니까? 무엇을 비교·대조하는 내용이 이어질까요?

〈우리 언니와 나의 성장 이야기〉

우리 언니는 내 가장 오래 된 친구이다. 어렸을 때부터 함께 자라면서 우리는 어느새 가장 좋은 친구가 되었다. 그런데 같은 부모님한테서 태어나고 같은 환경에서 자랐지만 우리는 굉장히 다르다. 외모, 성격, 취미, 잘하는 것, 좋아하는 것 등 여러 가지 면에서 큰 차이가 있다. 이런 서로의 차이점을 발견하고 갈등하면서 우리는 자기 자신에 대해 더욱 잘 알게 된 것 같다. 지금부터 이 이야기를 해 보겠다.

2. 다음 주제에 대해 비교·대조하려고 합니다. 특히 무엇에 대해 말하면 비교·대조가 잘 될까요? 생각해 보세요.

나와 내 친구	사랑과 우정	우리 나라와 한국
▪ 외모	▪ 느낌	▪
▪ 성격	▪ 행동	▪
▪	▪	▪
▪	▪	▪

3. 여러분 나라의 전통적 가족 형태와 현대식 가족 형태를 비교·대조하는 글을 써 보세요.

1) 어떤 점에 대해서 비교할지 생각해 보세요.

전통적 가족과 현대식 가족

1. 가족 형태가 다르다.
2. 가족 구성이 다르다.
3. 가장의 역할이 다르다.
4. ______________________

2) 각 항목에 대해 어떻게 다른지 다음과 같이 작성해 보세요.

비교 · 대조 항목	전통적 가족의 모습	현대식 가족의 모습
가족 형태	가부장적 대가족	핵가족
가족 구성원	부부, 결혼한 자녀, 손자	부부와 미혼 자녀
가장의 역할		

3) 다음과 같이 글을 써 보세요.

일반적으로 한국의 전통적 가족 형태는 가부장적인 대가족이었다. 핵가족이 부부와 미혼인 자녀로만 이루어진 것인 데 비해 대가족은 부부와 결혼한 자녀 및 손자, 손녀들까지를 포함하는 가족 형태를 말한다.

또 전통적 대가족 내에서는 아버지가 집안의 가장으로서 가족을 책임지며 모든 가족 구성원들이 아버지의 권위를 존중하고 아버지의 결정을 따랐던 데 반해 현대 사회의 핵가족 안에서는 부부가 동등하며 가족 문제에 대해서도 두 사람이 권리와 의무를 나눠 갖는다는 특징이 있다.

⋮

2 행복한 가정을 위해

주제
가정에 대한 정책

읽고 말하기
· 출산율, 다문화 가정 관련 공고문 읽기
· 자국의 가족 정책 소개하기

듣고 말하기
· 주민 제안 관련 회의 듣기
· 회의 시작하기, 제안하기

과제
가족 지원 정책 토의하기

들어가기

이야기해 보세요

다음 포스터는 어떤 사회 변화를 보여 주고 있습니까?

들어 보세요 track 21

다음은 가족 정책에 대한 대화입니다. 잘 듣고 질문에 답하세요.

1. 출산율의 변화에 따라 가족 정책이 어떻게 바뀌었습니까?

2. 가족 형태에 따라 가족 정책이 다른 이유는 무엇입니까?

3. 여러분 나라의 대표적인 가족 정책을 소개해 보세요.

읽고 말하기

주제 어휘

다음은 단체나 기관에서 하는 일과 관련된 말입니다. 알맞은 말을 ....에 쓰세요.

공고하다　　지원하다　　운영하다　　개설하다　　제공하다

1. 가 : 교통 방송에서 외국인들을 위해 교통 정보를 영어로도 .... 있대요.
   나 : 그래요? 그거 참 편리하겠군요.

2. 가 : 새로 문을 여는 CBC 방송국에서 방송 인력을 채용한다고 ....
   나 : 네, 저도 신문에서 봤어요. 300명 정도 뽑을 거래요.

3. 가 : 들었어요? 주민 센터에서 한국어 강좌 고급반을 ....
   나 : 정말요? 잘됐네요. 저도 등록할래요.

4. 가 : 물가가 많이 올랐습니다. 독거노인들에게 .... 있는 생활비를 올릴 필요가 있습니다.
   나 : 네, 저도 그렇게 생각합니다. 어느 정도 올려야 할지 같이 의논해 봅시다.

5. 가 : 근처에 좋은 어린이집 없을까요? 오전에는 아이를 어린이집에 맡겨야 해서요.
   나 : 저쪽에 구청에서 .... 어린이집이 있어요. 값도 싼 편이고 선생님들도 참 좋으시대요.

읽어 보세요

다음은 가정 지원 사업에 대한 공고문입니다. 잘 읽고 질문에 답하세요.

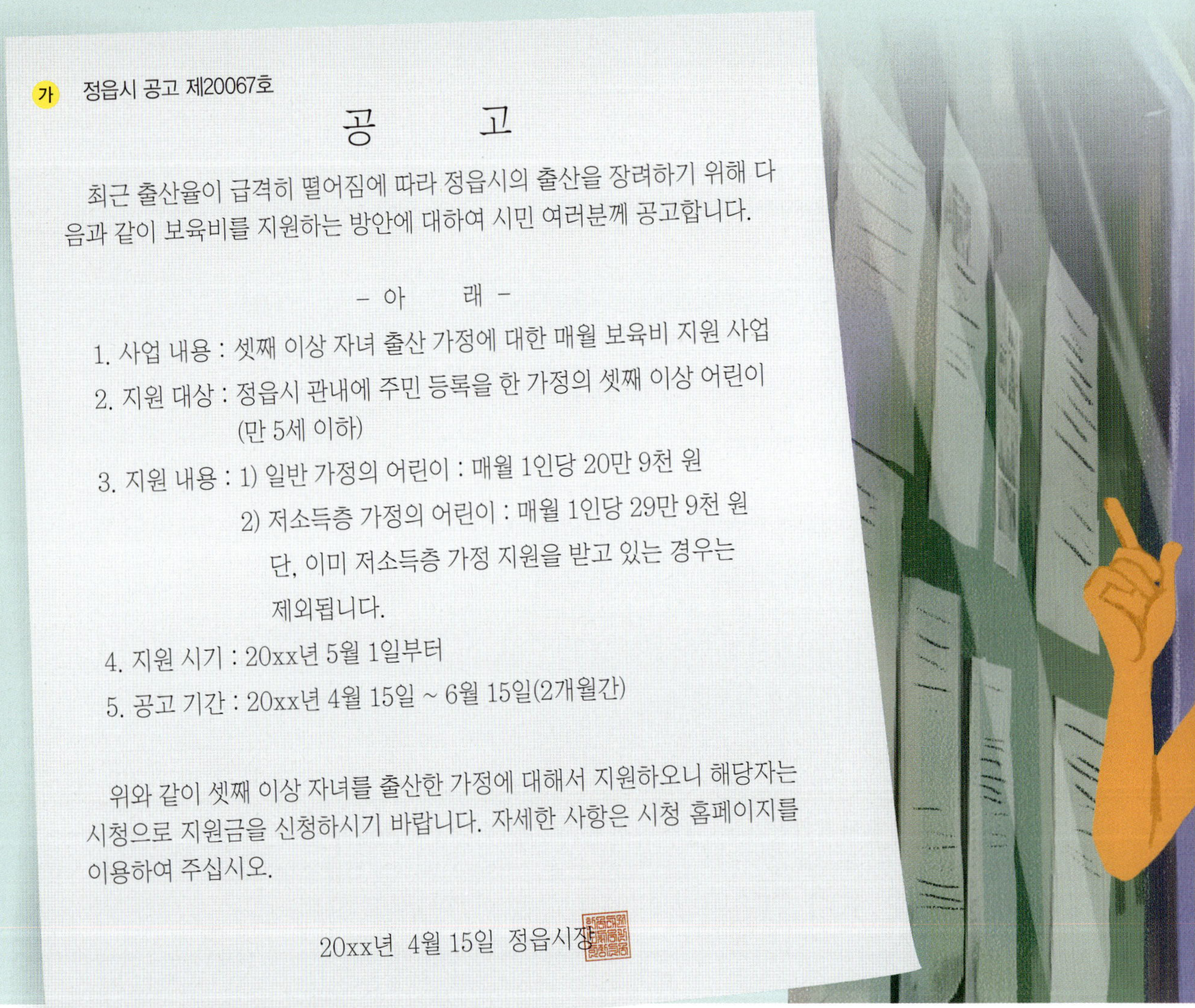

가 정읍시 공고 제20067호

공 고

최근 출산율이 급격히 떨어짐에 따라 정읍시의 출산을 장려하기 위해 다음과 같이 보육비를 지원하는 방안에 대하여 시민 여러분께 공고합니다.

– 아 래 –

1. 사업 내용 : 셋째 이상 자녀 출산 가정에 대한 매월 보육비 지원 사업
2. 지원 대상 : 정읍시 관내에 주민 등록을 한 가정의 셋째 이상 어린이 (만 5세 이하)
3. 지원 내용 : 1) 일반 가정의 어린이 : 매월 1인당 20만 9천 원
   2) 저소득층 가정의 어린이 : 매월 1인당 29만 9천 원
   단, 이미 저소득층 가정 지원을 받고 있는 경우는 제외됩니다.
4. 지원 시기 : 20xx년 5월 1일부터
5. 공고 기간 : 20xx년 4월 15일 ~ 6월 15일(2개월간)

위와 같이 셋째 이상 자녀를 출산한 가정에 대해서 지원하오니 해당자는 시청으로 지원금을 신청하시기 바랍니다. 자세한 사항은 시청 홈페이지를 이용하여 주십시오.

20xx년 4월 15일 정읍시장

1. 두 공고문의 지원 대상과 지원 내용을 각각 정리해 보세요.

2. 가 에 따라 현재 지원받을 수 있는 가정을 모두 고르세요.

- ☐ 셋째 아이를 출산한 가정
- ☐ 셋째 아이가 만 4세인 가정
- ☐ 결혼을 준비하고 있는 20대 여성
- ☐ 아이가 둘인 저소득층 가정

3. 두 공고문의 내용과 같은 것을 고르세요.

- ☐ 저소득층 가정 지원과 보육비 지원을 같이 받을 수 없다.
- ☐ 보육비 지원은 1년에 1회 받을 수 있다.
- ☐ 요리 교실은 먼저 신청하는 순서대로 참여할 수 있다.
- ☐ 요리 교실은 결혼이주여성과 지역 주민이 함께 수강할 수 없다.

나 관악구 공고 제20077호

공　　고

관악구에서는 관내의 결혼이주여성과 지역 주민이 함께 참여하는 요리 교실을 개설하오니 관심 있는 분들은 적극 참여해 주시기 바랍니다.

\- 아　　래 -

가. 일 시 : 20xx. 1. 7. ~ 3. 31.(3개월간) 매주 화요일 09:30 ~ 11:30

나. 장 소 : 관악여성교실

다. 인 원 : 총 20명(결혼이주여성 10명, 지역 주민 10명) 선착순 모집

라. 수강 : 무료(재료비는 본인 부담)

마. 내 용 : 1) 손쉽게 할 수 있는 요리 실습을 통해 결혼이주여성의 가정 생활 적응 지원

2) 지역 주민과 함께하는 요리 교실을 통해 친목 도모 및 문화 교류 기회 마련

바. 문의 전화 : 871-1279(관악여성교실)

사. 찾아오는 길 : 첨부물 참조

20xx년 12월 15일 관악구청장

이야기해 보세요

여러분 나라에서는 정부와 사회에서 가정을 위해 어떤 지원을 합니까? 소개해 보세요.

문법과 표현

1. V-(으)ㅁ에 따라
- 어린이 비만이 증가함에 따라 건강 교육의 필요성이 강조되고 있다.
- 1차 연구가 성공함에 따라 2차 연구도 시작할 수 있게 되었다.

2. 단
- 근무 시간은 오후 6시까지로 한다. 단, 토요일은 12시까지로 한다.
- 이제부터 약을 드시지 않으셔도 됩니다. 단, 주의할 점이 몇 가지 있습니다.

3. N 및 N
- 인터넷으로 지원서 다운로드 및 접수가 가능하다.
- 새로 문을 연 환경 공원에서는 학생들을 대상으로 환경 교육 및 체험 학습을 한다.

듣고 말하기

들어 보세요 1 track 22

다음은 회의의 대화입니다. 잘 듣고 질문에 답하세요.

1. 회의의 어느 부분입니까? 어떤 표현으로 알 수 있습니까?

2. 제안할 때 어떤 표현을 쓰고 있습니까?

3. 이와 같이 회의를 시작할 때와 제안할 때 쓰는 표현을 정리해 보세요.

회의 시작하기	제안하기
▪ 지금부터 ~을 시작하겠습니다 ▪ 오늘의 안건은 ~입니다 ▪ 많은 의견 부탁드립니다 ▪ 좋은 의견 많이 부탁드립니다	▪ 제 생각에는[제가 생각하기에는] ~는 것이 좋겠습니다 ▪ ~는 것이 좋다고 생각합니다 ▪ 제 생각에는[제가 생각하기에는] ~었으면 합니다[좋겠습니다] ▪ ~으면 어떨까요? ▪ ~는 것이 어떨까요? ▪ 무엇보다 ~는 것이 필요합니다

이야기해 보세요

앞의 표현을 써서 다음과 같이 말해 보세요.

1. 등산 모임을 준비하기 위한 학생 대표 회의
2. 봉사 대상을 선정하기 위한 자원봉사자 회의
3. 수학여행지를 정하기 위한 교사 회의

지금부터 학생 회의를 시작하겠습니다. 오늘 회의의 안건은 등산 모임 계획입니다. 모두가 즐거운 하루를 보낼 수 있도록 좋은 의견 많이 부탁드립니다.

조를 나눠서 준비하는 것이 어떨까요? 제 생각에는 여러 사람이 함께 가는 것이기 때문에 효율적으로 일을 하기 위해서 조를 나눴으면 합니다.

들어 보세요 2 track 23

다음은 주민 회의의 대화입니다. 잘 듣고 질문에 답하세요.

1. 회의의 안건은 무엇입니까?
2. 구청은 주민들이 제안을 하면 앞으로 어떻게 할 예정입니까?
3. 주민들의 제안을 정리해 보세요.

대상	방법
▪	▪ ▪
▪	▪

과제 여러분은 가족 지원 업무를 담당하는 공무원입니다. '행복한 사회를 위한 행복한 가정 만들기' 정책을 세우려고 합니다. 팀을 나눠 회의를 해 보세요.

1. 다음은 지원이 필요한 가족입니다. 지원할 가족을 결정하세요.

한부모 가정　　다문화 가정　　노인 단독 가구

2. 그 가정의 문제점을 두 가지 이상 생각해 보고 그 가운데 하나를 오늘의 회의 안건으로 정하세요.

선택한 가정	문제점	안건
다문화 가정	가족들 간의 의사소통이 잘 안돼서 불필요한 오해, 갈등, 불편이 생기고 있다.	✓
	다문화 가정의 자녀들은 여러 가지 어려움을 겪고 있다. 왜냐하면⋯⋯.	

선택한 가정	문제점	안건

3. 앞에서 나온 문제점을 해결하기 위한 방안에 대해 이야기해 보세요.

지금부터 회의를 시작하겠습니다. 오늘 회의의 안건은 다문화 가정을 위한 한국어 교실 개설에 대한 것입니다. 우선 왜 한국어 교실이 필요한지 누가 말씀해 주시겠어요?

제 생각에는 다문화 가정의 가족들 사이에서 의사소통이 잘 안돼서 불필요한 오해나 갈등이 생기는 경우가 많은 것 같아요. 그러니까 무엇보다 먼저 한국어 교실을 개설하는 것이 필요합니다.

한국어 교실을 개설하려면 한국어를 가르칠 교사와 공부할 장소가 필요한데요. 교실은 초등학교 교실을 방과 후에 이용하면 어떨까요?

3 듣고 싶은 말

주제
가족 의식

읽고 말하기
· 설문 조사 기사 읽기
· 주변 사람에게 듣고 싶은 말 표현하기

듣고 말하기
· 남자 전업주부의 대담 듣기
· 남자 전업주부에 대한 생각 말하기

과제
가족을 주제로 설문 조사하기

들어가기

이야기해 보세요

다음은 한국 초등학교 학생을 대상으로 부모님에게 듣고 싶어 하는 말을 조사한 결과입니다. 여러분은 어렸을 때 어떤 말을 듣고 싶었습니까?

들어 보세요 track 24

다음은 라디오 방송의 사연입니다. 잘 듣고 질문에 답하세요.

1. 어머니는 이 사람에게 어떤 말을 했습니까?

2. 어머니의 말을 듣고 이 사람이 어떤 느낌을 가졌는지 모두 고르세요.
   ☐ 행복 ☐ 실망 ☐ 자신감 ☐ 두려움

3. 이 사람은 다른 어머니들에게 무엇을 권하고 있습니까?

4. 여러분이 살아오면서 기억에 남는 말은 누구에게 들은 어떤 말이었습니까?

읽고 말하기

주제 어휘

1. 다음은 남녀 직장인을 대상으로 '행복한 삶의 조건'에 대해 조사한 결과입니다. 다음 단어를 사용해 말해 보세요.

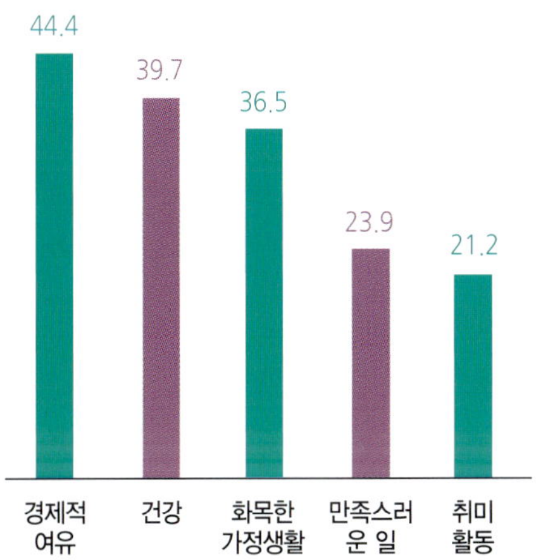

이상　　이하　　미만　　절반　　과반수

1) 40% 이상의 응답자가 경제적 여유가 행복의 조건이라고 답했다.

2) ....

3) ....

4) ....

5) ....

2. 다음은 조사와 관련된 말입니다. 알맞은 단어를 골라 ....에 쓰세요.

분석하다　　실시하다　　차지하다　　파악하다　　나타나다

1) 이 조사 결과를 .... 보면 가족에 대한 사람들의 생각을 알 수 있을 것이다.

2) "네가 최고야."라는 말을 듣고 싶어 하는 어린이는 전체의 17.8%를 ....

3) 책의 차례를 보면 주요 내용을 .... 수 있다.

4) 연구 결과 아침을 안 먹는 것이 건강에 좋지 않은 것으로 ....

5) '행복한 가정의 조건'에 대해 1,000명의 남녀를 대상으로 조사를 ....

읽어 보세요 track 25

다음은 설문 조사 결과에 대한 기사입니다. 잘 읽고 질문에 답하세요.

결혼한 부부가 아내 또는 남편에게 가장 듣고 싶어 하는 말은 서로에 대한 믿음과 위로의 말인 것으로 나타났다. 여론조사 전문 기관인 여론연구소가 최근 '부부'라는 주제로 30~50세 기혼자 5,000명(남녀 각각 2,500명)을 대상으로 실시한 설문 조사에 따르면, 상대방에게 들었을 때 가장 힘이 되는 말을 묻는 질문에 남편은 '당신을 믿어요'(71%), 아내는 '많이 힘들지요?'(49.5%)라고 응답했다. 배우자에게 해 주고 싶은 말로는 '영원히 당신만을 사랑해'가 응답자의 46.4%에 달해 1위를 차지했다. 또한 배우자에게 가장 화가 날 때는 '나를 무시하는 말을 할 때'(29%)라는 응답이 가장 많았다.

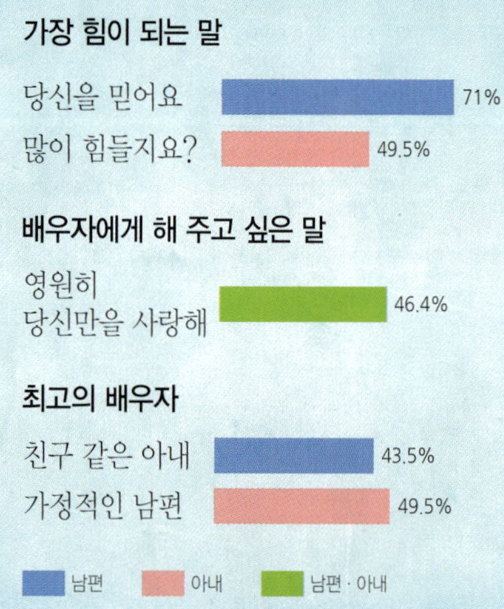

남편이 바라는 최고의 아내상은 '친구 같은 아내'(43.5%)인 반면 아내가 바라는 남편상은 '가정적인 남편'(49.5%)이었다. 다시 태어나도 현재의 배우자와 다시 결혼할 것인가를 묻는 질문에는 응답자의 과반수인 61.7%가 '현재의 배우자와 결혼하겠다'고 응답했다. 그러나 남성 응답자의 71.5%, 여성 응답자의 54.4%가 '현재의 배우자와 결혼하겠다'고 응답해 성별로 서로 차이를 보였다.

1. 누구를 대상으로 조사를 하였습니까?

2. 설문 내용과 응답을 정리해 보세요.

설문	응답
배우자에게 들었을 때 가장 힘이 되는 말은?	남성은 71%가 '당신을 믿어요', 여성은 49.5%가 '많이 힘들지요?'라고 응답했다.

'자녀가 있어도 좋아하지 않으면 이혼할 수도 있다'는 응답은 49%로 나타났다. 응답자의 절반 가량이 자녀가 이혼의 걸림돌이 되지 않는다고 생각한다는 조사 결과였는데, 남성(44%)에 비해 여성(55%)이 이혼에 대한 생각이 더 적극적인 것으로 파악되었다. 또한 '맞벌이를 하더라도 집안일은 여자 책임'이라는 생각에 동의하는 응답자는 여성(27%)뿐 아니라 남성도 37%에 그쳐 가사 분담에 대한 사고방식이 종전과 많이 달라지고 있는 것으로 분석되었다. 또한 남성도 상황에 따라 전업주부를 할 수 있다는 데는 남성(65.4%)과 여성(69.4%)이 성별에 관계없이 비슷한 경향을 보였다.

이야기해 보세요

여러분은 주변에 있는 사람들에게서 어떤 말을 듣고 싶습니까? 또 어떤 말을 듣고 싶지 않습니까?

- 부모 또는 자녀에게서
- 아내 또는 남편에게서
- 선생님에게서
- 친구에게서

문법과 표현

1. A/V-다는 응답이[응답자가] N에 달하다
- 기혼 여성 300명을 대상으로 한 설문 조사에서 가사 분담을 하지 않는다는 응답이 40%에 달했다.
- 초등학생 100명을 대상으로 실시한 조사에 따르면 강아지를 선물로 받고 싶다는 응답자가 80명에 달했다.
- 설문 조사 결과 어머니가 가장이라는 응답이 30%에 달했다.

2. N은/는 N에 그치다[불과하다]
- 집안일을 아내와 반씩 나눠 하는 남편은 20% 미만에 그쳤다.
- 이 일은 이제 시작에 불과하다.

3. V-는 경향을 보이다, V-는 경향이 있다
- 많은 사람들이 과거에 비해 결혼을 늦게 하는 경향을 보이고 있다.
- 요즘 부모들은 아이들의 교육을 너무 중요하게 생각하는 경향이 있다.

듣고 말하기

들어 보세요 track 26

다음은 라디오 방송의 일부입니다. 잘 듣고 질문에 답하세요.

1. 어떤 사람들에 관한 이야기입니까?

2. 세 남자는 왜 이 일을 하게 되었습니까?
   - 첫 번째 남자
   - 두 번째 남자
   - 세 번째 남자

3. 세 남자에게 맞는 설명을 다음에서 찾아보세요.

① 가족이나 친구들의 시선을 견디기 어려웠다.

② 살림하는 게 힘들고 마음이 편하지 않다.

③ 부모님이 못마땅해 하신다.

④ 아이들 학교 어버이회에 나간다.

⑤ 다른 어머니들과 교육 정보를 함께 나눈다.

⑥ 살림 전문가가 다 돼서 살림에 대한 책도 냈다.

- 첫 번째 남자
  ① , ...
- 두 번째 남자
  .... , ...
- 세 번째 남자
  .... , ...

4. 세 남자의 의견이나 태도와 같은 것을 서로 연결하세요.

	의견	태도
1) 첫 번째 남자 •	• 어쩔 수 없어서 살림을 하고 있다. •	• 살림하는 것에 대해 소극적이다.
2) 두 번째 남자 •	• 적성에 맞으면 남자도 살림할 수 있다. •	• 살림하는 것에 대해 적극적이다.
3) 세 번째 남자 •	• 더 잘할 수 있는 사람이 살림을 하면 된다. •	

이야기해 보세요

1. 여러분은 남자가 전업주부가 되는 것에 대해 어떻게 생각합니까?

2. 여러분이 앞의 세 남자의 가족이나 친구라면 어떤 말을 해 주고 싶습니까?

- 부모의 입장에서 첫 번째 남자에게
- 아내의 입장에서 두 번째 남자에게
- 친구의 입장에서 세 번째 남자에게

과제

'가족'이라는 주제로 설문 조사를 하고 조사 결과를 써 보세요.

1. 먼저 주제와 조사 대상을 정해 보세요.

   1) 주제를 정해 보세요.

   - [ ] 부부 관계
   - [ ] 부모와 자녀
   - [ ] 행복한 가정의 조건
   - [ ] 가족에 대한 의식
   - [ ] 기타 : ....

   2) 조사 대상을 정해 보세요.

   - [ ] 직장인
   - [ ] 대학생
   - [ ] 기혼자
   - [ ] 미혼자
   - [ ] 20세 이상 성인 남녀
   - [ ] 기타 : ....

2. 정해진 주제와 조사 대상에 알맞게 설문지를 만들어 보세요.

<table>
<tr>
<td>

부부 관계에 대한 설문지

1. 성별 (남 / 여)
2. 배우자에게 들었을 때 가장 힘이 되는 한마디는?
3. 배우자에게 해 주고 싶은 말은?
4. 남편의 경우, 아내에게 가장 화가 날 때는?
5. 아내의 경우, 남편에게 가장 화가 날 때는?
6. 남편의 경우, 최고의 아내상은?
7. 아내의 경우, 최고의 남편상은?
8. 다시 태어나도 현재의 배우자와 결혼하겠나?
① 그렇다 ② 아니다 ③ 모르겠다
9. 자녀가 있어도 좋아하지 않으면 이혼할 수 있나?
① 그렇다 ② 아니다 ③ 모르겠다
10. 맞벌이를 해도 가사는 아내 책임이라고 생각하나?
① 그렇다 ② 아니다 ③ 모르겠다
11. 남성도 상황에 따라 전업주부를 할 수 있다고 생각하나?
① 그렇다 ② 아니다 ③ 모르겠다

</td>
<td>

.... 대한 설문지

</td>
</tr>
</table>

3. 준비한 설문지에 따라 설문 조사를 실시해 보세요.

4. 설문 조사를 실시한 후 결과를 정리해서 써 보세요.

자기 평가

1. 다음 중 아는 단어에 ∨ 하세요.

□ 가장	□ 가부장 제도	□ 혈연 의식	□ 효도를 하다
□ 대를 잇다	□ 권위가 있다	□ 공고하다	□ 지원하다
□ 운영하다	□ 제공하다	□ 미만	□ 과반수
□ 분석하다	□ 실시하다	□ 차지하다	□ 파악하다

2. 다음 표현을 이용해서 문장을 만들어 보세요.

1) A-(으)ㄴ/V-는 데(에) 비해

→

2) V-(으)ㅁ에 따라

→

3) V-는 경향을 보이다

→

3. 다음과 같은 상황에서 어떻게 말할 수 있습니까?

1) 회의를 시작할 때

....

2) 제안할 때

....

보충 어휘

속담(I) 속담은 옛날부터 전해져 내려오는 말로, 교훈이나 비유를 담은 짧은 구절입니다. 속담을 통하여 상황을 효과적으로 표현하고 한국 문화를 이해하도록 합시다.

가는 말이 고와야 오는 말이 곱다
다른 사람에게 말이나 행동을 좋게 해야 그 사람이 나에게 하는 말과 행동도 좋다.

개구리 올챙이 적 생각 못 한다
성공하고 나서 옛날 어려울 때의 일을 생각 못 하고 처음부터 잘났던 것처럼 행동한다.

뛰는 놈 위에 나는 놈 있다
아무리 재주가 뛰어나다 하더라도 그보다 더 뛰어난 사람이 있다.

배보다 배꼽이 더 크다
기본이 되는 것보다 덧붙이는 것이 더 많거나 크다.

세 살 버릇 여든까지 간다
어릴 때 버릇은 나이가 아무리 많아져도 고치기 힘들다.

고래 싸움에 새우등 터진다
강한 자들이 싸우는 중간에서 힘이 약한 자가 끼어 피해를 입게 된다.

소 잃고 외양간 고친다
소가 없어진 후에 외양간의 망가진 곳을 고치듯이, 일이 이미 잘못되어 소용이 없어진 뒤에 뒤늦게 대책을 마련한다.

길고 짧은 건 대봐야 안다
크고 작고, 이기고 지고, 잘하고 못하는 것은 실제로 겨루어 보거나 겪어 보아야 알 수 있다.

떡 줄 사람은 생각지도 않는데 김칫국부터 마신다
어떤 일을 해 줄 사람은 생각지도 않는데 받을 사람은 미리부터 다 된 일로 알고 행동한다.

사공이 많으면 배가 산으로 간다
여러 사람이 배를 몰려고 하면 배가 물로 못 가고 산으로 올라가듯이, 여러 사람이 자기 의견만 내세우다 보면 일을 제대로 할 수 없다.

연습 1 다음 속담으로 어떤 말을 하려는 것인지 고르세요.

1) 

① 운전이 서툰 초보 운전자였던 때를 생각하고 좀 참으세요.

② 천천히 가니까 답답해요. 좀 빨리 가면 좋겠어요.

① 어렸을 때 못 먹던 음식은 커서도 못 먹어요.

② 어렸을 때 습관은 커서도 잘 변하지 않아요.

보충 어휘

3)

① 부모님 싸움 때문에 내가 피해를 입는구나.

② 부모님 싸움을 말려 드려야 하는데 힘이 약하구나.

4)

① 중요한 것은 선물인데 선물보다 포장비가 더 들었어.

② 요즘 포장비가 너무 비싸서 속상해.

연습 2 다음 상황과 관련 있는 속담을 쓰세요.

1) 내가 친절하게 말하면 상대방도 나한테 친절하게 말하게 마련이죠.

→ 가는 말이 고와야 오는 말이 곱다

2) 네가 아무리 똑똑하다고 해도 너보다 더 똑똑한 사람들이 있어.

→

3) 우리가 아이를 몇 명 낳으면 좋겠냐고요? 내가 언제 민수 씨하고 결혼한다고 했어요?

→

4) 물론 약한 팀, 강한 팀이 있지만 누가 이기고 지게 될지는 경기를 해 봐야 알 수 있어.

→

5) 사람마다 아이를 이렇게 키워야 한다 저렇게 키워야 한다 모두 생각이 달라요. 다른 사람 의견대로 다 따라 하다가는 우리 아이 교육을 제대로 못 시킬 것 같아요.

→

6) 그 사거리가 위험하다고 사람들이 아무리 말해도 구청에서는 못 들은 척하더니 큰 사고가 난 후에야 문제점을 고치겠다고 나서고 있다.

→

연습 3 속담을 넣어서 대화 연습을 해 보세요.

1) 가 : 세 번이나 졌으면서 우리 팀하고 축구를 또 하자고? 또 질 텐데?

나 : 큰소리치지 마. ....

2) 가 : 이번 비행기 사고 후에 오래된 비행기를 모두 바꾼다지요?

나 : ....는 격이지요. 사고가 난 후에 바꾸면 무슨 소용이 있겠어요?

3) 가 : 프린터값보다 프린터 잉크값이 더 들어요.

나 : 저런, ... 요즘은 기계값보다 유지비가 더 드는 경우가 많더군요.

4) 가 : 아버님, 이 사람은 제가 조금만 화를 내도 울어 버려요.

나 : ....더니. 어렸을 때부터 울보였어.

5) 가 : 우리 아파트 근처에 큰 할인점이 두 개 생겼는데 매일매일 서로 할인 경쟁을 해요. 그 바람에 동네 작은 가게들이 모두 문을 닫아야 할 지경이 되었대요.

나 : ....더니 작은 가게들이 불쌍하네요.

6) 가 : 우리 팀 사람들은 모두 자기 생각을 강하게 주장하는 편이라서 뭔가 결정해야 할 때 제대로 하지 못하고 엉뚱하게 될 때가 많아.

나 : ....는 법이지. 그럴 때는 윗사람이 의견을 확실하게 정리하고 조정해야 하는데…….

7) 가 : 너 정말 요리 못 하는구나. 어쩌면 이렇게 맛이 없니?

나 : 처음이라 그래. ....더니 언니는 뭐 처음부터 잘했어? 나도 하다 보면 잘하게 될 거라고.

8) 가 : 뭐라고요? 당신 지금 나한테 무식하다고 했어요? 어떻게 자기 아내한테 그런 말을 할 수 있어요?

나 : 그러는 당신은 나한테 아무 쓸모없는 남자라고 하지 않았어? ....는 법이지.

9) 가 : 그 가수의 공연표를 사려고 새벽부터 갔는데 어제부터 온 사람들이 벌써 줄을 길게 서 있더라고.

나 : ....더니 대단한 사람들이구나.

10) 가 : 아버지, 저한테 차 사 주실 때 좀 큰 차로 사 주세요. 큰 차가 멋있잖아요.

나 : 뭐라고? 내가 언제 차 사 준다고 했니? ....더니.

어휘와 표현

1. 변화하는 가족

가부장 제도(家父長制度)
한 가정을 이끌어 나가는 사람이 가족에 대한 지배권을 행사하는 가족 형태. patriarchism
여자들은 오랫동안 가족 내에서 결정권이 없었는데 가부장 제도의 피해자였다고 할 수 있다.

가장(家長)
명 한 가정을 이끌어 나가는 사람. head of a family (or household)
그 아이는 부모님이 돌아가셔서 가장 역할을 하며 할머니와 동생들을 보살피고 있다.

간접적(間接的) [간접쩍]
관 명 중간에 다른 사람이나 사물 등을 통하여 연결되는 (것). indirect
친구의 소식을 간접적으로 전해 들었다.

개개인(個個人)
명 한 사람 한 사람. each and every person
학교 식당의 음식 맛을 개개인의 입맛에 모두 맞출 수는 없다.

개성(個性)
명 다른 사람이나 사물과 구별되는 고유의 특성. individuality; personality
그의 그림은 개성이 강하다.

계승(繼承)되다 [계승/게승]
동 조상의 생활, 정신, 문화유산, 업적 따위를 이어 나가다. to be succeeded; to be inherited
어려움을 이겨 내는 우리 조상의 강한 정신을 계승하여 발전시켜야 한다.

공동체(共同體)
명 생활이나 행동 또는 목적 등을 같이하는 집단. community
가까운 나라들끼리 경제 공동체를 만드는 경우가 많다.

구성원(構成員)
명 어떤 조직이나 단체를 이루고 있는 사람. member
옛날에 비해 오늘날은 가족 구성원의 역할이 많이 변화하고 있다.

권리(權利) [궐리]
명 어떤 것을 할 수 있거나 남에게 요구할 수 있는 힘이나 자격. right; claim
어린이들은 어른들의 보호를 받을 권리가 있다.

권위(權威)가 있다
남을 지휘하거나 이끌어서 따르게 하는 힘이 있다. to have authority (or influence)
정 교수님은 북한 연구를 오랫동안 하셨기 때문에 교수님의 말씀에는 권위가 있다.

기러기
명 새의 한 종류. wild goose

긴장(緊張)하다
동 마음을 조심하고 정신을 차리다. to get nervous; to tense (up)
연습을 많이 했으니까 긴장하지 말고 연습 때처럼 하면 돼.

다문화(多文化)
여러 종류의 문화. multicultural
미국은 다민족 국가이며 다문화 사회이다.

다정(多情)하다
형 정이 많다. to be kind; to be warm-hearted
수미 씨는 무척 다정해서 따뜻한 느낌을 줘요.

단독(單獨)
명 혼자. single; sole; separate
아파트는 단독 주택과 달리 애완동물을 마음대로 키울 수 없다.

대(代)를 잇다
한 집안의 세대를 잇다. to carry on a family line
대를 이을 아들이 없어 걱정이다.

대가족(大家族)
명 식구 수가 많은 가족. a big (or large) family; an extended family
저 집은 4대가 함께 사는 대가족이에요.

동거(同居)
명 한집이나 한방에서 같이 삶. living together; cohabit
결혼하지 않고 동거 생활을 하는 사람들도 있다.

동등(同等)하다
형 등급이나 정도가 같다. to be equal
요즘은 남학생이나 여학생 모두 동등한 교육을 받는다.

보편적(普遍的)
관 명 많은 경우에 공통되거나 맞는 (것). universal
이기적인 것은 보통 누구한테나 있는 보편적인 모습이다.

부권(父權) [부꿘]
명 아버지가 가지는 권리. paternal rights (or authority)
과거에는 모권보다 부권이 훨씬 강했다.

부양(扶養)
명 생활 능력이 없는 사람의 생활을 돌봄. support; (family) dependent
부양을 해야 할 가족이 많아 열심히 일해도 돈이 부족하다.

분가(分家)하다
동 가족의 한 구성원이 결혼 등으로 살림을 차려 살던 집에서 나가 살다. to establish oneself in a new family; to move out
부모님과 같이 살다가도 결혼하면 보통 분가해서 산다.

산소
명 사람의 무덤. grave; tomb
추석 때마다 우리 가족들은 할머니 산소에 갑니다.

상(喪)
명 가족이나 친척이 죽었을 때 일정 기간 활동을 줄이고 태도나 행동을 조심하는 일. mourning
부모님 상을 당했을 때 친구들이 많이 도와줬어요.

상처(傷處)
명 다친 자리. wound; injury; scar
넘어져서 무릎에 상처가 났다.

소득(所得)
명 일한 결과로 얻은 정신적·물질적 이익. income; earnings
소득 수준이 높아지면서 해외여행을 가는 사람들이 많아졌다.

소중(所重)하다
형 매우 중요하다. to be important; to be valuable; to be precious
우리의 문화를 소중하게 여기고 아낍시다.

약화(弱化)되다 [야콰되다]
동 약해지다. to be weaken
태풍의 세력이 약화되고 있습니다.

오해(誤解)
명 잘못 해석하거나 뜻을 잘못 앎. misunderstanding
내가 한 말을 오해를 해서 화가 났나 봐요.

의무(義務)
명 반드시 해야 할 일. 맡은 일. duty; obligation
공부를 열심히 하는 것은 학생의 의무이다.

의식(意識)
명 어떤 것에 대한 사회적인 감정이나 생각. consciousness; awareness; one's sense
최근 자연을 지키려는 의식이 높아지고 있다.

인정(認定)되다
동 확실히 그렇다고 여겨지다. to be recognized; to be approved
회의에서 얘기해 보고 필요성이 인정되면 휴게실을 만들도록 하겠다.

일반적(一般的)
관 명 보통의, 특별하지 않은 (것). general
반복 연습은 아주 일반적인 외국어 공부 방법이다.

입양(入養)하다 [이뱡하다]
동 남의 아이를 데려다 기르다. to adopt
그 사람은 자기 아이가 있는데도 아이를 두 명이나 입양했대요.

자녀(子女)
명 아들과 딸. children; sons and daughters
부모의 가장 큰 관심은 자녀 교육이라고 할 수 있다.

재혼(再婚)
명 다시 결혼함. remarriage
우리 부모님은 이혼하셨는데 두 분 모두 재혼하셨습니다.

전통적(傳統的)
관 명 예로부터 이어져 내려오는 (것). traditional
이 집은 조상 대대로 전해오는 전통적인 방식으로 지은 집이다.

절대적(絕對的) [절때적]
관 명 비교할 만한 것이 없는 (것). absolute
시골 학교는 학생 수가 절대적으로 부족해서 문제가 심각하다.

제도(制度)
명 관습이나 법 등과 같이 사회생활에 필요한 일정한 규칙이나 기준의 체계. system
사형 제도에 찬성하십니까? 반대하십니까?

존중(尊重)하다
동 높여서 중요하게 사람이나 생각을 다루다. to respect; to esteem
어린이의 생각이라고 무시하지 말고 존중해 줘야 합니다.

증대(增大)되다
동 양이 많아지거나 규모가 커지다. to be enlarged; to be increased
청소년들의 사회 참여가 증대되었다.

어휘와 표현

지원(支援)

명 힘을 더해 줘서 도움. support

그 회사는 가난한 대학생들에게 학비 지원을 많이 하는 것으로 알려져 있다.

지출(支出)

명 어떤 목적을 위하여 돈을 쓰는 일. expense

이번 달은 새 컴퓨터를 샀더니 지출이 지난달보다 많았다.

짜증

명 마음에 꼭 맞지 않아서 화가 남. annoyance; irritation; frustration

모든 일이 내 마음대로 되지 않아서 짜증이 난다.

창의성(創意性) [창의썽/창이썽]

명 새로운 것을 생각해 내는 특성. creativity

이 보고서는 새로운 점이 없다. 다시 말해서 창의성이 부족하다.

핵가족(核家族) [핵까족]

명 부부와 미혼인 자녀만으로 구성된 가족. nuclear family

요즘 같은 핵가족 사회에서는 어린이들이 할머니, 할아버지의 사랑에 대해 잘 모른다.

혈연 의식(血緣意識) [혀련의식]

명 같은 핏줄에 의하여 연결되었음을 중요하게 여기는 감정이나 생각. kinship by ties

한국 드라마에서 출생의 비밀에 대한 이야기가 많이 나오는데 이는 혈연 의식이 강한 문화의 특성 때문인 것 같다.

형성(形成)되다

동 어떤 모양이나 상태가 되다. to be formed

양국 정부의 노력으로 좋은 협력 관계가 형성되었다.

형태(形態)

명 사물의 생김새나 모양. form; shape

바위의 형태가 사람 얼굴 같다.

화목(和睦)하다 [화모카다]

형 사람들이 서로 뜻이 맞고 정답다. to be in harmony

부모님은 형제들끼리 화목하게 지내야 한다고 강조하셨어요.

효도(孝道)를 하다

부모를 잘 모시다. to devote (or be good) to one's parents

자식들의 효도를 받으면서 오래오래 건강하게 사세요.

2. 행복한 가정을 위해

개설(開設)하다

동 제도나 프로그램 등을 새로 시작하다. to establish; to set up

일본어 강좌를 새로 개설하였다.

결혼이주여성(結婚移住女性)

국제결혼을 해서 한국에서 사는 여성. migrant women by international marriage

농촌에는 결혼이주여성들이 늘어나고 있다.

고령화(高齡化)

명 한 사회에서 노인의 인구 비율이 높아지는 것. aging population; aging society

65세 이상의 노인들이 전체 인구의 10%쯤 되면 고령화 사회라고 할 수 있어요.

공고(公告)하다

동 기관이나 단체에서 결정된 일을 사람들에게 널리 알리다. to give out a public notice; to announce publicly

게시판에 기말 시험 공고가 붙었다.

과제(課題)

명 해야 할 일이나 해결해야 할 문제. task; problem; work

우리 민족의 가장 중요한 과제는 통일이다.

관내(管內)

명 어떤 기관이 일을 맡은 지역. (within the) jurisdiction

우리 경찰서 관내에는 약 20만 가구가 살고 있습니다.

교류(交流)

명 물건이나 문화 등이 서로 오고 감. exchange

일본이나 중국과의 교류가 계속 늘고 있다.

급격히(急激-) [급껵키]

부 아주 빠르고 거칠게. abruptly; rapidly

십 대에는 신체적, 심리적으로 급격한 변화를 겪는다.

답답하다 [답따파다]

형 공간이 막혀 있거나 생각이 잘 통하지 않아 괴롭다. to feel heavy in the chest; to be stuffy

아무리 설명해도 모르겠다고 하니 답답해서 죽겠다.

도모(圖謀)하다

동 어떤 일을 이루기 위하여 대책과 방법을 세우다. to plan

일을 도모할 때는 충분히 생각해야 한다.

만(滿)
관 날, 주, 달, 해 따위의 정해진 기간이 모두 됨. full; fully (day, week, month or year)
만 18세가 되면 법적으로는 어른이다.

모집(募集)
명 사람이나 작품 등을 뽑기 위해 널리 알려서 지원자를 모음. recruitment; invitation
학교마다 우수한 학생들을 모집하기 위해 노력한다.

문의(問議) [무늬/무니]
명 질문하여 알아봄. inquiry
문의할 것이 있으시면 사무실로 연락하세요.

방안(方案)
명 일을 처리하거나 해결할 방법이나 계획. plan; measure
환경 문제 해결 방안을 빨리 찾아야 한다.

보육비(保育費) [보육삐]
명 어린아이를 돌보고 기르는 데 드는 비용. cost of child care
우리 회사는 아이가 7살 때까지 보육비를 지원해 주고 있다.

비만(肥滿)
명 살이 많이 찐 것. fatness; obesity; overweight
비만 아동을 위한 다이어트 교육을 하기로 했다.

사업(事業)
명 어떤 목적과 계획을 가지고 하는 일. business
다니던 직장을 그만두고 건설 사업을 시작할 예정이다.

사항(事項)
명 일을 구성하는 내용. matter; factors
단체 생활에서 꼭 지켜야 할 사항을 말씀드리겠습니다.

선착순(先着順) [선착쑨]
명 먼저 온 순서. first come first served basis
공연 입장권은 선착순으로 나눠 드리겠습니다.

손쉽다
형 어떤 것을 다루거나 어떤 일을 하기가 퍽 쉽다. to be easy; to be simple
라면은 누구나 손쉽게 끓일 수 있어 편리하다.

수강료(受講料) [수강뇨]
명 강의나 강습을 받기 위해 내는 돈. tuition; lesson fees
영어 학원 수강료가 비싸졌다.

시기(時期)
명 어떤 일을 하는 때. time; period
고등학교 3학년은 공부만 열심히 하는 시기이다.

실제(實際) [실쩨]
명 사실의 경우. 정말로 하는 (것). reality; actual state
다른 사람들이 하는 것을 보면 쉬워 보이지만 실제 그 일을 해 보면 아주 어렵다.

심사(審査)
명 등급이나 합격 여부를 결정하기 위해 자세하게 조사함. judging; screening
이번 그림 그리기 대회의 심사 기준은 창의성이다.

안건(案件) [안껀]
명 의논하거나 조사하여야 할 사실. item on the agenda
이번 회의에서 얘기할 안건은 불우 이웃 돕기에 대한 것입니다.

운영(運營)하다 [우녕하다]
동 관리하고 경영하다. to operate; to run; to manage
언니는 영어 학원을 운영하고 있다.

인원(人員) [이눤]
명 (단체를 이루는) 사람들. 또는 그 수. number of persons; number of members in a group
불법 주차 단속 인원을 늘리기로 했습니다.

일반(一般)
명 특별하지 않고 보통인 것. general; common; ordinary
이 학교는 예술 고등학교가 아니고 일반 고등학교이다.

일시(日時) [일씨]
명 날짜와 시간. the date and hour
모임 장소와 일시는 다음 주에 메일로 알려 드리겠습니다.

장려(獎勵)하다 [장녀하다]
동 어떤 일을 하도록 옆에서 도와주고 칭찬하다. to encourage; to promote
국가 경제 발전을 위해 정부에서는 저축을 장려하고 있다.

재료비(材料費)
명 재료를 사는 데 드는 비용. cost of material
그 물건을 만드는 데 재료비가 아주 많이 든다.

어휘와 표현

저소득층(低所得層)
명 수입이 낮은 계층. low-income group (or population)
정부는 저소득층의 세금은 줄이고 고소득층의 세금은 올리기로 했습니다.

저출산(低出産) [저출싼]
명 아이를 적게 낳음. low birthrate; low fertility rate
10년 후 학생이 없는 초등학교가 생길 수도 있다고 하니 우리나라의 저출산 문제는 심각하다.

적응(適應) [저긍]
명 일정한 조건이나 환경 등에 맞추어 익숙해지고 알맞게 됨. adaptation
새로운 환경에 적응하려면 시간이 필요하다.

접수(接受) [접쑤]
명 신청을 받음. receipt
신청서는 아래층에서 접수하고 있습니다.

정책(政策)
명 정치적 목적을 이루기 위한 계획이나 방법. policy
북한의 외교 정책에 대해 이야기해 봅시다.

제공(提供)하다
동 마련하여 주다. to provide; to supply
새 회원한테는 두 달 동안 무료 이용권을 제공한다.

제안(提案)하다
동 새롭거나 다른 의견을 내놓다. to propose; to suggest
독서 모임을 하자고 제안했더니 친구들이 좋다고 했다.

제외(除外)되다
동 따로 빼서 포함되지 않다. to be excluded; to be left out
이번 캠프 회원 모집에 12세 미만 어린이는 제외된다.

조(組)
명 같은 목적으로 어떤 일을 하기 위해 적은 수의 사람이 모인 팀. team; group
각 조마다 역할을 나누어 맡도록 하자.

지원(支援)하다
동 어떤 사람이나 단체 등을 위해 힘을 쓰거나 돕다. to support
많은 기업체에서 그 장애인 단체를 지원하기로 했다.

참조(參照)
명 참고하여 살펴 봄. reference
사진을 참조하시면 더 정확한 사실을 알 수 있을 겁니다.

첨부물(添附物)
명 서류, 편지, 메일 등에 더하여 붙인 것. attatchment; supplement
자세한 내용은 첨부물을 참고하세요.

체험 학습(體驗學習)
직접 경험하면서 하는 공부. educational activity through experience
사물놀이 체험 학습을 위해 국악원에 가기로 했다.

총(總)
관 모두 합하여 몇임을 나타내는 말. total; overall
오늘 신문이 총 32면이나 된다.

출산율(出産率) [출싼뉼]
명 아이를 낳는 비율. birthrate; fertility rate
아기들이 많이 태어나서 우리나라의 출산율이 높아지면 좋겠다.

친목(親睦)
명 서로 친하고 잘 지냄. friendship
우리 반 학생들의 친목을 위해 파티를 하기로 했다.

해당자(該當者)
명 어떤 일이나 조건에 맞는 바로 그 사람. a person who is relevant (or fits) to the condition or situation
봄 학기는 해당자가 없어 장학금을 주지 않았다.

협조(協助) [협쪼]
명 힘을 더해서 도움. cooperation; collaboration
여러분의 협조로 이번 일을 잘 마칠 수 있었습니다.

효율적(效率的) [효율쩍]
관 명 노력에 비해 얻는 결과가 더 큰 (것). efficient
계획표를 만들면 하루의 시간을 더 효율적으로 쓸 수 있다.

3. 듣고 싶은 말

가사 분담(家事分擔)
집안일을 나누어서 맡는 것. share of housework
남편과 아내가 가사 분담을 하는 가정이 많아지고 있다.

가사 노동(家事勞動)
집안일을 하는 것. housework; housekeeping
청소, 빨래, 설거지 같은 가사 노동은 대부분 생각보다 쉽지 않다.

걸림돌 [걸림똘]
명 어떤 일을 하는 데 방해가 되는 것. obstacle
두 사람이 사귀는 데 걸림돌이 되는 것은 아무 것도 없다.

견디다
동 어려운 일을 포기하지 않고 참고 지내다. to endure; to bear; to stand
이렇게 어려운 상황을 견디기가 어렵다.

경향(傾向)
명 생각, 행동 등이 어떤 방향으로 기울어짐. tendency; trend
나는 스트레스를 받으면 먹는 것으로 푸는 경향이 있다.

과반수(過半數)
명 반이 넘는 수. majority; more than half
전체 50명 중 과반수가 넘는 30명이 그 계획에 찬성했다.

기관(機關)
명 정부, 학교, 병원 등과 같은 기구나 조직. agency; organization; institution
이번 행사는 여러 기관의 협조로 이루어졌다.

기혼자(旣婚者)
명 결혼한 사람. married person
나이가 어려 보여서 기혼자인 줄 몰랐다.

달(達)하다
동 어떤 수나 양, 정도에 이르다. to reach; to come up to a certain number of amount
그 전시회를 본 사람이 모두 10만 명에 달했다.

대상(對象)
명 어떤 일의 목표나 목적이 되는 것. object; target
이 분식집은 주로 학생을 대상으로 하는 곳이다.

동의(同意)하다 [동의하다/동이하다]
동 같은 생각을 가지다. to agree with
나는 그 사람의 의견에 동의할 수 없다.

따갑다
형 날카로워서 좀 아플 정도이다. to be stinging; to be tingling
친구와 큰 소리로 떠들다가 사람들의 따가운 시선 때문에 멈췄다.

못마땅하다 [몬마땅하다]
형 마음에 들지 않다. to be dissatisfied; to be displeased; to be unhappy
그 사람은 내 말이 못마땅하다는 표정을 지었다.

무시(無視)하다
동 남을 낮게 보거나 못 본 것처럼 행동하다. to disregard; to ignore
그 사람은 가난한 사람을 무시하는 버릇이 있다.

미만(未滿)
명 정해진 수나 정도에 미치지 못함. under; below; less than
20세 미만인 분에게는 술을 팔지 않습니다.

배우자(配偶者)
명 남편, 아내와 같이 결혼한 상대방. spouse
인생에서 좋은 배우자를 만나는 것은 아주 중요하다.

분석(分析)하다 [분서카다]
동 복잡한 것을 개별 요소나 성질로 나누다. to analyze
이 사건을 잘 분석해 보면 원인을 알 수 있을 것이다.

불과(不過)하다
형 어떤 정도나 수준을 넘지 못하다. to be nothing but; to be no more than
이 반 학생은 모두 다섯 명에 불과하다.

살림하다
동 한 집안의 생활에 필요한 일을 하다. to keep house; to manage a household
결혼한 지 얼마 안 되어서 아직 살림할 줄 모른다.

상(像)
명 모범이 되거나 본보기가 되는 모습. image of a role model
그 선생님은 나에게 존경할 만한 교사상을 보여 준 분이다.

상당히
부 꽤 많이. quite; considerably; fairly
요즘 물건값이 상당히 올랐다.

성별(性別)
명 남성과 여성의 구별. (distinction of) sex; gender
성별에 따라 차별을 해서는 안 된다.

시선(視線)
명 어떤 대상을 쳐다보는 눈길. one's gaze; one's eyes; attention
사람들이 그를 차가운 시선으로 쳐다봤다.

실시(實施)하다 [실씨하다]
동 실제로 일을 하다. to enforce; to excute
교육부는 전국의 초등학생을 대상으로 시험을 실시할 예정이다.

어휘와 표현

여론 조사(輿論調査)
어떤 문제에 대해 국민, 시민들의 의견을 조사하는 일. survey of public opinion; public opinion poll
저녁 뉴스에서 최근에 한 여론 조사 결과를 발표했다.

연봉(年俸)
명 1년 동안 직장에서 받는 돈. annual salary
회사에 들어간 지 얼마 안 돼서 연봉이 많지 않다.

위로(慰勞)
명 괴로움, 슬픔에 대해 마음을 편하게 가지도록 돕는 것. consolation
갑자기 부모님을 잃은 친구에게 어떻게 위로를 해야 할지 모르겠다.

응답자(應答者) [응답짜]
명 조사에 대해 답을 하는 사람. answerer; respondent
설문 조사지는 응답자가 쉽게 답할 수 있도록 만들어야 한다.

이혼(離婚)하다
동 결혼한 후 부부가 법적으로 헤어지다. to divorce
요즘은 예전보다 이혼하는 사람들이 많아지고 있다.

전문(專門)
명 어떤 분야에 대해 깊은 지식과 경험을 가지고 그 분야만 연구하거나 일을 하는 것. specialty
컴퓨터는 내 전문 분야가 아니라서 잘 모르겠다.

전문가(專門家)
명 어떤 분야에 대해 깊은 지식과 경험을 가지고 그 분야만 연구하거나 일을 하는 사람. expert
어떤 일이든지 10년 이상 하면 거의 전문가 수준이 된다.

전업주부(專業主婦) [저넙쭈부]
명 직업을 가지지 않고 살림만 하는 기혼 여성. full time housewife
우리 어머니는 작년까지 전업주부였지만 지금은 직장에 다니신다.

절반(折半)
명 하나를 둘로 나눈 것. half
사과 하나를 잘라서 친구와 절반씩 먹었다.

종전(從前)
명 지금보다 이전. before; previous; former
종전과는 다른 방법으로 일을 하고 있다.

주제(主題)
명 대화나 연구에서 중심이 되는 문제. main subject; topic; theme
오늘 글쓰기 주제는 '우리 가족'이다.

차지하다
동 물건, 공간, 지위를 가지다. 어떤 비율이나 비중을 이루다. to occupy; to take
우리 과는 여학생이 90%를 차지한다.

파악(把握)하다 [파아카다]
동 대상의 내용을 분명히 이해하여 알다. to grasp; to understand; to figure out
한국어를 잘 몰라서 텔레비전 뉴스의 내용을 파악하기 어렵다.

해고(解雇)되다
동 직장을 그만두게 되다. to be dismissed; to be fired
경제가 나빠지면서 직장에서 해고되는 사람들이 늘어난다.

IV 직업과 직장

1 일하는 사람들

주제 직업의 변화와 직업 선택

읽고 말하기
- 직업의 변화에 대한 설명문 읽기
- 직업의 변화에 대해 말하기

듣고 말하기
- 직업에 대한 좌담회의 질의응답 듣기
- 공식적으로 질문하기, 확인하기

과제 '성공적인 직장 생활'에 대해 좌담회 하기

문법
- N의 (대표적인) 예로 N을/를 들다
- N 외
- A/V-다면

어휘 직업

2 취업 준비

주제 모집 공고와 면접

읽고 말하기
- 사원 모집 공고문 읽기
- 자국의 사원 모집 절차 소개하기

듣고 말하기
- 면접 대화 듣기
- 면접에서 자기소개하기

과제 면접시험 역할극하기

문법
- 아래와 같이
- V-(으)오니
- N에 한하여

어휘 직원 채용 및 입사 지원

보충 어휘 속담 Ⅱ

1 일하는 사람들

주제
직업의 변화와 직업 선택

읽고 말하기
· 직업의 변화에 대한 설명문 읽기
· 직업의 변화에 대해 말하기

듣고 말하기
· 직업에 대한 좌담회의 질의 응답 듣기
· 공식적으로 질문하기, 확인하기

과제
'성공적인 직장 생활'에 대해 좌담회 하기

들어가기

이야기해 보세요

여러분은 어떤 직업을 가지고 싶습니까?

공무원	회사원	사업가	번역가	통역사	요리사
기술직	전문직	사무직	생산직	영업직	

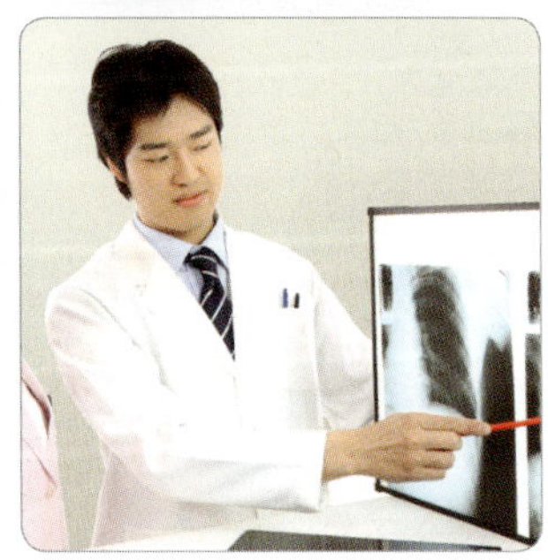

들어 보세요 track 27

직업에 대한 대담입니다. 잘 듣고 질문에 답하세요.

1. 어떤 조사를 했고 그 조사 결과는 어땠습니까?
2. 여자는 왜 이런 결과가 나타났다고 생각합니까?
3. 어떤 마음으로 직업을 선택하는 것이 좋습니까?
4. 여러분 나라에서는 어떤 직업이 인기 있는지 말해 보세요.

읽고 말하기

주제 어휘

다음은 직업과 관련된 말입니다. ....에 공통적으로 들어갈 말을 보기에서 골라 알맞게 쓰세요.

업무 　　 분야 　　 취업하다 　　 유망하다 　　 수행하다

1. 그 사람은 이번에 맡은 ....을/를 잘 처리해서 칭찬을 받았습니다.
   이 회사에 들어온 지 3년이 되었습니다. 이제는 더 중요한 ....을/를 맡고 싶습니다.

2. 이 문제는 경제 .... 전문가에게 물어보는 것이 좋겠습니다. 일반 상식으로는 해결하기 어렵습니다.
   직업의 종류가 많아지면서 대학의 전공 ....도 점점 더 다양해지고 있습니다.

3. 부모님께서는 저한테 항상 장래가 .... 직업을 선택하는 게 좋다고 조언해 주셨지만 저는 한 번 사는 인생이니 하고 싶은 일을 하겠다고 결심했습니다.
   미래에는 에너지 관련 산업이나 환경 관련 산업이 ....

4. 일자리가 모자라서 대기업은커녕 중소기업에도 .... 어려운 상황입니다.
   저희 회사는 방송국에 .... 학생들을 위해 정보도 제공하고 실습 교육도 시켜 주고 있습니다.

5. 모든 직원이 맡은 일을 성공적으로 .... 위해 노력하고 있습니다.
   이 일을 문제없이 잘 .... 여러 사람의 협력이 필요합니다.

읽어 보세요 track 28

다음은 직업에 대해 설명하는 글입니다. 잘 읽고 질문에 답하세요.

이 책에서는 1900년대 초부터 최근까지 유망 직종으로 분류된 직업들을 구체적인 예를 들어 소개하고 있다. 이 책을 보면 많은 직업들이 시대에 따라 새로 생겨나고 유망한 직업으로 인기를 끌고, 또 사라졌음을 새삼 느낄 수 있다.

그중에는 오늘날 찾아보기 어려운 직업들도 꽤 있다. 그 대표적인 예로 버스 안내원을 들 수 있는데 이들은 버스 요금을 받고 버스의 행선지를 안내하는 등 상당한 역할을 담당했다. 버스 안내원이 처음 등장한 것은 1928년이었는데 지금의 항공기 승무원 이상으로 인기 있는 직업이었다. 그러다가 경제 발전을 위해 전 국민이 노력을 기울이던 1960년대에 들어서 여기저기 큰 길이 놓이고 버스들이 하나 둘씩 늘면서 버스 안내원이라는 직업이 일반화되었다. 그 후 버스에 자동문을 비롯한 각종 자동화 기기가 설치되면서 버스 안내원은 설 자리를 잃었고 1980년대 후반부터는 더 이상 찾아볼 수 없게 되었다.

1. 이 글은 무엇에 대한 이야기입니까?

2. 버스 안내원은 시대에 따라 어떤 변화를 겪었습니까?

1920년대 → 1960년대 → 1980년대

이처럼 시대 변화에 따라 사라진 직업이 있다면 새로 생겨나 크게 성장하고 있는 직업도 있다. 이 책에서는 대표적인 예로 컴퓨터 분야를 들고 있다. 이제는 일반 직업에 종사하는 사람도 컴퓨터 관련 자격증을 따야 업무를 수행할 수 있는 시대가 되었다. 그러나 사람들이 이러한 정보 기술 분야의 직업에 관심을 두기 시작한 것은 불과 20여 년 전이다. 오늘날 컴퓨터는 우리 생활 전반에 영향을 미치고 있고 그에 따라 컴퓨터 그래픽 디자이너, 웹 마스터, 프로그래머 등 컴퓨터 관련 직업이 더 이상 낯설지 않게 되었다.

이 책을 통해 직업의 변천을 살피다 보면 직업도 마치 사람처럼 시대에 따라 탄생, 성장, 소멸의 과정을 겪는다는 사실을 알게 된다. 현대의 직업 세계는 과거보다 더 빠르게 변화하고 있다. 과거를 바로 알고 미래를 제대로 보는 것이 그 어느 때보다 중요하다. 따라서 직업을 현재 시점에서 바라보는 것 이외에도 시대와 상황 변화에 따라 살펴보는 지혜가 필요하다.

3. 시대 변화에 따라 어떤 직업들이 새로 생겼습니까?

4. 글쓴이가 직업에 대해 가지게 된 생각은 무엇입니까?

문법과 표현

1. N의 (대표적인) 예로 N을/를 들다[N이/가 있다]
- 이러한 변화를 보여 주는 대표적인 예로 자동차 산업과 관련된 직업을 들 수 있다.
- 전에는 없던 가족 형태의 예로 입양 가족, 한부모 가족, 기러기 가족 등이 있다.

2. N 외[이외]
- 기숙사 학생 외의 사람은 식당 출입을 제한합니다.
- 이메일 외에 다른 비상 연락처는 없나요?
- 이외에도 문의 사항이 있으시면 전화해 주시기 바랍니다.

3. A/V-다면
- 빨간색이 뜨거운 사랑을 나타낸다면 파란색은 차가운 지성을 나타낸다.
- 내가 털털한 편이라면 남편은 꼼꼼한 편이어서 집안일을 주로 남편이 챙긴다.

이야기해 보세요

1. 시대에 따라 없어지거나 새로 생긴 직업, 없어지지 않을 것 같은 직업에 대해 말해 보세요.

- **지금은 없어진 직업** : 버스 안내원, 타이피스트, ……
- **새로 생긴 직업** : 프로 게이머, 택배 배달원, ……
- **없어지지 않을 것 같은 직업** : 요리사, 교사, ……

2. 미래에 생길 것 같은 직업, 또는 생겼으면 좋을 것 같은 직업에 대해 다음과 같이 말해 보세요.

> 저는 도서관 사서처럼 인터넷 사서가 생기면 좋겠어요. 인터넷을 통한 정보 찾기가 많아지고 있는데, 나한테 필요하고 믿을 수 있는 정보를 찾기가 쉽지 않아요. 여러 웹 사이트의 내용, 정보의 수준 등에 대한 지식이 많은 인터넷 사서가 정보를 빨리 찾아 주면 좋겠어요.

듣고 말하기

주제 어휘

1. 다음은 사람들이 생각하는 직업 선택의 조건입니다. 여러분이 직업을 선택할 때 중요하게 생각하는 조건은 무엇입니까?

2. 급여와 관련된 말입니다. 알맞은 설명과 연결하세요.

상여금 · 주급 · 연봉 · 월급 · 수당 · 일당

- 성공적으로 일했을 때 회사에서 상으로 주는 돈
- 일주일 동안 일한 대가로 받는 돈
- 한 달 동안 일한 대가로 받는 돈
- 정해진 급여 이외에 따로 주는 돈
- 하루 동안 일한 대가로 받는 돈
- 일을 한 대가로 일 년 동안 받는 돈을 모두 합한 금액

들어 보세요 1 track 29

다음은 좌담회의 질의응답 중 일부입니다. 잘 듣고 질문에 답하세요.

1. 내용과 관계 없는 것에 표시하세요.

☐ 자기소개 ☐ 감사 인사 ☐ 반대 의견 ☐ 알고 싶은 것

2. 알고 싶은 것에 대해 질문할 때 어떤 말로 표현하고 있습니까?

3. 들은 내용을 확인할 때 어떤 말로 표현하고 있습니까?

4. 이와 같이 공식적인 자리에서 질문하거나 들은 내용을 확인할 때 쓰는 표현을 정리해 보세요.

공식적으로 질문할 때	들은 내용을 확인할 때
▪ ~에 대해서 감사하다는 말씀을 드리고 싶습니다. 제가 여쭤 보고 싶은 것은 ~는가 하는[느냐는] 것입니다 ▪ ~에 대한 좋은 말씀[의견/고견] 부탁드립니다	▪ 그러니까 ~다는 말씀이시지요? ▪ 그러니까 ~느냐 이런 말씀이시지요? ▪ 다시 말하면 ~다는 말씀이십니까? ▪ ~다 이런 말씀이신 것 같은데

이야기해 보세요

앞의 표현을 써서 다음과 같이 말해 보세요.

1. 암 전문의에게 "암을 예방하기 위해서는 어떤 생활 습관이 중요합니까?"
2. 외국어 교육 전문가에게 "외국어, 특히 말하기를 잘하려면 어떻게 공부하는 것이 좋습니까?"
3. 한국 유학 생활 경험자에게 "한국에서 유학 생활을 즐겁게 하고 싶은데 어떤 경험들이 재미있었습니까?"
4. 직장 선배에게 "직장에서 좋은 인간관계를 유지하려면 어떻게 해야 합니까?"

우선 암의 치료 방법에 대한 자세한 설명에 대해 감사하다는 말씀을 드리고 싶습니다. 제가 여쭤 보고 싶은 것은 암을 예방하기 위해서는 어떤 생활 습관이 중요한가 하는 것입니다. 암 예방법에 대한 좋은 말씀 부탁드립니다.

다시 말하면 우리 생활 속의 암 예방법이 궁금하시다는 말씀이시지요? 우선 식생활에 대해 말씀드릴 수 있습니다. 무엇을 먹느냐에 따라 우리 몸에 약이 될 수도 있고 독이 될 수도 있기 때문입니다.

들어 보세요 2 track 30

다음은 좌담회 마지막 부분인 질의응답 시간의 대화입니다. 잘 듣고 질문에 답하세요.

1. 이 좌담회는 주로 무엇에 대해 이야기한 것 같습니까?
2. 질문한 사람이 알고 싶어 하는 것은 무엇입니까?
3. 다음 분야의 특징을 들은 대로 정리해 보세요.

금융업	제조업
▪	▪
▪	▪

4. 취업을 준비할 때 가장 중요한 것은 무엇이며 그 이유는 무엇이라고 했습니까?

과제 여러분은 '성공적인 직장 생활'을 주제로 하는 좌담회에 참석하고 있습니다. 다음과 같이 좌담회를 해 보세요.

1. 직장 생활이나 아르바이트 경험 등에 대해 이야기를 해 보세요.

- 직업
- 기간
- 직장 생활을 통해 배운 점
- 직장에서 힘들었던 일
- 기억에 남는 일
- 직장 생활에서 성공하는 방법
-
-

2. 이야기를 들으면서 질문할 내용을 아래에 메모하세요.

- 직장에서 사람들과의 관계는 어땠는지?
- 성공적인 직장 생활의 비결은?
-
-
-

3. 다음과 같이 질의응답을 해 보세요.

직장 생활에 대한 재미있는 경험담 잘 들었습니다. 또한 외국인이 한국에서 직장 찾는 방법에 대한 좋은 정보에 대해서도 감사하다는 말씀을 드리고 싶습니다. 제가 한 가지 여쭤 보고 싶은 것은 직장 생활에서 어떻게 실수를 좀 줄일 수 있는가 하는 것입니다. 좋은 말씀 부탁드립니다.

다시 말하면 외국인이 한국에서 좀 더 일을 능숙하게 잘할 수 있는 방법이 무엇이냐 하는 말씀이시지요? 제 생각에는…….

2 취업 준비

주제
모집 공고와 면접

읽고 말하기
· 사원 모집 공고문 읽기
· 자국의 사원 모집 절차 소개하기

듣고 말하기
· 면접 대화 듣기
· 면접에서 자기소개하기

과제
면접시험 역할극하기

들어가기

이야기해 보세요

다음 사람들은 무엇을 하고 있습니까?

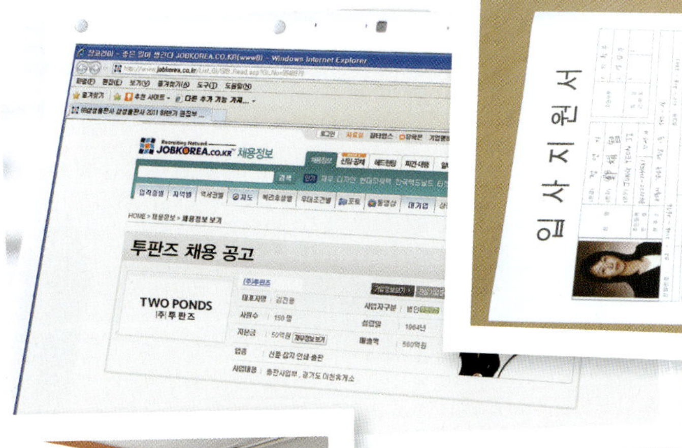

들어 보세요 track 31

다음 대화를 잘 듣고 질문에 답하세요.

1. 두 사람은 무엇에 대해서 이야기하고 있습니까?
2. 남자는 요즘 어떻게 지내고 있습니까?
3. 남자는 무엇을 후회하고 있습니까?
4. 취업을 하기 위해 어떤 준비를 하면 좋을지 말해 보세요.

읽고 말하기

주제 어휘

1. 회사에서 사원을 뽑는 것과 관련된 말입니다. 관계있는 설명과 연결하세요.

1) 모집 공고 •		• 지원 서류를 회사에 냅니다.
2) 지원서 제출 •		• 시험을 봐서 지원자의 지식을 평가합니다.
3) 서류 전형 •		• 지원 서류를 보고 지원자를 평가합니다.
4) 필기시험 •		• 대화를 하면서 지원자를 평가합니다.
5) 면접 •		• 회사에서 사원을 뽑는다는 것을 널리 알립니다.

2. 다음은 회사에 지원할 때 필요한 서류입니다. 무엇에 대한 것인지 말해 보세요.

읽어 보세요

다음은 사원 모집 공고입니다. 잘 읽고 질문에 답하세요.

"인재를 찾습니다"

신입 사원 모집 공고

주식회사 서울컴퓨터는 사업 확장에 따라 아래와 같이 신입 사원을 모집하오니 능력 있는 젊은 인재들께서는 많이 지원해 주시기 바랍니다.

◎ **모집 부문** : 영업(국내/해외), 개발

◎ **채용 인원** : 00명

◎ **지원 자격** : 전문대 졸업 이상자/남자는 병역 필 또는 면제자/해외여행에 결격 사유가 없는 자

◎ **모집 기간** : 20xx년 3월 1일 ~ 3월 25일

◎ **전형 절차** : 1차 서류 전형/2차 필기시험/3차 면접

◎ **제출 서류** : 입사 지원서 1부
자기소개서 1부

※ 아래 서류는 서류 전형 합격자에 한하여 추후 별도 제출
최종 학교 졸업 증명서 1통, 성적 증명서 1통, 주민 등록 등본 1통(외국인은 외국인 등록증 사본이나 여권 사본 1통)

※ 제출 서류는 일체 반환하지 않음.

◎ **합격자 발표** : 서류 전형 합격자에 한하여 개별 통지함.

※ 기타 자세한 사항은 인사과(02-880-6999)로 문의하여 주시기 바랍니다.

1. 어떤 전형 절차를 거쳐야 합니까?

2. 서류 전형을 위해 어떤 서류를 제출해야 합니까?

3. 합격했는지를 어떻게 알려 줍니까?

4. 다음에서 이 회사에 지원할 수 있는 사람을 모두 고르세요.

☐ 

- 대졸
- 군대 면제

☐ 

- 고졸
- 은행 근무 5년

☐ 

- 전문대졸
- 가전제품 디자이너 경력 3년

☐ 

- 전문대 졸업 예정
- 병역 필

이야기해 보세요

여러분 나라의 기업에서 사원 모집을 할 때 일반적으로 필요한 지원 자격, 전형 절차, 제출 서류 등에 대해 소개해 보세요.

문법과 표현

1. 아래와[위와, 다음과] 같이

- 본 학원에서는 아래와 같이 시간 강사를 모집합니다.
- 위와 같이 하시면 혼자서도 김치를 담글 수 있습니다.
- 세종대왕께서는 다음과 같이 한글을 만드신 이유에 대해 말씀하셨습니다.

2. V-(으)오니

- 기상 상태 악화로 세주행 비행기 이륙이 한 시간 늦춰지오니 승객 여러분께서는 양해해 주시기 바랍니다.
- 상담 신청은 예약제로 운영하오니 상담을 원하시는 분은 880-5488로 예약 전화를 주시기 바랍니다.

3. N에 한하여

- 키가 162cm 이상인 사람에 한하여 그 항공사 승무원에 지원할 자격을 주고 있다.
- 우리 극장 회원으로 가입하신 분에 한하여 할인을 해 드리고 있습니다.

듣고 말하기

들어 보세요 track 32

다음은 면접에서 하는 대화입니다. 잘 듣고 질문에 답하세요.

1. 면접관은 어떤 질문을 했습니까?
2. 여자는 자신에 대해서 어떻게 소개했습니까?
3. 여자는 자신의 한국어 실력에 대해 어떻게 말했습니까?
4. 여자는 회사에 들어오게 되면 어떤 마음으로 일하겠다고 했습니까?

이야기해 보세요

1. 여러분은 면접을 본 경험이 있습니까? 면접관이 주로 하는 질문은 무엇입니까?
2. 여러분도 면접을 본다고 생각하고 간단히 자기소개를 해 보세요.

> 안녕하십니까? 저는 국제부에 지원한 이유리입니다. 노력한 만큼 결과를 얻는다는 믿음으로 항상 열심히 생활하고 있습니다. 입사하게 된다면 최고의 사원이 되기 위해 더욱 열심히 노력하겠습니다.

과제 면접관과 지원자의 역할을 맡아 면접을 해 보세요.

1. 어떤 회사인지 정하고 다음과 같이 신입 사원 모집 공고를 만드세요.

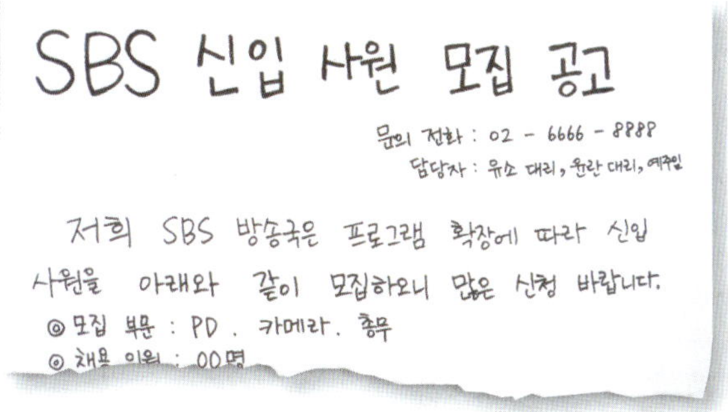

SBS 신입 사원 모집 공고

문의 전화 : 02 - 6666 - 8888
담당자 : 유소 대리, 윤란 대리, 예주임

저희 SBS 방송국은 프로그램 확장에 따라 신입 사원을 아래와 같이 모집하오니 많은 신청 바랍니다.

◎ 모집 부문 : PD . 카메라. 총무

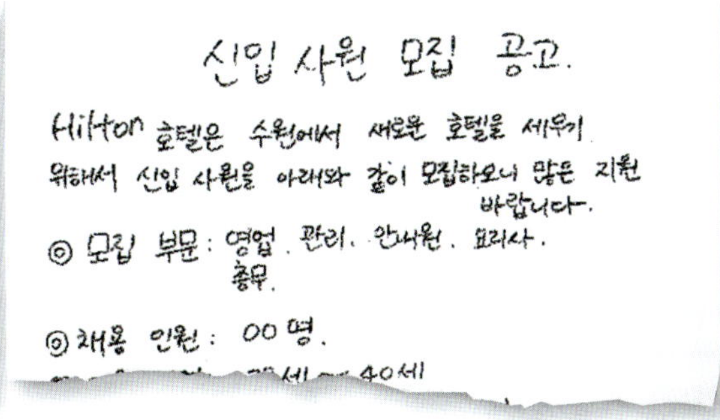

신입 사원 모집 공고.

Hilton 호텔은 수원에서 새로운 호텔을 세우기 위해서 신입 사원을 아래와 같이 모집하오니 많은 지원 바랍니다.

◎ 모집 부문 : 영업. 관리. 안내원. 요리사. 총무.

◎ 채용 인원 : 00 명.

2. 면접관과 지원자로 나눠 역할을 맡으세요.
   1) 지원자는 신입 사원 모집 공고를 보고 마음에 드는 회사에 입사 지원서를 제출하세요.
   2) 면접관은 지원자들에게 질문한 내용을 다음과 같이 만들어 보세요.

〈면접 질문 예〉

- 자기소개를 해 보세요.
- 우리 회사에 지원하게 된 동기는 무엇입니까?
- 회사에서 어떤 업무를 담당하고 싶습니까?
- 만약 입사하게 된다면 어떤 마음으로 일하겠습니까?
- 지원서를 보니 전공이 우리 회사와 맞지 않는데 어떻게 지원하게 되었습니까?
-

3. 면접관은 지원자를 면접하고 아래 평가표에 점수를 표시하세요.

질문	점수			
자기소개를 해 보세요.	10	8	6	4
우리 회사에 지원하게 된 동기는 무엇입니까?	10	8	6	4
	10	8	6	4
	10	8	6	4
	10	8	6	4

합 계 : ....

4. 평가표를 보고 지원자 가운데 누구를 뽑을지 토의하세요.

5. 면접관은 합격자를 발표하고 왜 그 사람을 뽑았는지 이야기해 보세요.

자기 평가

1. 다음 중 아는 단어에 V 하세요.

☐ 업무	☐ 분야	☐ 취업하다	☐ 연봉
☐ 상여금	☐ 모집 공고	☐ 필기시험	☐ 서류 전형
☐ 면접	☐ 이력서	☐ 자기소개서	☐ 입사 지원서

2. 다음 표현을 이용해서 문장을 만들어 보세요.

1) N의 (대표적인) 예로 N을/를 들다

→

2) A/V-다면

→

3) N에 한하여

→

3. 다음과 같은 상황에서 어떻게 말할 수 있습니까?

1) 질문할 때

....

2) 들은 내용을 확인할 때

....

보충 어휘

속담(Ⅱ) 속담은 옛날부터 전해져 내려오는 말로, 교훈이나 비유를 담은 짧은 구절입니다. 속담을 통하여 상황을 효과적으로 표현하고 한국 문화를 이해하도록 합시다.

누워서 떡 먹기다 하기가 매우 쉽다.	**누워서 침 뱉기다** 남을 욕한다고 한 것이 결국 자기를 욕하는 것이 되다.
수박 겉핥기다 사물의 속 내용은 모르고 겉만 살펴보다.	**소귀에 경 읽기다** 아무리 가르치고 일러 주어도 알아듣지 못하거나 효과가 없다.
그림의 떡이다 아무리 마음에 들어도 이용할 수 없거나 차지할 수가 없다.	**금강산도 식후경이다** 아무리 재미있는 일이라도 배가 불러야 하지 배가 고파서는 아무 일도 할 수 없다.
가는 날이 장날이다 어떤 일을 하려고 하는데 예상하지 못한 일이 일어나다.	**꿩 먹고 알 먹기다** 한 가지 일을 하여 두 가지 이상의 이익을 보게 되다.
갈수록 태산이다 / 산 넘어 산이다 갈수록 더욱 어려운 상황이 되다. 고생이 갈수록 점점 더 심해지다.	**천 리 길도 한 걸음부터다 / 시작이 반이다** 무슨 일이나 그 일의 시작이 중요하다.

연습 1 다음 속담으로 어떤 말을 하려는 것인지 고르세요.

1)

① 일단 시작해서 조금씩 조금씩 해 나가면 언젠가는 다 할 것이다.

② 할 일이 너무 많아서 시작하기가 어렵다.

2)

① 필요한 내용만 골라서 한번 읽었다.

② 자세히는 못 읽고 그냥 빨리 한번 읽어 봤다.

보충 어휘

3)

① 그림처럼 멋진 옷이다.

② 그냥 보는 것만으로 만족해야 한다.

4)

① 경치도 금강산처럼 아름다워 보인다.

② 좋은 구경도 배가 고프면 잘할 수 없다.

연습 2 다음 상황과 관련 있는 속담을 쓰세요.

1) 오랜만에 김 선생님을 뵈려고 왔더니 김 선생님께서 쉬시는 날이네요.

→ 가는 날이 장날이다

2) 이 정도 컴퓨터 고장은 제가 쉽게 고칠 수 있어요. 5분이면 다 고칠 수 있어요.

→

3) 날이 갈수록 공부할 것이 더 많아지고 어려워지네요.

→

4) 아무리 설명해도 이해를 못 하는구나. 그렇게 어렵니?

→

5) 다이어트 성공하면 상금을 주신다고요? 살도 빼고 돈도 벌고 좋네요.

→

6) 다른 사람을 깎아내리려는 사람들은 결국 자기 자신을 깎아내리는 거라는 걸 알아야 해요.

→

연습 3 속담을 넣어서 대화 연습을 해 보세요.

1) 가 : 백화점에 간다더니 왜 벌써 왔어요?

나 : .... 이라고 오늘은 백화점이 쉬는 날이래요.

2) 가 : 논문을 써야 하는데 읽을 것이 너무 많아서 무엇부터 해야 할지 모르겠어요.

나 : ………………………………라고 처음에 아무리 어려워 보이는 일이라도 한 걸음 한 걸음 하다 보면 언젠가는 이루어질 거예요.

3) 가 : 대학생이 되어서 오히려 책 읽는 속도가 느려졌어요.

나 : 대학생들이 읽는 책은 ………………………………로 읽으면 안 되는 책들이니까 그렇지. 뜻을 깊이 생각하면서 내용을 이해하려면 시간이 걸리는 것이 당연해.

4) 가 : 민수 말이야, 한 달 동안 아르바이트 해서 겨우 등록금 냈는데 이번에는 동생이 입원을 해서 더 큰돈이 필요하대.

나 : 어휴, ………………………………이라더니 하나 해결했나 싶었는데 또 어려운 일이 닥쳤구나.

5) 가 : 야! 남대문시장은 정말 볼 것이 많구나. 옷은 그만 구경하고 이제 신발을 보러 가자.

나 : 그래. 그런데 너 배 안 고프니? ………………………………인데 저 식당에서 뭐 좀 먹고 구경하자.

6) 가 : 어휴, 이 수학 문제 너무 어렵네. 나도 모르겠다.

나 : 그럼 어쩌지? 참, 너희 오빠가 수학과 다닌다면서? 이런 고등학교 수준의 문제는 대학생한테는 ………………………………니까 너희 오빠한테 한번 물어보자.

7) 가 : 철수는 늘 자기 친구를 나쁘게 얘기해서 듣기 싫어.

나 : 글쎄 말이야. 자기 친구를 욕하는 것은 결국 ………………………………니까 이제 그만 했으면 좋겠어.

8) 가 : 한국어를 배우면서 여러 나라의 친구들이 많이 생겼어요. 이렇게 많은 친구들까지 사귀게 될 줄 몰랐어요.

나 : 그거야말로 ………………………………네요. 한국어도 배우고, 친구들도 생기고.

9) 가 : 저렇게 조용한 산속에 있는 집에서 살고 싶지 않아요?

나 : 아이들 교육은 어떻게 하고 직장은 어떻게 하고요? 우리한테는 그냥 ……………………………… 이에요.

10) 가 : 아이들한테 신발을 벗고 난 후 정리해 놓고 들어오라고 아무리 말해도 듣지를 않네요. ………………………………예요.

나 : 아이들이 다 그렇지요 뭐. 우리 집 애들도 그래요.

어휘와 표현

1. 일하는 사람들

각종(各種) [각쫑]
명 온갖 종류. 또는 여러 종류. various kinds
종합 운동장에서 각종 운동 경기가 열리고 있다.

경쟁적(競爭的)
관 명 서로 이기려고 하는 (것). competitive
회사마다 신제품을 경쟁적으로 내놓고 있다.

공무원(公務員)
명 국가 또는 지방 공공 단체의 일을 하는 사람. public official; government employee
아버지는 시청에서 일하시는 공무원이십니다.

구직자(求職者) [구직짜]
명 일자리를 구하는 사람. job seeker; applicant for a job position
이 책에는 여러 회사에 대한 정보가 많아서 구직자에게 도움이 된다.

구체적(具體的)
관 명 실제적이고 자세한 (것). concrete; specific; detailed
잘 이해가 안 되어서요. 좀 더 구체적인 예를 들어 설명해 주세요.

금융업(金融業) [금늉업/그뮹업]
명 은행업, 증권업, 보험업 등의 돈의 흐름과 관련된 사업. financial business
요즘에는 외국 유학생들이 은행, 보험회사, 증권사 등 금융업 쪽으로 많이 진출하고 있다.

급여 수준(給與水準)
(회사 등에서) 일을 한 대가로 주는 돈이나 물품의 정도. wage levels
요리사가 되고 싶은데 작업 환경이나 급여 수준은 어떤가요?

기울이다 [기우리다]
동 노력이나 마음을 어느 한곳으로 모으다. to devote oneself to something; to concentrate on
한국어 공부에 모든 노력을 기울이고 있다.

끌다
동 (다른 사람의 관심이) 오게 하다. to attract; to catch (a person's) attention
저 식당이 저렇게 많은 손님을 끄는 이유가 뭘까요?

낯설다 [낟썰다]
형 어떤 것을 처음 대하거나 잘 알지 못하여 익숙하지 않고 편하지 않다. to be unfamiliar; to be strange
시골에서만 살았기 때문에 서울 풍경이 무척 낯설었다.

담당(擔當)하다
동 어떤 일을 맡다. to take charge of; to be in charge (of)
이번 여행에서 안내를 담당하실 분입니다.

등장(登場)하다
동 새로운 제품이나 인물이 세상에 처음으로 나오다. to appear; to present
과일 자판기가 등장해서 사람들의 관심을 끌고 있다.

마치
부 거의 비슷하게. just like; as if
다이빙 선수는 마치 새처럼 날아서 물 속으로 뛰어 든다.

막상 [막쌍]
부 실제로 어떤 일을 할 때가 되었을 때. when you get down to it
우리는 서로 많이 싸웠지만 막상 헤어지려 하니 눈물이 났다.

바람직하다 [바람지카다]
형 어떤 가치에 맞다. 바르다. 좋다. to be desirable; to be advisable
운동은 일주일에 세 번 이상 하는 것이 바람직하다.

번역가(飜譯家) [버녁까]
명 번역을 전문으로 하는 사람. translator
저는 번역가가 되어서 한국 소설을 번역하고 싶습니다.

변천(變遷)
명 세월이 지남에 따라 바뀌고 변함. changes
이 책에 자동차의 변천 과정이 잘 나와 있다.

부담(負擔)
명 어떠한 의무나 책임을 짐. burden
시험은 우리 아이한테 너무 큰 부담이다.

분류(分類) [불류]
명 종류에 따라서 나눔. classification
분류 번호가 있어 책을 쉽게 찾을 수 있다.

분야(分野) [부냐]
명 여러 개로 나누어진 부분. field; area
저는 경제 분야에서 최고의 전문가가 되고 싶습니다.

분위기(雰圍氣) [부뉘기]
명 주위를 둘러싸고 있는 상황이나 환경. atmosphere
학생들 옷차림을 보니 이 학교는 자유로운 분위기인 것 같다.

사업가(事業家) [사업까]
명 사업을 경영하는 사람. businessman
우리 아버지는 컴퓨터 회사를 경영하는 사업가입니다.

사회적 인정(社會的認定)
사회에서 괜찮고 좋은 것으로 여기는 생각. social approval
직업마다 사회적 인정을 받는 정도가 다르지만 이는 옳지 않다.

살피다
동 주의해서 자세히 보다. 자세히 알아보다. to take a good look at; to examine
길을 건너기 전에 차가 오는지 잘 살펴야 한다.

상당하다
형 적지 않다. 꽤 많다. to be considerable
이 건물을 짓기 위해 상당한 시간과 노력이 들었다.

상여금(賞與金)
명 월급 이외에 업적에 따라 별도로 주는 돈. bonus
그 회사는 연 400%의 상여금을 준다.

새삼
부 이전의 느낌이나 감정이 다시 새롭게. anew; afresh; again
나는 그의 노래 솜씨에 새삼 놀랐다.

설치(設置)되다
동 도구나 기계 같은 시설이 놓여지다. to be installed
교실에 컴퓨터가 설치되었다.

성장(成長)
명 사람이나 동물, 식물 등이 자라서 점점 커짐. growth
우유는 아이들의 성장을 돕는 음식이다.

소멸(消滅)
명 사라져 없어짐. extinguishment; disappearance
'제주어 소멸 위기'라는 기사를 보고 제주어에 대한 연구를 시작했습니다.

수당(手當)
명 정해진 봉급 이외에 따로 주는 보수. extra pay; benefit
밤에 일하면 야근 수당을 받는다.

수행(遂行)하다
동 생각하거나 계획한 대로 일을 하다. to accomplish; to perform
그 사람은 자기가 맡은 일을 성실하게 수행했다.

안정적(安定的) 🎧
관 명 바뀌지 않고 일정한 상태가 계속되는 (것). stable
네가 의사가 된다면 평생 안정적인 생활을 할 수 있을 거야.

억지로 [억찌로] 🎧
부 원하지 않는데 할 수 없이. 강제로. by force; against one's will
그는 슬픈 마음을 감추고 억지로 웃었다.

업무(業務) [엄무]
명 직장 같은 곳에서 맡아서 하는 일. duty; work
이번 주에 처리해야 할 업무가 굉장히 많다.

여가 시간(餘暇時間)
일이 없어 남는 시간. free time; spare time
여가 시간을 활용하여 운동을 하고 있습니다.

연봉(年俸)
명 일 년 동안에 받는 봉급의 전체 총액. annual salary
야구 선수는 경기 성적이 좋지 않으면 연봉이 깎인다.

월급(月給)
명 일을 하여 그 노력에 대해서 매달 받는 돈. monthly salary
매달 25일은 월급이 나오는 날이다.

웹 마스터
웹 사이트를 운영하고 관리하는 사람. webmaster
웹 마스터는 일반적으로 웹 사이트 관리자로 불린다.

유망(有望)하다
형 앞으로 잘될 것 같다. to be promising; to be bright
젊고 유망한 학생들에게 장학금을 주고 싶습니다.

일당(日當) [일땅]
명 하루에 일하고 그 노력에 대해서 받는 돈. daily allowance; daily wages
가사 도우미 일을 하고 있는데 일당 5만 원을 받습니다.

일반화(一般化)되다
동 개별적인 것이나 특별한 것이 일반적인 것으로 되다. to be generalized
예전에는 몇몇 사람만 입던 등산복이 지금은 일반화되었다.

자격증(資格證) [자격쯩]
명 일정한 자격을 증명해 주는 것. license
운전면허 자격증을 받기 위해 운전 연습을 하고 있다.

어휘와 표현

자기 개발(自己開發)
자신의 지식이나 능력을 발달하게 함. self-improvement; self-development
점심시간을 자기 개발 시간으로 활용해 외국어를 배우는 회사원들이 늘고 있다고 한다.

자동화 기기(自動化器機)
자동으로 작동하는 기계. automation equipment
은행 자동화 기기가 가까운 곳에 있어서 편리하다.

적성(適性) [적썽]
명 어떤 일에 알맞은 성질이나 능력. aptitude
나는 가르치는 일을 좋아해서 교사가 적성에 맞는다.

전망(展望)
명 앞날을 미리 생각해 봄. 또는 생각해 본 미래의 상황. view; prospect
환경 개선 사업은 전망이 밝다.

전반(全般)
명 어떤 일에 관계되는 전체. the whole
정치가들이 사회 문제 전반에 대해 의논을 했습니다.

정보 기술(情報技術)
컴퓨터를 활용하여 정보를 주고받는 기술. information technology
정부는 컴퓨터, 소프트웨어, 인터넷 등 정보 기술 산업을 발전시키기 위해 노력하고 있다.

제조업(製造業)
명 상품을 대량으로 만드는 사업. manufacturing industry
정부에서는 자동차 제조업을 중요하게 여기고 있습니다.

종사(從事)하다
동 어떤 일을 하다. to attend to one's work
사전 만드는 일에 종사한 지 10년이 되었다.

좌담회(座談會)
명 여러 사람이 한자리에 모여 앉아서 어떤 문제에 대하여 이야기하는 모임. round-table talk; discussion meeting
환경 문제를 주제로 한 좌담회가 열릴 예정입니다.

주급(週給)
명 일하고 그 노력에 대해 일주일마다 받는 돈. weekly wage; weekly pay
그는 토요일에 주급을 받자마자 빵을 사러 갔다.

집중(集中) [집쭝]
명 한 가지 일에 모든 힘을 쏟음. concentration
음악을 들으면서 공부하면 공부에 집중이 될까?

취업(就業)하다
동 일정한 직업을 잡아 직장에 나가다. to get a job
수미 씨가 식당에 종업원으로 취업했대요.

컴퓨터 그래픽 디자이너
컴퓨터로 그래픽 디자인을 전문으로 하는 사람. computer graphic designer
컴퓨터 그래픽 디자이너가 영화 속 공룡을 진짜처럼 보이게 만들었다.

탄생(誕生)
명 귀한 분이 태어남. 조직, 제도, 사업체 등이 새로 생김. birth
크리스마스는 예수님의 탄생을 축하하는 날이다.

통역사(通譯士) [통역싸]
명 통역할 자격을 가진 사람. interpreter
통역사가 되기 위해 통역 대학원에 진학할 거예요.

프로그래머
명 컴퓨터 프로그램을 짜고 컴퓨터 소프트웨어를 개발하는 사람. programmer
저는 컴퓨터 게임을 만드는 프로그래머가 되고 싶어요.

하소연
명 억울한 일, 잘못된 일, 안타까운 사정 등을 이야기함. complaining; a complaint; a whine
친구들 대화가 모두 아이들 교육이 너무 어렵다는 하소연이었다.

행선지(行先地)
명 가는 곳. 떠나가는 목적지. one's destination
버스 행선지가 밤에도 잘 보이도록 더 밝은 등을 달기로 했다.

2. 취업 준비

개발(開發)
명 새롭게 만들어서 발전시킴. development
좋은 학습 프로그램 개발을 위해 열심히 연구하고 있다.

개별(個別)
명 하나씩 따로따로. individual
개별 면담 시간에 각자의 어려움을 말씀해 주십시오.

결격 사유(缺格事由) [결껵사유]
필요한 자격을 갖추고 있지 않은 이유. reasons for disqualification
키가 작다는 것이 경찰 대학 입학의 결격 사유가 되는지 궁금하다.

기타
명 그 밖의 또 다른 것. the others; the rest
2007년 수출 비중은 자동차 20.5%, 석유 24.6%, 배 15.6%, 기타 39.3%다.

끊임없이 [끄니멉씨]
부 계속하거나 이어져 있던 것이 끊이지 않고. constantly; without a break
끊임없이 노력을 하더니 이번 시험에서 1등을 했대요.

면접(面接)
명 만나서 지원한 사람의 말, 행동, 태도 등을 보는 시험. interview
면접 시험에서 질문을 받으면 자신 있게 대답하는 것이 좋다.

면제자(免除者)
명 책임이나 의무를 하지 않아도 되는 사람. a person exempted from (military duty)
인턴사원은 대학 졸업자로서 군에 다녀왔거나 군 면제자여야 합니다.

모집 공고(募集公告)
사람을 일정한 조건 아래 뽑는다는 것을 알림. (official) announcement (or advertisement) for recruitment
신분에 신입 사원 모집 공고가 닜다.

반환(返還)하다
동 되돌려 주다. to give back; to return
공연이 취소되자 관객들은 입장료를 반환해 달라고 요구했다.

별도(別途) [별또]
명 따로, 원래의 것에 덧붙여서 추가한 것. separately; additionally
더 자세한 내용은 별도로 첨부한 파일을 참고해 주시기 바랍니다.

병역(兵役)
명 국민이 수행해야 하는 국가에 대한 군사적 의무. military duties at a national defense
자원봉사 활동으로 병역을 대신하는 경우도 있다.

부문(部門)
명 나누어 놓은 일부분. group; head; department
이 영화는 음악상, 의상상, 미술상 3개 부문에서 상을 받았다.

사본(寫本)
명 복사한 서류나 책. copy; duplicate
여행할 때 여권 원본은 잘 넣어 두고 사본을 들고 다니세요.

사항(事項)
명 일의 내용을 나란히 보인 것. facts; item; matter
다음에서 주의할 사항을 잘 읽어 보세요.

서류 전형(書類銓衡)
지원자가 낸 서류들을 보고 사람을 가려 뽑음. selection of candidates by examining their career papers
서류 전형에서 떨어졌는데 이 분야를 전공하지도 않고 경험도 없기 때문인 것 같다.

선배(先輩)
명 같은 분야에서, 지위나 나이 등이 자기보다 많거나 앞선 사람. senior; older alumnus
선배들 중에 3학년 선배들이 가장 친절하세요.

성적 증명서(成績證明書)
학교 때 받은 성적을 증명하는 서류. certificate of academic record; transcript
성적 증명서에는 대학교 때 성적이 모두 나와 있다.

영업(營業)
명 이익을 목적으로 하는 사업. sales; business
내 남자 친구는 자동차 영업 사원이다.

원서(願書)
명 지원하는 서류. application
다음 학기에 대학원에 들어가고 싶은 사람들은 6월까지 원서를 내야 합니다.

이력서(履歷書)
명 지금까지 거쳐 온 학업, 직업, 경험 등을 적은 문서. resume; curriculum vitae
이력서에 어떤 자격증을 가지고 있는지도 쓰세요.

인재(人才)
명 재주가 아주 뛰어난 사람. talented person
아이들을 훌륭한 인재로 키우고 싶다면 책을 많이 읽히세요.

일체(一切)
명 전부. all; the whole
필요한 비용 일체를 회사가 부담한다.

어휘와 표현

입사 지원서(入社志願書) [입싸지원서]
회사에 들어가기를 바라는 뜻을 적어서 내는 서류. job application (form)
입사 지원서는 그 회사 홈페이지에서 내려받을 수 있다.

자격(資格)
명 일정한 신분. 일정한 일을 하는 데 필요한 조건이나 능력. eligibility; qualification
자격 없이 환자를 치료한 가짜 의사가 경찰에 잡혔다.

자기소개서(自己紹介書)
명 자기의 이름, 특성, 경력, 직업 등을 적은 문서. a letter of self-introduction; a cover letter
자기소개서를 통해 내가 어떤 사람인가를 알릴 수 있기 때문에 잘 써야 한다.

자세(姿勢)
명 몸을 움직일 때의 모양. 어떤 것을 대할 때 가지는 태도. posture; pose; attitude
자세를 똑바로 하면 키가 더 커 보여요.

전형(銓衡)
명 사람을 가려 뽑는 일. screening
이 학교는 서류 전형을 거쳐 신입생을 뽑습니다.

절차(節次)
명 일하기 위해 거쳐야 하는 순서나 방법. procedures; step
아래와 같은 절차에 따라 등록을 하면 됩니다.

제출(提出)
명 문서나 의견 등을 냄. submission; presentation
비자를 받으려면 제출 서류가 어떻게 되지요?

조정(調停)하다
동 서로 다른 의견들에 대해서 중간에서 차이를 줄이거나 합의하도록 함. to settle; to adjust; to modify; to mediate
회사와 소비자의 입장이 너무 달라 정부에서 의견을 조정하고 있다.

졸업 증명서(卒業證明書) [조럽쯩명서]
졸업한 사실을 증명하는 서류. cerificate of graduation
졸업식을 하지 않았기 때문에 졸업 증명서를 뗄 수 없습니다.

주민 등록 등본(住民登錄謄本)
주민 등록 증명 서류의 하나. transcript of resident registration
부모님과 같은 곳에 산다는 것을 증명할 수 있는 주민 등록 등본 같은 것을 가져오시면 지원을 해 드립니다.

주식회사(株式會社) [주시쾨사/주시퀘사]
명 주식을 팔아서 돈을 모아 세운 회사. stock company; corporation
주식회사는 여러 사람이 돈을 모아 세우는 회사이다.

지원(志願)
명 어떤 일이나 조직에 뜻을 두어 거기에 들어가기 원함. application; voluntary
대학원 지원 방법을 알고 싶은데요.

지원서 제출(志願書提出)
어떤 일을 하거나 어떤 조직에 들어가고 싶다고 원서를 냄. submission of an application
지원서 제출은 본인이 직접 해야 합니까?

채용(採用)
명 사람을 뽑아 씀. employment; recruitment
올해는 우리 회사의 신입 사원 채용 인원이 많이 늘었습니다.

추후(追後)
명 나중. later; afterward
등록에 필요한 내용은 추후 이메일로 알려 드리겠습니다.

출장(出張) [출짱]
명 일 때문에 잠시 다른 곳으로 여행 감. business trip; official trip
일본으로 3일 동안 출장 갔다 올 거예요.

취직(就職)
명 일정한 직업을 얻어 직장에 나감. employment; getting a job
취직 시험을 준비하고 있어요.

통(通)
명 편지, 서류, 전화 등을 세는 단위. counting unit for letters, documents, telephone calls, etc.
군대 간 남자 친구에게 매일 한 통씩 편지를 쓰고 있다.

통지(通知)
명 소식을 보내 알려 줌. notice; notification
전세 계약 기간이 끝났으니 다음 달까지 방을 나가라는 통지를 받았다.

필(畢)
명 일정한 의무를 끝냄. being finished; being completed
우리 회사에서는 대졸, 병역 필 등의 조건을 요구한다.

필기시험(筆記試驗)
명 시험 답안을 글로 써서 치르는 시험. a written test
요리사가 되려면 필기시험도 봐야 한다.

한창

명 어떤 일이 가장 활기 있고 많이 일어나는 때. the peak; the prime

요즘 공원에 장미꽃이 한창이다.

한하다

동 어떤 조건, 범위에 제한되다. to limit; to restrict

이번 축하 공연 입장은 중학생 이상에 한한다.

향상(向上)시키다

실력, 수준, 기술 따위가 나아지게 하다. to make (something) improve; to make improvement

이 꽃의 향기는 집중력을 향상시킨대요.

확장(擴張) [확짱]

명 범위, 규모, 세력 따위를 늘려서 넓힘. extension; expansion

도서관이 좁아서 확장 공사를 하기로 했어요.

후회(後悔)

명 이전의 잘못을 알고 뉘우침. regret

후회없는 인생을 살고 싶어요.

V 가르침과 배움

1 학교 이야기

주제 학교 교육과 제도

읽고 말하기
- 교육 제도에 대한 설명문 읽기
- 한국과 자국의 교육 제도 비교하기

듣고 말하기
- 평가 방식의 문제점에 대한 대화 듣기
- 교육에 대한 생각 말하기

과제 자국의 교육 제도를 설명하는 글 쓰기

문법
- N이/가 중요한 역할을 하다
- N에서 N의 비중이 높다
- N(으)로 인해

어휘 교육 및 시험

2 한석봉의 어머니

주제 교육열

읽고 말하기
- '한석봉의 어머니' 일화 읽기
- 교육 관련 일화 소개하기

듣고 말하기
- '한석봉의 어머니' 일화 평가하는 대화 듣기
- 동의하기, 반대하기

과제 교육열에 대해 찬반 토론하기

문법
- A-(으)ㄴ/V-는 탓
- A/V-(으)면 그만이다
- A/V-(으)ㄹ뿐더러
- 이래 가지고(서)(야)

어휘 사람의 능력

3 공부 잘하는 비결

주제 교육과 학습 방법

읽고 말하기
- 교육에 대한 수필 읽기
- 교육 방법 소개하기

듣고 말하기
- 한국어 학습 비결에 대한 발표 듣기
- 한국어 잘하는 비결 소개하기

과제 자신만의 비결에 대해 메모해서 발표하기

문법
- V-(으)ㅁ으로써
- N을/를 통해서
- A-(으)ㄴ/V-는 면이 있다
- N은/는 N을/를 보여 주는 좋은 예이다

어휘 교육 및 학습

보충 어휘 한자성어 I

1

학교 이야기

주제
학교 교육과 제도

읽고 말하기
· 교육 제도에 대한 설명문 읽기
· 한국과 자국의 교육 제도 비교하기

듣고 말하기
· 평가 방식의 문제점에 대한 대화 듣기
· 교육에 대한 생각 말하기

과제
자국의 교육 제도를 설명하는 글 쓰기

들어가기

이야기해 보세요

다음은 한국의 학교에서 하는 행사입니다. 여러분이 다녔던 학교에서는 어떤 행사를 했는지 소개해 보세요.

입학식　졸업식　합창 대회　체육 대회　축제
극기 훈련　체험 학습　소풍　수학여행

©(사)한국다문화센터 레인보우합창단

들어 보세요 track 33

다음은 학교 생활의 추억에 대해 이야기하는 방송 프로그램입니다. 잘 듣고 질문에 답하세요.

1. 여자는 무엇이 기억에 남는다고 합니까?
2. 남자는 무엇이 기억에 남는다고 합니까?
3. 여러분의 학교 생활 중 기억에 남는 것에 대해 말해 보세요.

읽고 말하기

주제 어휘

다음은 교육의 종류와 관련된 말입니다. 알맞은 내용을 찾아 연결해 보세요.

1. 공교육 •
2. 평생 교육 •
3. 태교 •
4. 사교육 •
5. 대안 교육 •
6. 가정 교육 •

• 저는 학교 수업 후에 학원에 가요.

• 아기를 임신한 사람은 몸과 마음을 편안히 하고 조심해야 아기에게 좋아요.

• 대부분의 아이들은 만 7세가 되면 초등학교에 입학해서 학교 교육을 받기 시작해요.

• 교육의 문제점을 해결할 수 있는 방법을 찾아 교육하는 새로운 학교들이 생기고 있어요.

• 저는 문화 센터에서 서예를 배우고 있어요. 학교 졸업하고 나서도 뭔가를 배우니까 참 재미있어요.

• 아이들에게는 학교 교육뿐만 아니라 가족과의 생활 속에서 이루어지는 교육도 중요해요.

읽어 보세요 track 34

다음은 한국의 교육 제도에 대해 설명하는 글입니다. 잘 읽고 질문에 답하세요.

한국은 국토가 좁고 자연 자원도 풍부하지 않은 나라여서 현재와 같은 경제 성장을 이루기까지 교육받은 인적 자원이 중요한 역할을 해 왔다. 그러므로 한국 사회에서 교육이 차지하는 비중은 상당히 높은 편이다.

한국 정부는 독립한 이후인 1949년에 교육법을 제정하고 미국의 6-3-3-4 학제를 도입하였는데 이것이 한국 교육 제도의 근간이 되었다. 한국의 학제는 초등학교 6년, 중학교 3년, 고등학교 3년, 대학교 4년 교육을 중심으로 하며 여기에 유치원 교육 2년과 2~3년의 전문대 교육이 제공된다. 학교는 운영 주체에 따라 국립, 공립, 사립의 세 종류로 나뉜다. 또한 중학교까지의 교육 과정을 전 국민의 의무 교육으로 정하고 있다. 한 학년은 2학기제로 3월과 9월에 학기를 시작한다. 학기를 마친 후에 각각 방학이 있는데, 초중고교의 경우 겨울 방학은 보통 12월 말에서 다음 해 1월 말까지, 여름 방학은 7월 말에서 8월 말까지이다.

〈 한국의 학제 〉

<table>
<tr><th>초등 교육</th><th colspan="4">중등 교육</th><th colspan="2">고등 교육</th></tr>
<tr><td>초등학교 6년</td><td>중학교 3년</td><td colspan="3">고등학교 3년</td><td colspan="2">대학교 4년</td></tr>
<tr><td colspan="2">의무교육</td><td>일반계 고교</td><td>* 전문계 고교</td><td>** 특수 목적 고교</td><td>전문 대학 2년</td><td></td></tr>
</table>

* 농업, 공업, 정보 통신 등의 전문 교육을 주로 하는 고등학교.

** 과학고, 외국어고, 예술고, 체육고 등 특수 목적의 교육을 주로 하는 고등학교.

1. 한국 사회에서는 인적 자원이 어떤 역할을 해 왔습니까?

2. 한국의 교육 제도에 대해 간단히 요약해 보세요.
   - 학제
   - 학교의 종류
   - 의무 교육
   - 학기
   - 방학

중학교와 고등학교에 가기 위한 입학시험은 일찍이 무시험제로 전환된 반면 대학에 입학하기 위해서는 시험을 보게 된다. 대학에 들어가기 위해서는 고등학교 내신 성적, 수학 능력 시험 성적이 필요하고 대학별로 치르는 논술 시험, 면접 등을 거쳐야 한다. 이를 위해 '입시 지옥'이라는 말이 생길 정도로 학교에서 많은 학습을 하고 있으며 치열한 경쟁에서 이기기 위해 대부분의 학생들은 학원, 개인 과외 등의 사교육을 더 받고 있다. 한국 교육에서는 학력을 중시하는 사회 분위기로 인해 입시 위주의 학교 교육이 이루어지고 사교육의 비중이 너무 커지는 것이 큰 문제라고 할 수 있다. 최근에는 이러한 문제점에 대해 고민하고 진정한 교육을 하기 위해 대안 교육을 하는 학교들도 생기고 있다.

한국의 교육은 '교육열은 있으나 교육은 없다'는 비판을 받기도 한다. 올바른 교육을 위해 교육 제도가 계속 변화되고 있으나 여전히 개선해야 할 점도 많다. 앞으로 국민들의 교육열과 정부의 교육 정책이 조화를 이룬 바람직한 제도를 만들어 내는 것이 한국 교육의 과제라고 할 수 있다.

3. 입학시험 제도에 대해 간단히 설명해 보세요.
   - 중고등학교
   - 대학교

4. 대안 교육을 하는 학교가 생기는 이유는 무엇입니까?

5. '교육열은 있으나 교육은 없다'는 말의 의미는 무엇일까요?

6. 여러분은 한국 교육에서 개선해야 할 점이 무엇이라고 생각합니까?

이야기해 보세요

여러분 나라의 교육 과정, 교과목에 대해 한국과 비교해서 말해 보세요.

〈 일반계 고등학교의 교과목 〉

우리 나라는 고등학교까지 의무 교육이에요.

한국에 비해 3년 더 길군요. 우리 나라는 한국과 마찬가지로 중학교까지 의무 교육이에요.

우리 나라에서는 한국과 마찬가지로 학교에서 컴퓨터를 배워요.

그래요? 우리 나라에는 컴퓨터 과목은 있는 반면에 가정 과목은 없어요.

문법과 표현

1. N이/가 중요한[큰] 역할을 하다, N의 역할이 중요하다[크다]
- 한국의 경제 성장에는 교육이 중요한 역할을 했다.
- 회사가 이렇게 발전하기까지 그분의 역할이 아주 컸다.

2. N에서 N의 비중이 높다[크다, 작다, 낮다], N에서 N이/가 차지하는 비중이 높다[크다, 작다, 낮다]
- 대학 입시에서는 내신 성적과 수능 시험의 비중이 크다.
- 취업에서 면접시험이 차지하는 비중이 점점 높아지고 있다.

3. N(으)로 인해
- 입시 위주의 교육으로 인해 학교 교육에서 많은 문제가 생기고 있다.
- 낮은 출산율로 인하여 인구가 더 이상 늘지 않고 있다.

듣고 말하기

주제 어휘

1. 다음은 한국의 중고등학교에서 보는 시험의 종류입니다. 여러분 나라에서는 어떤 종류의 시험을 봅니까?

과목명: 사회(과목코드: 04)　　2011 년 2 학기 중간고사

2011 년 5 월 2 교시 (　) 학년 (　)반 (　) 번 이름 (　　　)

* 문제지와 답안지에 필요한 인정사항(반, 번호, 성명)을 정확하게 기입한 후, 물음에 맞는 정답을 골라 답안지 해당 칸에 바르게 표시 하시오.

6. 다음 지문을 읽고, 1960 년대 경제개발로 인해 어떤 변화가 이루어졌는지 보기에서 골라 답을 쓰시오

중간고사

고사구분	고사일자	학 년	교 과	학과담임	결재	부장	교감	교장
1 학기 기말고사	2011. 12. 5(금)	1	과학 (05)				전결	

1. 다음 물음에 알맞은 답을 쓰시오.
① 다음은 우리 몸에서 일어나는 화학 반응을 나타낸 것이다.

① 암모니아로부터 요소를 합성한다.
② 체온을 일정하게 유지하도록 한다.
③ 몸속 수분 함량과 체액의 농도를 조절한다.

기말고사

2011 년도 수학능력 모의고사 시험지

제 1 교시　**언어 탐구영역**

성 명		수험번호	－

○ 자신이 선택한 과목의 문제인지 확인하시오.
○ 문제지의 성명과 수험번호를 정확히 써 넣으십시오
○ 답안지에 성명과 수험번호를 써 넣고, 또 수험번호, 문항(홀수/짝수) 답을 정확히 표기하시오.

7. 다음의 밑줄 친 부분에서 화자가 말하고자 하는 뜻은 무엇인지 고르시오.
① 사람은 생각하는 동물이다.
② 사람은 언젠가는 죽는다.
③ 사람은 혼자 살지 못한다.

모의고사

2. 다음은 시험 문제의 유형을 나타내는 말입니다. 알맞은 것을 모두 연결해 보세요.

1) 객관식 •
2) 주관식 •
3) 사지선다형 •
4) 단답형 •
5) 서술형 •

• 1. 정신없이 바쁜 평소 아침과는 달리 공휴일인 오늘 아침은 (　　　) 여유가 있다.
① 더디고　　② 느긋하고
③ 한심하고　　④ 빠듯하고

• 4. 한국의 가정에서는 부모에 대한 효도와 함께 형제들 간의 (　　　)을/를 강조한다. 가족 간의 유대는 한국 사회를 통합하는 기본 바탕이 되고 있다.

• ※ [57] 다음 글을 읽고 아래에 제시된 표현을 모두 사용하여 '일기 쓰기의 효과'라는 제목으로 글을 완성하십시오. (120~150자 내외) (8점)

일기는 무엇 때문에 쓰는 것인가? 그 이유는 일기가 생활의 기록으로서 마음의 수양이 되며, 관찰력과 문장력을 기르게 하기 때문이다.
우선, 일기는 그날 하루의 생활을 기록한 글이다. 그날의 일을 차근차근 생각하며 일기를 쓰게 되면, 자기가 겪은 일의 잘잘못을 깨닫게 되고 자기의 허물을 뉘우치게 될 것이다. 그러므로 일기를 쓰면 마음의 수양이 될 수 있다.
둘째, ______________________
____
____
____
셋째, 일기를 쓰게 되면 글 쓰는 습관이 생기게 되고 표현이 세련되어 문장력이 늘게 된다.
결국 우리는 일기를 쓰면서 덧없이 지나가는 생활을 알뜰히 간직해 두고 되새겨 볼 수 있어 더욱 보람 있게 살 수 있을 것이다.

들어 보세요 track35

다음은 시험에 대한 대화입니다. 잘 듣고 질문에 답하세요.

1. 시험의 어떤 문제점에 대해 말하고 있습니까?
   - ……………………………………………………………………
   - ……………………………………………………………………

2. 시험을 보는 사람에게 어떤 선물을 주며 그것은 어떤 의미가 있습니까?

3. 관계있는 것끼리 연결해 보세요.

1) 객관식 •	• 실력보다 요령으로 시험을 보게 된다.
2) 주관식 •	• 정답이 정해져 있다.
	• 창의적 사고 능력이나 지식을 평가할 수 있다.
	• 채점이 100% 공정하기가 어렵다.

이야기해 보세요

1. 여러분 나라에서는 학교 시험이나 입학시험에서 어떤 유형의 시험을 봅니까?

2. 여러분 나라에서도 시험을 잘 보라고 선물을 줍니까? 그 선물에는 어떤 의미가 있습니까?

과제

여러분 나라의 교육 제도에 대해 설명하는 글을 써 보세요.

1. 교육 제도에 대한 질문에 대해 여러분 나라의 경우를 간단히 메모해 보세요.

- 각 학교는 몇 년제로 되어 있습니까?
- 한 학년은 몇 학기제입니까? 새 학기는 언제 시작하고 방학은 언제 합니까?
- 하루 수업 시간은 몇 시간입니까?
- 등교와 하교는 몇 시에 합니까?
- 몇 과목을 공부합니까? 어떤 과목을 배웁니까?
- 입시 제도는 어떻습니까?
- 사교육이 있습니까?
- 급식을 합니까?
- 교복을 입습니까?
- 머리 모양이 정해져 있습니까?
- 학교 교육의 장점과 문제점은 무엇입니까?

2. 메모한 내용을 보고 친구들과 함께 이야기를 해 보세요.

3. 위에서 이야기한 내용을 바탕으로 여러분 나라의 교육 제도를 설명하는 글을 써 보세요.

우리 나라의 교육 제도

우리 나라의 교육 제도는 한국의 교육 제도와 공통점도 있고 차이점도 있다. 우선 학제는….

2 한석봉의 어머니

주제
교육열

읽고 말하기
- '한석봉의 어머니' 일화 읽기
- 교육 관련 일화 소개하기

듣고 말하기
- '한석봉의 어머니' 일화 평가하는 대화 듣기
- 동의하기, 반대하기

과제
교육열에 대해 찬반 토론하기

들어가기

이야기해 보세요

다음은 한국의 대학 진학률을 보여 주는 그래프입니다. 연도별로 대학 진학률이 어떤 변화를 보입니까? 여러분 나라의 대학 진학률은 한국과 비교해서 어떻습니까?

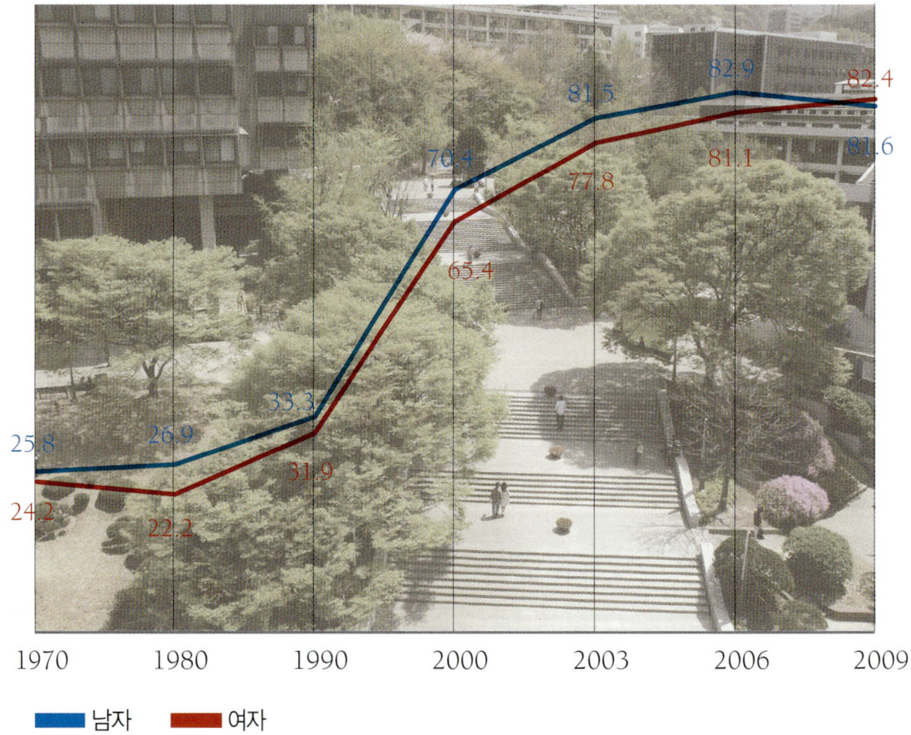

들어 보세요 track 36

다음은 교육에 대한 뉴스입니다. 잘 듣고 질문에 답하세요.

1. 무엇에 대해 조사했습니까?
   - 대학은 반드시 다녀야 하는가?
   - ....

2. 같은 질문에 대해, 일반적인 경우와 '내 자식'의 경우에 응답이 어떻게 다릅니까?

3. 교육에 대한 한국인의 의식이 어떻다고 생각합니까?

읽고 말하기

주제 어휘

다음은 사람의 능력과 관련된 말입니다. 아래의 그림에 나오는 사람을 보고 알맞은 말로 표현해 보세요.

훌륭하다 천재적이다 대단하다 평범하다 이름나다 솜씨가 있다 재주가 뛰어나다

1. 

2. 

3. 

4. 

5. 

6. 

읽어 보세요 track 37

다음 글은 조선 시대의 명필 한석봉에 대한 일화입니다. 잘 읽고 질문에 답하세요.

한석봉의 어머니

떡장사 하는 어머니와 함께 살던 한석봉은 어려서부터 글씨 쓰기에 솜씨가 있었다. 그러나 가난한 탓에 종이 살 돈이 없어 돌이나 나뭇잎에 글씨를 써야 했다. 글씨 쓰는 재주가 더 나아지자 석봉이는 글씨 공부를 더 하기 위해 절로 들어갔다. 그러나 시간이 지날수록 어머니에 대한 그리움이 더욱 깊어 갔다. 석봉이가 절에 온 지도 벌써 3년이 지났다.

'이만하면 글씨 공부를 그만해도 되겠지.'

이렇게 생각한 석봉이는 짐을 싸서 집으로 돌아왔다. 집 창문에 희미한 등잔불 밑에서 떡을 썰고 있는 어머니의 그림자가 비치고 있었다.

'내 학비 때문에 이렇게 늦게까지 떡을 썰고 계시는구나. 하지만 이제부터는 염려 없어. 공부를 다 했으니까 내 힘으로 편히 모셔야지.'

석봉이는 문을 벌컥 열며 반가운 목소리로 어머니를 불렀다. 그러나 석봉이가 부르는 소리에 하던 일을 멈추고 돌아다보는 어머니는 웬일인지 반가운 기색이 아니었다.

"어머니, 공부를 다하고 이제 돌아왔어요. 삼 년 동안

1. 한석봉은 어떤 사람입니까?

2. 한석봉은 왜 절에서 돌아왔습니까?

3. 절에서 돌아온 한석봉을 보고 어머니는 무엇을 하게 했습니까? 그 결과는 어떠했습니까?

4. 어머니는 한석봉에게 무엇을 알게 하려는 것 같습니까?

5. 이 글에서 볼 때 한석봉의 어머니는 어떤 사람인 것 같습니까?

문법과 표현

1. A-(으)ㄴ/V-는 탓, N(의) 탓
- 방을 오랫동안 사용하지 않은 탓에 이상한 냄새가 난다.
- 실업자가 늘어나는 것은 경제가 너무 어려운 탓이다.
- 일이 잘 안 되면 남의 탓으로 돌리는 사람들이 있다.

2. A/V-(으)면 그만이다
- 나만 잘 살면 그만이라고 하는 것은 이기적인 생각이다.
- 아무리 좋은 일도 자기가 하기 싫으면 그만이다.

3. A/V-(으)ㄹ뿐더러
- 그 가수는 얼굴도 예쁠뿐더러 노래도 잘한다.
- 그 사람은 그 일을 할 능력도 없을뿐더러 잘하겠다는 생각도 없다.

4. 이래[그래, 저래] 가지고(서)(야)
- 이번에 성적이 좀 떨어졌어요.
  - 성적이 이래 가지고서야 어떻게 원하는 대학에 갈 수 있겠니?
- 음식 솜씨가 저래 가지고 어떻게 요리사를 할 수 있을까?

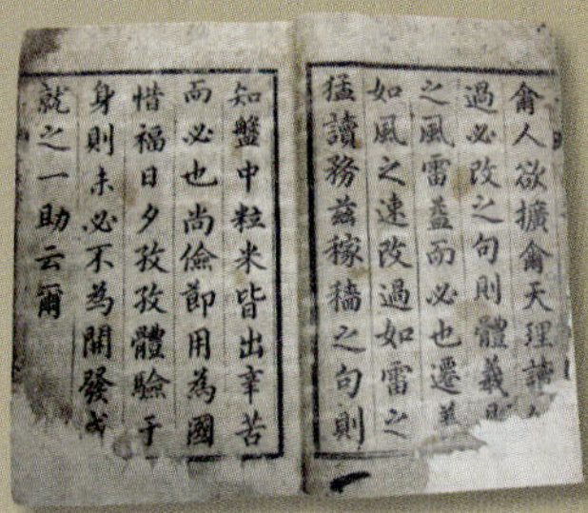

절에서 공부하면서도 항상 어머니의 얼굴이 눈에 선했어요. 이제부터는 제가 일을 해서 편히 모시겠어요."

"나는 편하기를 바라지 않는다. 아무리 고생을 하더라도 네가 공부를 잘해서 훌륭한 사람이 되어 주면 그만이야. 공부를 다했다니 어디 얼마나 했는지 보자."

등잔불을 끄더니 깜깜한 방에서 석봉이에게 글씨를 쓰게 하고 어머니는 그 옆에서 잠자코 떡을 썰었다. 한참 후에 불을 켜고 보니 어머니가 썬 떡은 하나도 크고 작은 것이 없이 고른데, 석봉이가 쓴 것은 글씨도 비뚤뿐더러 큰 것, 작은 것 어느 것 하나 제대로 쓴 게 없었다. 석봉이는 고개를 푹 숙였다.

"이래 가지고서야 네가 공부를 마쳤다고 할 수 있겠느냐? 당장 돌아가서 공부를 더 하고 오너라. 눈을 감고도 이 떡처럼 글씨를 고르게 쓸 수 있게 되기 전까지는 집에 올 생각도 하지 마라."

석봉이는 아무 말도 못 하고 밤길을 걸어 다시 절로 돌아갔다. 그리고 어머니의 말씀대로 더욱 공부를 열심히 해서 조선뿐만 아니라 중국에까지 이름난 명필이 되었다.

이야기해 보세요

1. 여러분이 만약 한석봉의 어머니라면 위와 같은 상황에서 어떻게 하겠습니까?

2. 여러분이 알고 있는 교육과 관련된 유명한 일화가 있다면 이야기해 보세요.

〈맹모삼천〉

듣고 말하기

들어 보세요 1 track 38

'한석봉의 어머니' 일화에 대해 이야기하고 있습니다. 잘 듣고 질문에 답하세요.

1. 남자는 다른 사람과 생각이 다르다는 것을 어떤 말로 표현하고 있습니까?
2. 여자는 남자와 생각이 같다는 것을 어떤 말로 표현하고 있습니까?
3. 이와 같이 동의하거나 반대할 때 쓰는 표현을 정리해 보세요.

동의하기	반대하기
▪ 저도 그렇게 생각해요	▪ 저는 그렇게 생각하지 않아요
▪ 저도 같은 생각[의견]이에요	▪ 저는 생각[의견]이 좀 달라요
▪ 저도 그런 생각[의견]에 동의해요	▪ 저는 그 생각[의견]에 동의할 수 없어요
▪ 저도 그 생각[의견]에 동감이에요	▪ 저는 그런 생각[의견]을 받아들이기 어려운데요
▪ 일리가 있는 생각[의견]이에요	

이야기해 보세요

앞의 표현을 써서 아래의 주장에 대해 동의하거나 반대해 보세요.

1. 초등학교 때부터 영어를 배우는 것이 좋다.
2. 중고등학교 학생들의 교복을 없애는 것이 바람직하다.
3. 중고등학교 학생들의 머리 모양을 자유화해야 한다.
4. 초등학교에서도 중간고사와 기말고사를 봐야 한다.

> 저는 영어는 초등학교 때부터 배우는 게 좋다고 생각해요.

> 저도 같은 생각이에요. 왜냐하면 외국어는 어린 나이에 배울수록 교육 효과가 높다는 연구 결과가 많으니까요.

들어 보세요 2 track 39

다음은 '한석봉의 어머니' 일화에 대한 대화입니다. 잘 듣고 질문에 답하세요.

1. 남자는 한석봉 어머니의 교육 방식에 대해 어떤 점을 비판하고 있습니까?
   - ....
   - ....
2. 여자는 한석봉 어머니의 교육 방식에 대해 어떤 점에 동의하고 있습니까?
   - ....
   - ....

과제

여러분은 교육 문제에 관한 토론회에 참석하고 있습니다. 다음 주제에 대해 찬성과 반대의 입장을 정하여 토론해 보세요.

1. 토론 주제를 읽어 보세요.

〈 토론 주제 〉

한국에는 최근 자녀의 공부를 위해 부부가 떨어져 지내는 이른바 '기러기 가족'이 생기고 있다. 이러한 현상의 바탕에는 부모의 관심과 노력이 자녀의 성공을 위해서 중요하다는 생각이 자리 잡고 있다. 구체적인 사례로 어머니의 교육열 덕분에 뛰어난 명필이 된 조선 시대의 한석봉과 유명한 학자가 된 중국의 맹자를 들 수 있다. 그러나 지나친 교육열은 오히려 부족한 것만 못하다고 말하는 사람들도 있다. 과연 부모의 교육열은 자녀의 성공적인 인생에 긍정적인 영향을 미치는 것인가.

2. 다음에 대해 여러분의 의견을 정리해 보세요.

- '성공적인 인생'의 개념
- 토론 주제에 대한 의견
- 구체적인 사례

3. 다음과 같이 토론해 보세요.

저는 한석봉 어머니와 같은 교육열이 아들의 성공에 큰 영향을 주었다고 생각해요. 어머니의 관심과 노력이 없었다면 한석봉은 뛰어난 명필이 될 수 없었을 거예요.

일리가 있는 말씀이에요. 그렇지만 저는 생각이 좀 달라요. 요즘은 한석봉 어머니보다 더 열심히 아이들을 위해 노력하는 부모들도 많은데 너무 지나치다는 생각이 들어요. 저는 너무 지나친 것은 오히려 부족한 것만 못하다고 생각하거든요.

3 공부 잘하는 비결

주제
교육과 학습 방법

읽고 말하기
- 교육에 대한 수필 읽기
- 교육 방법 소개하기

듣고 말하기
- 한국어 학습 비결에 대한 발표 듣기
- 한국어 잘하는 비결 소개하기

과제
자신만의 비결에 대해 메모해서 발표하기

들어가기

이야기해 보세요

다음 만화에 나오는 학생은 어떤 사람입니까? 왜 학생의 말을 '입시 3대 거짓말'이라고 할까요? 여러분 나라에서도 이러한 경우가 있는지 말해 보세요.

들어 보세요 track 40

방송에서 사회자와 초대 손님이 이야기를 하고 있습니다. 잘 듣고 질문에 답하세요.

1. 무엇에 대해 이야기하고 있습니까?

2. 초대 손님이 말하는 두 가지 방법은 무엇인지 말해 보세요.

3. 여러분은 어떤 공부 방법이 좋다고 생각합니까? 여러분이 경험했거나 알고 있는 공부 잘하는 비결에 대해 말해 보세요.
   - 공부 계획을 세우고 관리할 것
   - 오늘 할 일을 내일로 미루지 말 것
   - 집중력을 높일 것

읽고 말하기

주제 어휘

다음은 교육 및 학습 방법과 관련된 말입니다. 대화 내용과 관련된 말을 골라 쓰세요.

진학하다	암기하다	효과적이다	엄격하다	참교육	주입식 교육

1. 가 : 내년에 큰아들이 중학교에 들어가요.
   나 : 벌써 중학교에 들어갈 때가 되었어요? 초등학교 간다고 할 때가 엊그제 같은데요.

2. 가 : 우리 집에는 밤 9시까지는 꼭 집에 들어와야 한다는 규칙이 있어요.
   나 : 그래요? 너무 심하지 않아요? 9시면 좀 이른 시간인데요.

3. 가 : 저는 학교 다닐 때 역사 과목을 별로 좋아하지 않았어요. 외워야 하는 게 너무 많아서요.
   나 : 그래요? 저는 다른 과목보다 역사를 좋아했어요. 수많은 사건들을 일어난 순서대로 외우는 게 재미있었어요.

4. 가 : 이 대안 학교를 세운 목적은 무엇입니까?
   나 : 학생들을 좋은 대학에 입학시키기보다는 훌륭한 인간으로 키우는 데 목적이 있습니다.

5. 가 : 학교에서 학생들에게 너무 많은 것을 가르치는 것 같아요.
   나 : 맞아요. 제대로 이해도 안된 지식을 머릿속에 억지로 집어넣는 것 같아요.

6. 가 : 외국어는 어린 나이에 배울수록 발음이 좋대요.
   나 : 그래서 요즘은 초등학교에도 영어 과목이 있잖아요.

읽어 보세요 track 41

다음은 교육과 학습 방법에 관한 글입니다. 잘 읽고 질문에 답하세요.

미국 영화 '죽은 시인의 사회'는 명문 대학 진학을 최고 목표로 하는 학교에서 한 교사가 참교육을 함으로써 학생들을 일깨우는 과정을 그리고 있다. 졸업생 대부분이 명문대에 진학하는 학교에서 학생들은 엄격한 교육을 받고 있다. 그런데 그곳에 새로 온 교사가 살아 있는 교육을 통해 청소년들의 감성을 되살린다는 것이 영화의 줄거리이다.

영화 속에서 학생들은 스스로 깨닫지 못했던 자아를 발견하는가 하면 생생한 공부의 즐거움에 빠지기도 한다. 주입식 교육이 중심이 된 학교에서 따뜻한 인간애와 자유로운 정신을 심어 주는 교사의 감동적인 이야기는 미국은 물론 우리나라에서도 크게 인기를 끌었다. 이 영화에서 보여 주는 학교의 교육 방식, 즉 대학 입학을 위한 주입식 교육은 우리나라의 현실과 유사한 면이 있다.

어느 어머니가 중학생인 딸이 시험 공부하는 것을 보니, '계란 반숙하는 법'을 중얼중얼 외우고 있는데 "냄비에 물 얼마를 넣고 계란을 넣은 뒤 몇 분 후에 ……." 이런 식으로 하고 있었다. 딸은 잘 외워지지 않는지 얼굴을 찡그리며 짜증을 내는 것이었다.

"얘, 차라리 나하고 계란을 삶아 보자."

1. 영화 속의 학교는 어떤 교육을 하고 있습니까?

2. 영화 속의 교사는 어떤 교육을 합니까?

3. 어머니는 딸을 어떻게 도와줍니까?

4. 어머니와 딸 이야기를 통해 무엇을 알 수 있습니까?

5. 다음은 이 글에 나온 교육과 학습 방법을 나타내는 말입니다. 각각의 의미를 간단히 설명해 보세요.
   - 참교육
   - 주입식 교육
   - 문제 해결식 공부
   - 암기식 공부

6. 글쓴이가 말하려고 하는 것은 무엇입니까?

그날, 어머니와 딸은 부엌에서 계란을 삶았다. 그런데 너무 오래 삶아서 계란이 완숙이 되었다. 그래서 다른 계란으로 다시 한번 삶았는데 이번에는 불 조절을 잘해서 반숙이 되었다. 며칠 후에 학교에서 돌아온 딸이 말했다.

"엄마, 오늘 선생님한테서 칭찬받았어요. 이번 시험에서 어떻게 하면 계란이 완숙이 되고, 어떻게 하면 반숙이 되는지 쓴 애는 저 혼자뿐이래요."

이 이야기는 밑줄 그으면서 외우는 식으로 하는 공부와 직접 해 보면서 실패와 성공을 통하여 배우는 공부의 차이점을 보여 주는 좋은 예이다. 공부하는 방식도 여러 가지가 있다. 그중에서 대표적인 것이 암기식 공부와 문제 해결식 공부이다. 계란 삶는 법을 외우는 것이 암기식이라면, 계란을 직접 삶아 보는 것은 문제 해결식이라고 할 수 있다. 학생들을 어떤 방식으로 공부하도록 가르치는 게 효과적일지 고민해 볼 필요가 있다.

이야기해 보세요

1. 여러분이 이제까지 받았던 교육은 위에서 살펴본 방법 중 어떤 것이었습니까? 또한 그것의 장점과 단점에 대해 말해 보세요.

2. 여러분의 기억에 남아 있는 학교나 선생님의 교육 방법에 대해 이야기해 보세요.

문법과 표현

1. V-(으)ㅁ으로써
- 사랑을 함으로써 세상이 아름답다는 생각을 하게 되었다.
- 나는 어려서부터 많은 책을 읽음으로써 세상을 보는 눈을 키웠다.

2. N을/를 통해(서)
- 올림픽 경기가 텔레비전을 통해 전 세계에 중계되었다.
- 학생들은 이번 한국 문화 강의를 통해서 한국을 좀 더 이해할 수 있게 되었다.

3. A-(으)ㄴ/V-는 면[일면]이 있다
- 그 사건에서 사람들이 아직 생각하지 못한 면이 발견되었다.
- 그 친구는 성격이 털털한 편이지만 꼼꼼한 일면도 있다.

4. N은/는 N을/를 보여 주는 좋은 예이다
- 사물놀이는 전통 예술의 현대적인 계승을 보여 주는 좋은 예이다.
- 학생들이 가장 받고 싶은 선물은 '여드름 없는 피부'라고 응답했다. 이러한 결과는 젊은 세대들의 외모 중시 경향을 잘 보여 주는 좋은 예이다.

듣고 말하기

들어 보세요 track 42

다음은 한국어를 배우는 외국 학생의 발표입니다. 잘 듣고 질문에 답하세요.

1. 무엇에 대해 발표하고 있습니까?

2. 이 학생은 세 가지 제안을 하고 있습니다. 무엇인지 간단히 요약해 보세요.

- 첫째, ...
- 둘째, ...
- 셋째, ...

이야기해 보세요

여러분이 알고 있거나 경험한 '한국어를 잘하는 비결'에 대해 말해 보세요.

> 저는 새 단어를 배우면 그 단어를 써서 여러 가지 문장을 만들어 보고, 말할 때도 많이 사용하려고 노력해요. 그런 과정을 통해서 새 단어를 오래 기억하게 되는 것 같아요.

> 저는 한국 드라마를 많이 봐요. 그렇게 함으로써 듣기 실력도 좋아지고 한국 사회도 알 수 있고 재미도 느낄 수 있으니까 효과적인 방법이라고 생각해요.

과제 여러분이 알고 있는 '비결'에 대해 발표해 보세요.

1. 여러분이 알고 있는 비결 중에서 친구들에게 소개하고 싶은 것 하나를 정해 보세요.

©청어람미디어

2. 여러분이 알고 있는 비결을 친구에게 알려 주기 위해 먼저 다음과 같이 정리해 보세요.

> 한국어를 잘하는 비결
>
> 한국어 실력을 기르는 대표적인 방법 세 가지
>
> 첫째, 암기, 반복식 공부가 중요함.
>
> 둘째, 한국어 선생님, 친구들을 적극 활용할 것.
>
> 셋째, 한국 사람들과 적극적으로 이야기를 나눌 것.

3. 위에서 정리한 내용을 다음과 같은 형식으로 발표해 보세요.

> 저는 '한국어를 잘하는 비결'에 대해 말씀드리고자 합니다. 여러분은 지금의 한국어 실력에 만족하십니까? 만족하지 못하시다고요? 그럼, 어떻게 하면 한국어 실력을 기를 수 있을까요? 한국어 실력을 기르는 방법은 여러 가지가 있습니다. 그중에서 대표적인 것[효과적인 것] 세 가지를 들면 다음과 같습니다.
>
> 첫째[먼저, 우선], 암기와 반복식 공부가 중요합니다. ……
>
> 둘째[다음은], 한국어 선생님과 친구들을 적극 활용해야 합니다. ……
>
> 셋째[마지막으로], 한국 사람들과 적극적으로 이야기를 나누어야 합니다. ……

4. 친구들의 발표 중에서 '최고의 비결'을 선정해 보세요.

자기 평가

1. 다음 중 아는 단어에 ∨ 하세요.

□ 졸업식	□ 수학여행	□ 공교육	□ 사교육
□ 평생 교육	□ 기말고사	□ 중간고사	□ 사지선다형
□ 주관식	□ 천재적이다	□ 이름나다	□ 솜씨가 있다
□ 암기하다	□ 엄격하다	□ 참교육	□ 주입식 교육

2. 다음 표현을 이용해서 문장을 만들어 보세요.

1) N에서 N의 비중이 높다

→

2) A-(으)ㄴ/V-는 탓

→

3) V-(으)ㅁ으로써

→

3. 다음과 같은 상황에서 어떤 표현을 써서 말할 수 있습니까?

1) 상대방의 의견에 동의할 때

....

....

2) 상대방의 의견에 반대할 때

....

....

보충 어휘

한자성어(Ⅰ) 한자성어는 전설 · 역사 · 고전 등에서 유래한, 한자로 이루어진 짧은 표현입니다. 한자성어로 다양한 상황을 짧은 표현으로 잘 표현하도록 합시다.

구사일생(九死一生)이다/으로 아홉 번 죽을 뻔하다가 한 번 살아남. 여러 번 죽을 뻔하다가 겨우 살아남.	**이구동성(異口同聲)이다/으로** 각기 다른 입에서 같은 소리를 냄. 여러 사람의 말이 모두 같음.
대동소이(大同小異)하다 대체로 같고 조금만 다름. 거의 비슷비슷함.	**설상가상(雪上加霜)이다/으로** 눈 위에 서리가 더해짐. 난처한 일이나 불행한 일이 잇따라 일어남.
금시초문(今時初聞)이다 지금에야 비로소 처음 들음.	**부전자전(父傳子傳)이다/으로** 아버지의 성격, 습관 등이 아들에게 그대로 전해짐.
자포자기(自暴自棄)하다 절망에 빠져서 스스로 자신을 포기하고 버려둠.	**작심삼일(作心三日)이다** 마음먹은 것이 삼 일밖에 못 감. 결심이 오래 가지 못함.
유비무환(有備無患)이다 미리 준비가 되어 있으면 걱정할 것이 없음.	**금상첨화(錦上添花)이다** 비단 위에 꽃을 더하듯이 좋은 일 위에 또 좋은 일이 더하여짐.

연습 1 다음 한자성어로 어떤 말을 하려는 것인지 고르세요.

1)

① 큰 차이가 없이 비슷하다.

② 차이가 많이 나고 아주 다르다.

2)

① 시험 준비를 하느라고 시간이 많이 걸렸다.

② 시험 준비를 많이 했으니까 걱정할 필요 없다.

보충 어휘

3) 

① 아이와 아버지가 닮았다.

② 아이와 아버지가 친하다.

4) 

① 하는 말이 모두 같다.

② 큰 소리로 외치고 있다.

연습 2 다음 상황과 관련 있는 한자성어를 쓰세요.

1) 전쟁 동안 여러 번 죽을 고비를 넘기고 겨우 살았다.

→ 구사일생

2) 어제는 다리를 다쳤는데 오늘은 허리를 다쳐서 움직일 수가 없다.

→

3) 하는 일마다 실패를 하니 나중에는 자신감도 없고 모두 포기하고 싶어졌다.

→

4) 민수와 수미가 결혼한다고? 처음 듣는 얘기인데?

→

5) 새해 결심으로 담배를 끊었지만 며칠 후에 다시 피우고 말았다.

→

6) 소개팅으로 만난 남자가 외모도 멋있는 데다가 머리까지 좋은 사람이었다.

→

연습 3 한자성어를 넣어서 대화 연습을 해 보세요.

1) 가 : 민수 씨가 내년에 미국으로 유학 간다면서요?

나 : 그래요? 저는 ....인데요. 어제도 민수를 만났는데 아무 얘기도 못 들었어요.

2) 가 : 이번에 새로 나온 휴대 전화가 지난번 모델과 뭐가 다른지 모르겠어.

나 : 지난번 모델과 ________________한데 가격은 훨씬 비싸.

3) 가 : 산에서 길을 잃었었다면서요?

나 : 네, 산에서 길을 잃고 헤매다 쓰러져 얼어 죽을 뻔했다가 등산객이 발견해서 ________________으로 살아났어요.

4) 가 : 토니 씨가 의대에 가기로 했대요.

나 : 역시 ________________이네요. 토니 씨 아버지도 유명한 의사세요.

5) 가 : 그분은 진정으로 나라를 생각하는 참 보기 드문 정치인이에요. 존경받을 만해요.

나 : 네, 사람들이 ________________으로 칭찬하는 분이에요.

6) 가 : 늦게 일어났는데 ________________으로 길까지 막히는 거야.

나 : 그래서 30분이나 지각했구나.

7) 가 : 토니 씨가 오늘 발표를 정말 잘했지?

나 : ________________이야. 벌써 지난주에 발표 준비를 다 해 놓고 연습을 계속해 왔으니 잘할 수밖에.

8) 가 : 새해에는 금연도 하고 매일 운동도 하고 건강한 생활을 해야겠어.

나 : 그래. 좋은 결심을 했구나. 부디 ________________로 끝나지 않길 바란다.

9) 가 : 너는 똑똑한 남자가 좋아? 잘생긴 남자가 좋아?

나 : 똑똑한 데다가 잘생기기까지 하다면 ________________지.

10) 가 : 어제 시험공부 많이 했어?

나 : 아니, 공부하다가 그냥 자 버렸어. 나 지금 완전히 ________________ 상태야. 장학금이고 뭐고 이제 다 틀렸어.

어휘와 표현

1. 학교 이야기

가정 교육(家庭教育)
가정에서 이루어지는 교육. home education
아이들을 위해서는 학교 교육과 가정 교육이 함께 이루어져야 한다.

개선(改善)하다
동 더 좋게 바꾸다. to improve
학교의 교육 환경을 개선하기 위해 노력해야 한다.

객관식(客觀式) [객꽌식]
명 정답이 정해져 있는 시험 형식. objective questions
수능 시험 문제는 모두 객관식으로 되어 있다.

거치다
동 어떤 과정이나 단계를 겪고 지나가다. to go through
고등학교를 거치지 않고 따로 시험을 봐서 대학에 들어갈 수도 있다.

경쟁(競爭)
명 서로 이기거나 앞서려고 함. competition
좋은 학교에 들어가기 위한 경쟁이 심하다.

경제 성장(經濟成長)
경제가 발전하는 것. economic growth
한국은 70~80년대에 빠르게 경제 성장을 했다.

고민(苦悶)하다
동 마음속으로 깊이 생각하고 걱정하다. to worry; to be in agony
학교를 졸업하고 무엇을 할지 고민하고 있다.

공교육(公教育)
명 학교에서 실시하는 교육. public education
교육부는 공교육의 수준을 높이기 위해 노력하고 있다.

공립(公立) [공닙]
명 시나 도와 같은 곳에서 세우고 관리하는 곳. public
이 중학교는 공립 학교이다.

공정(公正)하다
형 어느 한쪽으로 치우치지 않고 올바르다. to be fair
판사는 법에 따라 공정하게 재판을 해야 한다.

과제(課題)
명 처리하거나 해결해야 할 일. task; assignment
통일은 우리 민족이 모두 이루어야 할 과제이다.

교육 과정(教育課程) [교육꽈정]
교육 목표를 이루기 위해 만들어 놓은 교육의 전체 계획. education curriculum; course of study
정해진 교육 과정에 따라서 학교의 교육이 이루어진다.

교육열(教育熱) [교융녈]
명 교육에 대해 가지고 있는 큰 관심. enthusiasm for education; education fever
한국 사람들은 교육열이 높기로 유명하다.

국립(國立) [궁닙]
명 나라에서 세우고 관리하는 곳. national
이 학교는 국립이라서 등록금이 싸다.

국토(國土)
명 한 나라의 땅. national territory
세계에는 국토가 넓은 나라도 있지만 좁은 나라도 많이 있다.

극기 훈련(克己訓鍊) [극끼훌련]
힘든 훈련을 하면서 어려움을 이기는 힘을 기르는 것. boot camp; self-restraint training
요즘은 군대에서 일반인을 대상으로 극기 훈련 캠프를 실시한다.

근간(根幹)
명 중요한 바탕이나 중심이 되는 것. basis; foundation
민주주의는 한국 정치의 근간이다.

기말고사(期末考査)
명 한 학기가 끝날 때 보는 시험. final examination
기말고사가 끝나고 여름 방학이 시작되었다.

길들여지다 [길드려지다]
동 어떤 것에 익숙하게 되다. to become habituated
한국 음식에 길들여져서 밥을 먹을 때 김치가 꼭 있어야 한다.

내신 성적(內申成績)
학교에서 받는 성적. academic reports (from high schools to universities)
대학에 입학할 때는 내신 성적이 아주 중요하다.

논술 시험(論述試驗)
논리적인 글을 쓰는 시험. essay test
논술 시험 공부를 위해 학원에 다니는 학생들도 있다.

단답형(單答型) [단다평]

명 질문에 대해 간단하게 답을 쓰는 문제 형식. short-answer question

이번 시험에는 단답형 문제가 많이 나왔다.

대안 교육(代案敎育)

학교 교육의 문제점을 해결하기 위해 대신 만들어진 교육 과정. alternative education

대안 학교에서 대안 교육을 받는 학생들의 수가 늘어나고 있다.

도입(導入)하다 [도이파다]

동 기술이나 방법을 받아들이다. to introduce (a new technology); to bring in; to adopt

새로운 농업 기술을 도입하여 쌀 생산량이 늘어났다.

독립(獨立)하다 [동니파다]

동 한 나라가 다른 나라에 속하지 않고 정치적으로 완전한 주권을 가지고 있다. to become independent

한국은 1945년에 일본으로부터 독립했다.

모의고사(模擬考査) [모의고사/모이고사]

명 실제 시험을 준비하기 위하여 비슷한 형식으로 보는 시험. practice examination; pretest

내일 수능 시험을 대비한 모의고사를 볼 예정이다.

무시험제(無試驗制)

명 입학, 취업 등에서 시험을 보지 않는 제도. system with no examination

중학교, 고등학교 입학은 무시험제이지만 대학교는 시험을 봐야 된다.

바람직하다 [바람지카다]

형 기대하고 바랄 만한 가치가 있다. to be desirable; to be advisable

모든 사람이 찬성하는 의견이 반드시 바람직한 것은 아니다.

분위기(雰圍氣)

명 주위의 상황이나 환경 또는 사람들의 기분. atmosphere

우리 반은 서로 친해서 수업 분위기가 아주 좋다.

비중(比重)

명 다른 것과 비교할 때 중요한 정도. relative importance

대학에 입학할 때 고등학교 성적의 비중이 크다.

비판(批判)

명 옳거나 옳지 않은 것을 판단하여 밝힘. criticism

이 드라마는 폭력적인 내용이 많아서 사람들의 비판을 받았다.

사교육(私敎育)

명 개인 과외, 학원 등에서 하는 교육. private education

학교 수업이 끝난 후에도 학원에서 사교육을 받는 아이들이 많다.

사립(私立)

명 개인이 세우고 관리하는 곳. private

사립 초등학교에 들어가기 위해서는 따로 신청을 해야 한다.

사지선다형(四肢選多型)

명 네 개의 항목 중에서 정답을 고르는 문제 형식. multiple-choice question

한국어 읽기 문제는 사지선다형으로 되어 있어요.

서술형(敍述型)

명 답을 길게 써야 하는 문제 형식. descriptive(detailed)-answer question

우리 학교 수학 시험은 서술형이라서 문제를 푸는 과정을 모두 써야 한다.

소풍(消風)

명 학교에서 휴식을 하기 위해 야외에 다녀오는 일. picnic

날씨가 따뜻해지니 봄 소풍을 가는 학교들이 많다.

수학 능력 시험(修學能力試驗) [수항능녁씨험]

대학에 입학하기 위해 보는 시험. Colleage Scholastic Ability Test(CSAT)

수학 능력 시험을 보려는 학생들은 내일까지 신청을 해야 한다.

수학여행(修學旅行) [수항녀행]

명 교육 활동의 하나로 학교에서 학생들을 데리고 가는 여행. field trip

중학교 다닐 때 경주로 수학여행을 가 본 적이 있다.

역할(役割) [여칼]

명 자기가 맡은 일이나 임무. role; part

아버님이 돌아가신 후에는 큰형이 아버지 역할을 했다.

엿

명 달고 끈적끈적한 음식의 한 종류. Korean hard taffy

날씨가 더우니까 엿이 녹아서 끈적끈적하다.

요령(要領)

명 일을 쉽게 하기 위해 알아야 할 방법. trick; knack of doing something

처음에는 이 일에 익숙하지 않았는데 자꾸 하다 보니 요령이 생겼다.

어휘와 표현

운영 주체(運營主體)
조직을 경영하는 중심적인 부분. operating principal
서울 지하철의 운영 주체는 여러 기업으로 나뉘어 있다.

위주(爲主)
명 중심으로 함. putting something first
한국어 작문을 잘하기 위해 쓰기 위주로 공부하고 있다.

유형(類型)
명 종류나 형식 등이 공통적인 것으로 묶인 것. type; pattern; category
이 소설 속의 인물들은 두 가지 유형으로 나뉜다.

의무 교육(義務敎育)
법에 따라 꼭 받도록 정해진 교육. compulsory education
중학교까지 의무 교육인 나라들이 많다.

인적 자원(人的資源) [인쩍자원]
생활이나 경제에 이용되는 사람의 노동력이나 기술. human resources; manpower
한국은 나라가 작지만 교육받은 인적 자원이 많은 국가이다.

자연 자원(自然資源)
석유, 나무 등과 같이 자연에서 얻은 것으로 생활이나 경제에 이용되는 것. natural resources
그 나라는 나무, 석탄 같은 자연 자원을 주로 수출하고 있다.

전환(轉換)되다
동 다른 방향이나 상태로 바뀌다. to be converted
이곳은 농사만 지을 수 있는 땅이었으나 이번에 집도 지을 수 있는 곳으로 전환되었다.

정부(政府)
명 국가의 업무를 하는 기구. government; administration
한국 정부는 경제 위기를 해결하기 위한 방법을 마련하고 있다.

제정(制定)하다
동 법을 만들다. to establish (a law); to enact
정부는 인터넷 범죄를 막기 위한 법을 제정하려고 한다.

조화(調和)를 이루다
서로 잘 맞고 어울리다. to achieve harmony
한복은 저고리와 치마의 색깔이 조화를 이루어야 아름답다.

주관식(主觀式)
명 정답을 고르는 것이 아니라 자신의 생각을 비교적 길게 쓰는 시험 형식. subjective questions; free-response test
쓰기 시험에서 작문은 주관식 문제에 속한다.

중간고사(中間考査)
명 한 학기의 중간에 보는 시험. midterm examination
중간고사 성적이 생각보다 좋지 않다.

중시(重視)하다
동 중요하게 생각하다. to value much of something; to take serious view (of)
사람마다 인생에서 중시하는 것이 다르다.

지옥(地獄)
명 큰 죄를 짓고 죽은 사람들이 벌을 받는다는 곳. hell
차가 너무 많아서 출퇴근 시간에는 길거리가 교통 지옥으로 변한다.

진정(眞正)하다
형 참되고 올바르다. to be true; to be genuine
어려울 때 옆에 있어 주는 사람이 진정한 친구이다.

찍다
동 끝이 뾰족한 것으로 찌르다. to prick; to hook
과일을 포크로 찍어서 먹는다.

찹쌀떡
명 떡의 한 종류. sticky rice cake
겨울밤에 찹쌀떡을 팔러 다니는 사람들이 있다.

창의적(創意的) [창의적/창이적]
관 명 이전에 없었던 새로운 생각이나 의견을 내는 (것). creative
교사는 아이들이 창의적인 생각을 할 수 있도록 이끌어야 한다.

채점(採點) [채쩜]
명 시험을 보고 나서 점수를 매기는 것. marking; grading
객관식 시험은 컴퓨터로 빠르게 채점을 할 수 있다.

추억(追憶)
명 지나간 시절에 생긴 일들에 대한 기억. memory; recollection
고등학교 시절의 추억을 잊을 수 없다.

축제(祝祭) [축쩨]
명 축하하여 벌이는 행사. festival; carnival
우리 동아리는 이번 축제에서 사진 전시회를 할 예정이다.

치열(熾烈)하다
형 기운이나 힘이 불처럼 강하다. to be intense; to be severe
치열한 전쟁이 계속되면서 죽는 사람들이 늘어나고 있다.

태교(胎教)
명 아기를 가진 엄마가 뱃속의 아기에게 좋은 영향을 주기 위해 말이나 행동을 조심하는 일. prenatal education
화내지 말고 좋은 생각만 하는 게 태교에 좋아요.

평생 교육(平生教育)
학교 교육을 마친 이후에도 받을 수 있는 여러 종류의 교육. lifelong education
많은 대학교에 일반인을 대상으로 하는 평생 교육 프로그램이 있다.

풍물(風物)
명 꽹과리, 북, 장구, 징 등 주로 농악에 쓰이는 악기. instruments for Korean traditional folk music
축제에서 풍물 소리를 듣고 사람들이 모여 들었다.

풍부(豊富)하다
형 넉넉하고 많다. to be abundant; to be plentiful
이 지역은 물이 풍부해서 농사 짓기에 좋다.

학력 평가(學力評價) [항녁평까]
배운 것을 얼마나 이해하고 있는지 알아보기 위한 시험. academic evaluation
교육부에서는 전국의 중학교 학생들을 대상으로 학력 평가를 실시하려고 한다.

학력(學歷) [항녁]
명 학교를 다닌 경력. educational background
이 서류에 자신의 학력을 써 주세요.

학습(學習) [학씁]
명 배우고 익히는 일. learning
어린아이들에게는 놀이를 통한 학습이 효과적이다.

학제(學制) [학쩨]
명 학교나 교육에 관한 제도. educational system
한국은 6-3-3-4 학제를 가지고 있다.

합창 대회(合唱大會)
여러 합창팀 중에서 잘하는 합창단을 뽑는 일. chorus contest
이번 합창 대회에서 우리 반이 1등을 했다.

2. 한석봉의 어머니

격려(激勵) [경녀]
명 용기나 의욕이 생기도록 함. encouragement
시험을 앞둔 친구에게 격려의 편지를 보냈다.

고르다
형 높낮이, 크기 등이 차이 없이 일정하다. to be even
여러 사람이 이익을 고르게 나누려고 한다.

고생(을) 하다
어렵고 힘든 일을 겪다. to suffer; to have a hard time
할아버지는 혈압이 높아서 오랫동안 고생을 하셨다.

그리움
명 몹시 보고 싶어 하는 마음. longing
요즘 가족들에 대한 그리움이 더욱 심해졌다.

그림자
명 물체가 빛을 가려서 물체 뒤에 생기는 그늘. shadow
서쪽으로 지는 해 때문에 나무 그림자가 길게 생겼다.

기색(氣色)
명 얼굴에 드러나는 기분이나 표정. facial expression
두려워하는 기색도 없이 천천히 질문에 대답했다.

깜깜하다
형 빛이 없어서 아주 어둡다. to be dark; to be pitch-black
갑자기 전기가 나가서 시내가 모두 깜깜하다.

눈에 선하다
눈앞에 보이는 듯하다. to have vivid recollection of something; to clearly remember something
항상 상냥하게 웃던 친구의 모습이 눈에 선하다.

당장
부 일이 일어난 바로 그 시간에. immediately; at once
여기는 위험한 곳이니 당장 떠나세요.

대단하다
형 아주 뛰어나다. to be great; to be outstanding
이 연구소에는 실력이 대단한 과학자들이 많다.

동감(同感)
명 어떤 의견과 생각이 같음. agreement; the same feeling
제 의견에 동감인 사람은 손을 들어 주세요.

어휘와 표현

등잔불 [등잔뿔]

명 등잔에 켠 불. lamplight
어머니가 등잔불 밑에서 바느질을 하고 계시다.

맹자(孟子)
명 중국의 유명한 사상가(B.C. 372~B.C. 289). Mencius
맹자는 성선설(性善說)을 주장한 학자이다.

명필(名筆)
명 글씨를 잘 쓰는 사람. noted calligrapher
한석봉은 조선 시대 제일의 명필이다.

모범(模範)을 보이다
본받아 배울 만한 모습을 보이다. to show a fine example
어른들이 먼저 모범을 보이면 아이들이 따라서 할 것이다.

벌컥
부 갑자기 화를 내거나 문을 여는 등 힘을 쓰는 모양. all of a sudden
누군가 회의장 문을 벌컥 열고 들어왔다.

비뚤다
형 똑바르지 않고 한쪽으로 기울어 있다. to be crooked; to be slanted; to be tilted
그림 액자가 벽에 비뚤게 걸려 있다.

비치다
동 물체의 그림자나 모습이 간접적으로 나타나 보이다. to be reflected
연못에 비치는 하늘이 파랗다.

비판(批判)하다
동 옳거나 잘못된 것을 판단하여 밝히다. to criticize
사람들이 정부의 교육 정책에 대해 심하게 비판하고 있다.

솜씨가 있다
손으로 무엇을 만드는 재주가 있다. to be skillful
음식 솜씨가 있는 사람은 무엇을 만들어도 맛이 있다.

실업자(失業者) [시럽짜]
명 직업을 잃은 사람. unemployed person; jobless (person)
경제 사정이 나빠지면서 실업자가 늘어나고 있다.

썰다
동 칼로 음식 재료를 자르다. to cut up; to slice; to chop
찌개에 파를 썰어서 넣어 주세요.

엄격(嚴格)하다 [엄껴카다]
형 말, 태도, 규칙 등이 매우 엄하고 철저하다. to be strict; to be severe
우리 학교는 규칙이 엄격하기로 유명하다.

염려(念慮) [염녀]
명 앞일에 대하여 마음을 써서 걱정함. worry; care
여러분의 염려 덕분에 일이 잘 해결되었습니다.

웬일인지 [웬니린지]
어찌 된 일인지. without knowing why; for some reason
지각 한 번 하지 않던 사람이 결석을 하다니, 웬일인지 모르겠다.

이름나다
동 세상에 이름이 널리 알려지다. to be famous; to be well-known
그 사람은 한국에서 이름난 영화배우이다.

일리(一理)가 있다
어떤 면에서 옳다고 할 수 있는 부분이 있다. to have some truth; to have a point
설명을 듣고 보니 네 의견에도 일리가 있구나.

일화(逸話)
명 세상에 널리 알려지지 않은 흥미 있는 이야기. anecdote
유명한 사람들은 숨은 일화가 한두 가지씩 있다.

잠자코
부 아무 말도 하지 않고. without a word
학생들은 선생님의 말씀을 잠자코 듣고 있다.

장사
명 이익을 얻으려고 물건을 파는 것. trade; commerce
직장을 그만두고 시장에서 옷 장사를 시작했다.

재주가 뛰어나다
무엇을 잘할 수 있는 타고난 능력이 있다. to be talented; to be skillful
그는 악기를 만드는 재주가 뛰어나서 모두 그가 만든 악기를 사고 싶어 한다.

지나치다
형 정도가 너무 심하다. to be excessive
그 사람은 지나치게 꼼꼼한 성격이라서 답답할 때도 있다.

천재적(天才的)이다 [천재저기다]
아주 뛰어난 재주를 가지고 있다. to be gifted; to be talented
그 아이는 일찍부터 음악에 천재적인 재능을 보였다.

평범(平凡)하다
형 뛰어나거나 다른 점이 없이 보통이다. to be common; to be ordinary; to be plain
그 사람은 반에서 눈에 잘 띄지 않는 평범한 학생이었다.

푹
부 고개를 깊이 숙이는 모양. bow one's head far down
바람이 너무 불어서 고개를 푹 숙이고 걸었다.

학비(學費) [학삐]
명 공부하는 데 드는 비용. tuition (fees); school expense
부모님은 대학까지 내 학비를 대 주셨다.

현명(賢明)하다
형 지혜가 많다. to be wise
그는 현명한 사람이니까 어려운 일도 잘 해결해 나갈 것이다.

훌륭하다
형 아주 뛰어나고 좋다. to be excellent; to be magnificient
이번 전시회에는 훌륭한 작품들이 많다고 한다.

희미(稀微)하다 [히미하다]
형 분명하지 않고 흐리다. to be dim; to be faint
너무 오래 전 일이라서 기억이 희미하다.

3. 공부 잘하는 비결

감동적(感動的)
관 명 깊이 느껴서 마음이 움직이는 (것). touching; moving
이 책에는 어려운 이웃을 돕는 사람들의 감동적인 이야기가 실려 있다.

감성(感性)
명 생각이 아니라 감각이나 마음으로 느끼는 특성. sensibility
예술가들은 보통 사람보다 감성이 풍부하다.

관리(管理)하다 [괄리하다]
동 어떤 것을 잘 보살피고 돌보다. to manage
계절이 바뀌는 환절기에는 건강을 특히 잘 관리해야 한다.

깨닫다
동 어떤 대상이나 일에 대해 스스로 알게 되다. to realize
나는 독서를 통해 인생의 많은 지혜를 깨달았다.

대표적(代表的)
관 명 어떤 분야나 집단에서 무엇을 대표할 만큼 특징적인 (것). representative; typical
'진달래꽃'은 시인 김소월의 대표적 작품이다.

명문(名門)
명 이름난 집안이나 좋은 학교. distinguished family or school; prestigious family or school
그 사람은 명문 대학 출신이다.

무조건(無條件) [무조껀]
부 조건 없이 어느 경우에나. unconditionally
이유를 들어 보지도 않고 무조건 화부터 낸다.

반숙(半熟)하다 [반수카다]
동 음식을 다 익히지 않고 반만 익히다. to be half-boiled; to be half-cooked
계란을 반숙해서 먹는다.

방해(妨害)하다
동 무엇을 간섭하거나 못 하게 하다. to disturb; to interrupt
공부하는 데 방해하지 말고 조용히 해 주세요.

비결(秘訣)
명 세상에 알려지지 않은 자기만의 아주 좋은 방법. secret; know-how
나이 들어서도 건강을 유지하는 비결이 뭐예요?

산만(散漫)하다
형 주의를 한곳에 모으지 못하여 질서나 통일성이 없다. to be distracted; to be unfocused
발표 내용이 산만해서 무엇을 말하고 싶은 것인지 모르겠다.

생생(生生)하다
형 눈앞에 보이는 것처럼 분명하다. to be vivid; to be lively
아버지는 전쟁 때의 기억이 아직도 생생하다고 하신다.

소음(騷音)
명 시끄러운 소리. noise
길거리에 소음이 심해서 전화 목소리가 잘 안 들린다.

심정(心情)
명 마음속에 가지고 있는 생각이나 감정. one's feeling
제 심정을 솔직하게 말씀드릴게요.

어휘와 표현

암기(暗記)하다
동 외워서 잊지 않다. to memorize
한국어를 처음 배울 때 교재에 나와 있는 문장을 모두 암기했다.

엄격(嚴格)하다 [엄껴카다]
형 말, 태도, 규칙 등이 매우 엄하고 철저하다. to be strict
우리 학교는 규칙이 엄격하기로 유명하다.

여유(餘裕)
명 시간, 공간, 물건 등이 필요한 것보다 많아서 남은 상태. time, space or money that is leftover
요즘은 시간 여유가 많아서 느긋하게 지내고 있다.

완숙(完熟)
명 음식을 완전히 다 익힘. hard-boiled
계란을 완숙으로 삶아서 찬물에 담가 두었다.

유사(類似)하다
형 서로 비슷하다. to be similar
유사한 사건들이 계속해서 일어나고 있다.

인간애(人間愛) [인가내]
명 사람에 대한 사랑. humanity
어려운 사람을 돕는 마음은 인간애에 바탕을 두고 있다.

일깨우다
동 알려 주거나 가르쳐서 알게 하다. to make a person realize something
최근의 기후 변화는 사람들에게 환경 보호의 중요성을 일깨워 주었다.

자아(自我)
명 자신에 대한 의식이나 생각. self; ego
직업을 가지는 것은 자아를 실현하는 방법 중의 하나이다.

잡념(雜念) [잠념]
명 여러 가지 쓸데없는 생각. distracting thoughts
잡념을 버리고 해야 할 일에만 집중하세요.

제안(提案)
명 의견을 내놓음. proposal
함께 일을 해 보자는 친구의 제안을 받아들였다.

조절(調節)
명 적당하게 맞추어 나감. regulation; adjustment; control
다이어트를 위해서 식사량 조절과 적당한 운동이 반드시 필요하다.

주입식 교육(注入式教育) [주입씩교육]
이해보다는 암기를 주로 하도록 하는 교육. cramming method of education
주입식 교육은 학생의 창의력을 개발하는 데 도움이 되지 않는다.

줄거리
명 이야기의 중심 내용. outline; plot
친구가 그 영화의 줄거리를 간단히 이야기해 주었다.

중계(中繼)되다
동 방송국 바깥에서 일어나는 일이 방송국을 통해 중간에서 연결되어 방송되다. to get broadcasted; to get aired
일본에서 하는 야구 경기가 지금 중계되고 있다.

중얼중얼
부 작은 소리로 말을 계속하는 모양. murmuring
한국어 단어를 중얼중얼 소리를 내면서 외운다.

진학(進學)하다 [진하카다]
동 상급 학교에 들어가다. to go on to the next stage of education; to enter school
집안 형편이 어려워서 대학에 진학하지 못하고 취직을 했다.

집중력(集中力) [집쭝녁]
명 마음이나 주의를 한곳으로 모을 수 있는 힘. one's power of concentration; concentration (skill)
나는 집중력이 부족해서 책상 앞에 오래 앉아 있지 못한다.

짜증(을) 내다
잘되지 않거나 마음에 맞지 않아 기분 나빠하다. to get irritated; to express annoyance
공부가 잘되지 않아 짜증을 낸다.

찡그리다
동 (기분이 나쁘거나 햇볕이 강해서) 얼굴이나 눈을 찌푸리다. to make a grimace
햇볕이 너무 뜨거워서 얼굴을 찡그리며 땀을 닦았다.

차라리
부 모두 적당하지 않지만 상대적으로 한쪽이 나음을 가리키는 말. rather (than)
이런 음식을 먹기보다는 차라리 굶는 게 낫다.

참교육(-教育)
명 바르고 진정한 교육. authentic education
입시 위주의 교육에서는 참교육이 이루어지기 어렵다.

청소년(青少年)

명 청년과 소년을 함께 가리키는 말. teenager

어른들은 청소년들의 문화를 잘 이해하지 못한다.

활용(活用)하다 [화룡하다]

동 충분히 잘 이용하다. to utilize

컴퓨터를 활용해서 할 수 있는 일은 아주 다양하다.

효과적(效果的)이다 [효과저기다/효꽈저기다]

어떤 일의 결과가 좋게 나타나다. to be effective

외국어를 공부할 때 효과적인 방법을 알려 주세요.

VI 한국 탐구

1 한국인 이해하기

주제 한국인의 기질

읽고 말하기
- 한국 생활에 대한 수필 읽기
- 한국, 한국인에 대해 말하기

듣고 말하기
- '한국인의 정'에 대한 발표 듣기
- '정'에 대한 경험 말하기

과제 한국과 한국인에 대해 짧은 글 쓰기

문법
- A-기 그지없다
- A/V-기에
- A/V-지 않을까 하다

어휘 사람의 기질

2 한국의 멋

주제 한국의 미

읽고 말하기
- 한국의 멋에 대한 설명문 읽기
- 도자기에 대해 묘사하기

듣고 말하기
- 한국의 미에 대한 강의 듣기
- 끼어들기, 보충하기

과제 '한국의 날' 행사 준비 모임에서 토의하기

문법
- A/V-(으)ㅁ에 틀림없다
- 한마디로 말하자면
- A-(으)ㄴ/V-는(다는) 점이 특징(적)이다
- N을/를 N(으)로 꼽다

어휘 모양 묘사

보충 어휘 한자성어 Ⅱ

1

한국인 이해하기

주제
한국인의 기질

읽고 말하기
- 한국 생활에 대한 수필 읽기
- 한국, 한국인에 대해 말하기

듣고 말하기
- '한국인의 정'에 대한 발표 듣기
- '정'에 대한 경험 말하기

과제
한국과 한국인에 대해 짧은 글 쓰기

들어가기

이야기해 보세요

다음은 '외국인이 본 한국 사람의 기질'에 관한 조사 결과입니다. 여러분의 생각은 어떻습니까? 다른 나라 사람들의 기질은 어떻다고 생각합니까?

외국인이 본 한국 사람의 기질

나라	순위	항목	%
미국	1	부지런하다	80.0 %
	2	똑똑하다	56.5 %
일본	1	감정적이다	62.5 %
	2	열정적이다	56.5 %
중국	1	강인하다	71.5 %
	2	부지런하다	63.0 %

(한국이미지커뮤니케이션연구원)

들어 보세요 track 43

두 사람이 대화를 하고 있습니다. 잘 듣고 질문에 답하세요.

1. 무엇에 대하여 말하고 있습니까?

2. 안내문의 내용은 무엇입니까?

3. 여러분이 주인이라면 한국 사람에게 어떤 안내를 하겠습니까? 또한 다른 나라 여행객에게는 뭐라고 하겠습니까?

읽고 말하기

주제 어휘

다음은 사람의 기질을 나타내는 말입니다. 알맞은 말을 골라 쓰세요.

부지런하다	게으르다	활기차다	신중하다
진지하다	감정적이다	열정적이다	강인하다

1. 축구 경기가 시작되자 관객들은 경기가 끝날 때까지 일어서서 열심히 응원했다. 열정적이다

2. 그 학생은 학교에서 집까지 두 시간이나 걸리는데도 한 번도 지각이나 결석을 한 적이 없다.

3. 그 친구는 움직이는 것을 싫어해서 가끔은 밥 먹는 것도 귀찮아할 정도이다.

4. 그분은 일을 할 때 작은 것도 여러 번 생각해 본 후에 결정하는 사람이다.

5. 그 사람은 어려움 속에서도 결코 포기하지 않고 자기의 회사를 세우겠다는 꿈을 이루어 냈다.

6. 그는 평소에 사적인 자리에서도 농담을 잘 안 하는 사람입니다.

7. 화가 나거나 기분이 나쁠 때 하는 말은 다른 사람의 기분을 상하게 하기 쉽다.

8 새 학기를 맞은 학생들이 학교에서 오랜만에 친구들을 만나서 웃으면서 즐겁게 이야기하고 있다.

읽어 보세요 track 44

다음은 한국 생활에 대한 수필입니다. 잘 읽고 질문에 답하세요.

가 내가 처음으로 한국에 오려고 생각했을 때 나는 한국에 대하여 잘 몰랐다. 아니 전혀 몰랐다고 하는 것이 맞을 것이다. 한국이 과연 어떤 나라인지, 한국 사람들이 어떤 사람들인지 아무런 지식 없이 '한번 가 보자' 하는 마음으로 한국에 와 버렸다. 그 당시 나는 이 선택이 내 인생에 특별한 의미가 될 것이라고는 생각하지 못했다. 그런데 이 충동적이기 그지없는 한국행은 새로운 세계를 이해하는 멋진 경험이 되었고 또한 내 삶을 통째로 바꾸어 버린 큰 사건이 되었다.

나 2년 전 겨울, 학교 근처 옥탑방을 얻는 것으로 나는 서울 생활을 시작했다. 아래층에는 집주인 부부와 아들과 딸, 이렇게 네 식구가 살았다. 그들 가족에게 나는 한동안 외국에서 온 낯선 이웃이었던 것 같다. 계단에서 만나도 늘 무표정하던 아저씨, 아줌마의 얼굴은 쌀쌀한 날씨만큼이나 내게는 낯설었다. 그러던 어느 날 갑자기 이사 가게 되었을 때 나는 비로소 한국 사람의 인간관계에 대해 어렴풋이 알게 되었다. 이삿짐을 어떻게 나를까 고민하는 나를 보시고 주인아줌마는 '친구의 친구의 남편 차'를 빌려주셨고, 이사 소식을 들은 주인아저씨께서도 "혼자 이사하기 힘들지?" 하시며 짐 싸는 일을 도와주셨다. 학교 친구들이 이삿짐을 나르고 짐 정리를 도와준 것은 물론이다. 이런 인간관계를 경험하면서 나는 한국 사람이 '정'이라고 부르는 것을 어렴풋이나마 알 수 있었다.

다 지난 2002년 한일 월드컵 때 한국 사람들이 신나게 즐기며 했던 길거리 응원은 무척이나 인상적이었다. 이런 열정적인 모습을 한국에 살면서 거리나 시장 등 곳곳에서 자주 접한다.

1. 다음을 알맞게 연결하세요.

1) 도입 •	• 가 •	• 한국인의 정
2) 마무리 •	• 나 •	• 지금의 나의 모습
3) 예시 •	• 다 •	• 한국인의 활기찬 모습
	• 라 •	• 한국에 오기 전의 나의 생각

2. 가 에서 이 사람은 어떻게 한국에 오게 되었습니까?

3. 나 에서 이 사람은 한국 사람의 정을 어떻게 알게 되었습니까?

4. 다 에서 이 사람은 어떤 점을 보고 한국 사람의 기질을 알게 되었습니까?

5. 라 에서 한국에 오기 전과 후의 이 사람은 어땠습니까?

심지어 내 고향에서는 생각할 수도 없는 일들이 한국에서는 이루어질 수 있음을 알고 놀라기도 했다. 특히 은행에서의 활기찬 일 처리는 나를 감탄하게 했다. 우리 나라에서는 은행 대기표에 순서가 10명 이상이면 한 시간은 기다릴 각오를 해야 한다. 그렇지만 한국의 은행에서는 30분이면 충분하다. 이런 서비스들은 적극적이고 힘찬 한국인의 기질을 잘 드러내는데, 이런 기질 덕분에 한국의 빠른 경제 성장이 가능했다고 생각한다. 한국의 역동적인 이미지를 표현하는 '다이내믹 코리아'라는 말 속에서 신나게 일하는 한국인의 기질을 다시금 느껴 본다.

라 한국에 오기 전에 나는 스무 살의 대학생으로 경제학을 전공하며 도서관에나 박혀 있던 소극적인 사람이었다. 그러나 이제 난 스물두 살이 되었고 한국 문학을 전공하며 한국을 좋아하는 유학생이 되었다. 어느덧 김치를 즐겨 먹고 버스에 노인이 타면 얼른 일어나 자리를 양보하고 가끔은 빨리빨리 일을 해치우려고 하는 나는 아마 한국식 생활이 몸에 밴 것 같다. 내게 일어난 이런 변화는 정이 많은 한국 사람, 활기찬 한국 생활이 있었기에 가능하지 않았을까 싶다.

이야기해 보세요

한국이나 한국 사람에 대한 여러분의 생각은 어떻습니까?

> 한국에 와서 인터넷을 신청했는데, 다음 날 바로 기사가 와서 설치해 주더라고요. 한국의 '빨리빨리' 문화를 실감하게 되었지요. 한국은 정말 역동적인 나라예요. 그래서 그렇게 짧은 기간에 경제 성장이 가능했나 봐요.

문법과 표현

1. **A-기 그지없다**
   - 깜깜한 밤길을 혼자 걸어가고 있는데 정말 무섭기 그지없었다.
   - 주인집 아주머니가 몸살이 나서 누워 있는 나에게 약도 사다 주고 반찬도 만들어 주셨다. 정말 친절하기 그지없는 분이다.
2. **A/V-기에**
   - 집에 오다가 이 빵이 맛있어 보이기에 너 주려고 사 왔어.
   - 먹구름이 끼고 날씨가 흐리기에 우산을 들고 나왔다.
3. **A/V-지 않을까 하다[싶다], N이/가 아닐까 하다[싶다]**
   - 이 옷은 예쁘기는 하지만 색깔이 너무 화려하지 않을까 싶다.
   - 이런 컴퓨터 작업은 우리보다는 철수 씨가 빨리 하지 않을까 싶다.
   - 그런 일은 10살짜리 아이가 하기에 너무 어려운 일이 아닐까 한다.

듣고 말하기

주제 어휘

다음은 정과 관련된 말입니다. 관련 있는 것끼리 연결해 보세요.

1. 새로 이사 간 동네는 마음에 들어요? •
2. 함께 공부한 지 얼마 안 된 것 같은데 벌써 수료할 때가 됐네요. •
3. 그 두 사람은 항상 붙어 다니면서 놀기도 많이 놀았고 싸우기도 많이 싸웠어요. •
4. 그 사람과 잘 안 맞으면서 왜 헤어지지 않아요? •

• 글쎄요. 오래 사귀다가 **정이 들어서** 이젠 못 헤어지겠어요.

• 그럼 두 사람은 서로에게 **미운 정 고운 정이** 다 **들었겠네요**.

• 아직은 잘 모르겠어요. 그냥 **정붙이고** 살려고 해요.

• **정들자 이별이라더니** 시간이 정말 빨리 가네요.

들어 보세요 track 45

다음은 '한국 생활'을 주제로 한 외국인 학생의 발표입니다. 잘 듣고 질문에 답하세요.

1. 이 발표의 제목으로 적당한 것을 고르세요.
   - ☐ 아주머니의 정
   - ☐ 따뜻한 마음의 표현, 정
   - ☐ 정을 활용한 과자 광고
   - ☐ 외국인에 대한 한국인의 태도

2. 이 사람에게 어떤 일이 있었습니까?

3. 이 사람은 이 일을 통하여 무엇을 느꼈습니까?

4. 이 사람은 한국 사람들이 어떻게 행동한다고 생각합니까?

이야기해 보세요

1. 다음 만화를 읽어 보세요. 이 사람이 이 물건을 버리지 못하는 이유는 무엇일까요? 여러분도 이런 경험이 있습니까?

2. 한국인과 만나거나 한국에서 생활하면서 정을 느낀 경험이 있습니까?

과제

한국이나 한국 사람에 대하여 경험하거나 느낀 점을 글로 써 보세요.

1. 여러분은 한국인을 만나거나 한국에서 살면서 어떤 일을 경험했습니까? 경험한 일을 간단히 메모해 보세요.

- 언제 일어난 일입니까?
- 어디에서 생긴 일입니까?
- 어떤 일입니까?
- 여러분 나라에서도 이런 일이 생깁니까?
- 그 일을 통하여 한국이나 한국 사람들이 어떻다고 느꼈습니까?

☐ 정이 많다　☐ 부지런하다　☐ 게으르다　☐ 활기차다
☐ 신중하다　☐ 열정적이다　☐ 강인하다　☐ 진지하다
☐ 감정적이다　☐ 기타 : ....

2. 메모한 내용을 보며 친구들에게 여러분의 경험을 이야기해 보세요.

3. 앞에서 이야기한 내용을 바탕으로 여러분의 경험에 대하여 글을 써 보세요.

도입

예시

마무리

2 한국의 멋

주제
한국의 미

읽고 말하기
- 한국의 멋에 대한 설명문 읽기
- 도자기에 대해 묘사하기

듣고 말하기
- 한국의 미에 대한 강의 듣기
- 끼어들기, 보충하기

과제
'한국의 날' 행사 준비 모임에서 토의하기

들어가기

이야기해 보세요

다음은 무엇입니까? 어떤 특징을 가지고 있는지 말해 보세요.

❶ 노리개
❷ 돌담
❸ 하회탈
❹ 조각보
❺ 꽃창살문

들어 보세요 track 46

다음은 강의의 한 부분입니다. 잘 듣고 질문에 답하세요.

1. 강의의 주제는 무엇입니까?
2. 이 사람은 이것을 무엇이라고 말했습니까?
3. 이 사람은 그 예로 어떤 것을 들고 있습니까?

읽고 말하기

주제 어휘

다음은 모양이 어떠한지 나타내는 말입니다. 알맞은 말을 골라 쓰세요.

화려하다　　소박하다　　간결하다　　자연스럽다　　세련되다　　촌스럽다　　정교하다

1) 

2) 

3) 

4) 

5) 

6) 

7) 

1. 이 건물은 붉은색과 초록색을 사용한 무늬로 인해 .... 느낌을 준다.

2. 한복은 .... 싶을 정도로 어울리지 않는 색을 배색하여 아름다운 조화를 보여 주는 것이 특징이다.

3. 색이 은은하고 모양이 우아하여 .... 멋을 풍기는 이 청자는 고려 시대 유물이다.

4. 이 백자는 그림이나 장식이 없고 선이 단순하여 .... 아름다움을 보여 준다.

5. 이 보석함은 작은 조개를 하나하나 .... 붙여 만든 것이다.

6. 잘 가꾸어진 일본의 정원에 비해 한국의 정원은 .... 아름다움을 추구한다.

7. 이 상은 옛날에 서민들이 사용하던 것으로 모양이 수수하고 ....

읽어 보세요 track 47

다음은 한국의 멋에 대해 설명하는 글입니다. 잘 읽고 질문에 답하세요.

한국인들은 어떤 것을 아름답다고 느낄까? 한국적인 아름다움의 판단 기준은 흔히 '멋'으로 파악된다. 전문가들은 한국적인 멋의 대표적인 특징으로 두 가지를 들고 있다. 그 하나는 소박함이고, 다른 하나는 자연스러움이다.

한국적인 멋에는 꾸미지 않은 소박한 맛이 있다. 이런 특징을 보이는 유물로 백자 달 항아리가 있다. 백자 달 항아리는 정교한 장식도 없고 고운 색깔도 쓰지 않고 오로지 흰색으로만 구워 낸 도자기이다. 그 모양은 아주 일그러진 것도 아니고 완벽한 둥근 원도 아니어서 자연스러우면서도 은은한 아름다움을 지닌다. 이렇듯 넉넉함과 깨끗함으로 높은 평가를 받아 온 백자 달 항아리야말로 한국의 소박한 아름다움을 나타내는 대표적인 유물임에 틀림없다.

한국적인 멋의 또 다른 특징을 한마디로 말하자면 자연스러움이라고 할 수 있다. 자연스러운 한국의 멋을 보여 주는 대표적인 유물로는 조선 시대의 목공예품이 있다. 조선 시대의 목공예품은 인공적인 장식성을 최소한으로 줄이고 간결한 선과 면, 그리고 목재 자체가 갖고 있는 나뭇결의 미를 살리면서, 하나의 멋진 제품을 만들어 낸 점이 특징적이다.

이외에도 한국적인 멋을 특징짓는 요소들이 있다. 이를테면 어떤 학자는 한국적인 멋의 특징으로 파격미를 꼽기도 한다. '파격'이라는 것은 정해진 모양에서 벗어나는 것을 말하는데, 파격성은 한국적인 자유로움을 나타낸다. 파격미를 잘 보여 주는 유물로 한 수필가가 소개한 연꽃 모양 청자 연적을 들 수 있다. 이 연적에서 연꽃들은 모두 가지런히 달려 있는데 유독 꽃잎 하나만이 약간 옆으로 꼬부라져 있다. 이렇듯 균형 속에서 눈에 거슬리지 않는 불균형이 파격미이다. 또한 여백의 미를 한국적인 멋으로 꼽는 경우도 있다. 예를 들어 전통적인 한국화를 보면 서양화와는 달리 비어 있는 공간들이 있는데, 이렇게 여백으로 남겨진 공간을 통하여 멋스러움이 나타난다고 할 수 있다.

시대에 따라 모든 것이 변하듯이 '아름다움'의 판단 기준도 시대에 따라 바뀔 수 있다. 오늘날의 한국인들 역시 세련되거나 화려한 모습에서 아름다움을 느끼기도 한다. 그렇지만 여전히 많은 한국 사람들은 자연스럽고 소박한 모습에서 한국적인 아름다움을 발견하고 있으며 그런 멋을 살려 주변을 독특하게 꾸미고자 노력하고 있다.

1. 한국적인 멋의 특징을 나타내는 표현을 찾아보세요.

2. 달 항아리는 소박미가 어떻게 나타나고 있습니까?

- 장식이 전혀 없다.
-
-
-

3. 목공예품은 어떤 점에서 자연의 미를 보여 줍니까?

- 장식을 최소한으로 줄였다.
-

4. 이 글에 소개된 청자 연적에는 파격미가 어떻게 나타나 있습니까?

5. 한국화는 서양화와 어떻게 다릅니까?

문법과 표현

1. A/V-(으)ㅁ에 틀림없다, N임에 틀림없다
- 그렇게 많은 사람이 보러 가다니 그 영화는 재미있음에 틀림없다.
- 여러 상황을 고려할 때 그 사람이 그 일을 했음에 틀림없다.
- 이번 일은 그 사람의 실수임에 틀림없다.

2. 한마디로 말하자면[말해서]
- 내 여자 친구를 한마디로 말하자면 내 이상형이라고 할 수 있다.
- 불평 한마디 없이 그 많은 일을 혼자서 하다니 그는 한마디로 말해서 멋진 사람이다.

3. A-(으)ㄴ/V-는(다는) 점이 특징(적)이다
- 이 꽃병은 색이 은은하고 모양이 소박한 점이 특징이에요.
- 이 미술관은 1980년대 이후에 주로 활동을 한 현대 작가들의 작품을 전시한다는 점이 특징적이다.

4. N을/를 N(으)로 꼽다, N이/가 N(으)로 꼽히다
- 한국인들은 김치를 한국의 대표적인 음식으로 꼽는다.
- 이 노래는 올해 최고의 유행곡으로 꼽히고 있다.

이야기해 보세요

다음 도자기들은 어떻습니까? 모양, 색, 무늬, 디자인에 대해 말해 보세요.

한국의 도자기

- 색이 은은하다.
- 모양이 소박하다.
-

이 도자기는 색이 은은하고 모양이 소박한 점이 특징이에요. 그리고 세련된 느낌을 줘요.

중국의 도자기

-
-
-

일본의 도자기

-
-
-

듣고 말하기

들어 보세요 1 track 48

다음은 '한국의 미'에 대한 강의입니다. 잘 듣고 질문에 답하세요.

1. 이 강의에서는 무엇에 대해 설명하고 있습니까?

2. 여자는 중간에 할 말이 있다는 것을 어떻게 표현하고 있습니까?

3. 남자는 내용을 보충하기 위하여 어떤 표현을 쓰고 있습니까?

4. 이와 같이 중간에 끼어들거나 보충할 때 쓰는 표현을 정리해 보세요.

중간에 끼어들기

- 말씀 도중에 죄송한데요
- 저, 그런데요
- 말씀 중에 죄송하지만
- 실례지만

보충하기

- 한 가지 덧붙이자면[덧붙인다면]
- 덧붙여서 말씀드리면
- 좀 더 자세히 말씀드리자면
- ~씨 의견을 조금 더 보충한다면
- 그 점에 대해 보충해서 말씀드리자면[부연 설명하면]

이야기해 보세요

앞의 표현을 사용해서 아래와 같이 말해 보세요.

1. 국립중앙박물관에서 조선 시대 도자기 초대전을 엽니다.

2. 서울과학관에서는 중고생 발명품 전시회를 개최합니다.

3. 언어교육원에서는 외국인 말하기 대회를 열 예정입니다.

4. 시립현대미술관에서는 현대 미술가 초대전을 개최할 예정입니다.

국립중앙박물관에서는 오는 2월 1일부터 한 달간 조선 시대 유물 특별전을 열 예정입니다.

저, 말씀 중에 죄송하지만, 어느 시대 특별전이라고 하셨지요?

조선 시대 유물 특별전입니다. 덧붙여서 말씀드리면 전시회를 하면서 도자기 만들기 체험도 함께할 예정입니다.

들어 보세요 2 track 49

다음은 '정원'에 대한 강의입니다. 잘 듣고 질문에 답하세요.

1. 강의에서 주로 다루는 내용은 무엇입니까?

- [ ] 동양식 정원의 아름다움
- [ ] 서양식 정원과의 차이점
- [ ] 한국식 정원과 일본식 정원의 특징

2. 다음 정원은 각각 어느 나라의 정원일까요?

1) ....

2) ....

3. 다음에서 한국식 정원의 특징은 '한', 일본식 정원의 특징은 '일'이라고 쓰세요.

1) 자연을 그대로 살렸다. ....

2) 자연을 닮은 모습으로 만들었다. ....

3) 흙을 쌓아서 언덕을 만들었다. ....

4) 큰 나무를 그대로 심었다. ....

5) 강 같은 작은 물길을 만들었다. ....

6) 땅의 모양은 최대한 그대로 두었다. ....

과제

'한국의 멋'을 소개하는 전시회를 하려고 합니다. 무엇을 전시하면 좋을지 토의해 보세요.

1. 다음과 같이 준비해 보세요.

1) 무엇을 전시하고 싶습니까?

□ 건축　□ 회화　□ 서예　□ 공예　□ 기타 : ....

2) 전시물을 선정하고 선정 이유와 전시 방법을 메모해 보세요.

유형	작품명	선정 이유	전시 방법
도자기	달 항아리	소박미를 보여 준다.	□ 사진 □ 모형 □ 동영상 □ 실물 □ 체험 □ 기타 : ....
			□ 사진 □ 모형 □ 동영상 □ 실물 □ 체험 □ 기타 : ....
			□ 사진 □ 모형 □ 동영상 □ 실물 □ 체험 □ 기타 : ....

2. 다음과 같이 토의를 해 보세요.

저는 한국의 도자기를 전시했으면 합니다. 한국의 도자기는 중국이나 일본 도자기와는 좀 다른 아름다움이 있어요.

말씀 도중에 죄송한데, 어떤 아름다움이 있습니까?

도자기의 종류에 따라 다른데 백자의 경우는 소박한 아름다움이 특징이지요. 좀 더 자세히 말씀드리자면 달 항아리는 아무 장식이나 화려한 색을 쓰지 않았는데 은은한 멋이 있어요. 이런 달 항아리를 통하여 한국의 멋을 알릴 수 있을 거라고 생각해요.

자기 평가

1. 다음 중 아는 단어에 ∨ 하세요.

□ 부지런하다	□ 활기차다	□ 신중하다	□ 진지하다
□ 정들자 이별	□ 미운 정 고운 정이 들다	□ 화려하다	□ 소박하다
□ 간결하다	□ 세련되다	□ 촌스럽다	□ 정교하다

2. 다음 표현을 이용해서 문장을 만들어 보세요.

1) A/V-지 않을까 하다[싶다]

→

2) A-(으)ㄴ/V-는[다는]

→

3. 다음과 같은 상황에서 어떻게 말할 수 있습니까?

1) 한국인의 기질

....

2) 한국의 아름다움

....

보충 어휘

한자성어(Ⅱ) 한자성어는 전설 · 역사 · 고전 등에서 유래한, 한자로 이루어진 짧은 표현입니다. 한자성어로 다양한 상황을 짧은 표현으로 잘 표현하도록 합시다.

횡설수설(橫說竪說)하다/이다 이렇게 말하다가 저렇게 말하다가 하여 무슨 말을 하는지 알 수 없음.	**차일피일(此日彼日)하다** 해야 하는 일이나 약속 날짜를 이날 저날로 미룸.
우왕좌왕(右往左往)하다 오른쪽으로 갔다가 왼쪽으로 갔다가 이리저리 왔다 갔다 하며 어떻게 해야 할지 모르는 모습.	**동문서답(東問西答)하다/이다** 동쪽이 어디냐고 물었는데 서쪽을 가리키며 대답함. 묻는 말에 대하여 엉뚱하게 대답함.
애지중지(愛之重之)하다 어떤 것을 매우 사랑하고 소중하게 여기는 모양.	**십년감수(十年減壽)하다** 목숨이 십 년이나 줄어들 정도로 위험한 일을 겪음.
완전무결(完全無缺)하다 완전하고 충분해서 결점이 없음.	**행방불명(行方不明)이다** 간 곳이 분명하지 않음.
파란만장(波瀾萬丈)하다 물결이 만 길이나 될 정도로 높음. 사람의 생활이나 일의 진행이 여러 가지 시련이 많고 변화가 심함.	**속수무책(束手無策)이다/으로** 손이 묶인 듯이 해결 방법이 없어 꼼짝 못 함.

연습 1 다음 한자성어로 무슨 말을 하려는 것인지 고르세요.

1) 

① 무슨 뜻인지 알 수 없게 이야기하다.

② 이해할 수 없을 정도로 너무 빨리 말하다.

2) 

① 뭘 해야 할지 모르고 이리저리 돌아다니다.

② 길을 잘 몰라서 왔다 갔다 하다.

보충 어휘

3)

① 전혀 문제점이 없다.

② 최고의 기술로 만들다.

4)

① 시끄러워서 무슨 말을 하는지 모른다.

② 잘 어울리지 않는 엉뚱한 대답을 한다.

연습 2 다음 상황과 관련 있는 한자성어를 쓰세요.

1) 대학교 입학 선물로 아버지께서 사 주신 오토바이를 내 몸처럼 아끼고 보살핀다.

→ 애지중지한다

2) 집 앞 놀이터에서 놀던 어린아이가 없어졌다.

→

3) 상대 팀 축구 선수들이 너무 빨라서 계속 공을 넣는 데도 막을 수가 없었다.

→

4) 아르바이트 하느라고 시간이 없어서 숙제를 못 하고 계속 미루고 있다.

→

5) 그 여배우는 큰 병에 걸리기도 하고 결혼을 세 번이나 하는 등 일생 동안 여러 가지 큰일을 겪었다.

→

6) 등록금이 없어져서 깜짝 놀랐는데 가방 안쪽 주머니에서 찾았다. 죽다가 살아난 것 같은 기분이었다.

→

연습 3 한자성어를 넣어서 대화 연습을 해 보세요.

1) 가 : 무슨 말을 하는 건지 모르겠어. 왜 그렇게 ....하니?

나 : 그렇지? 사실은 나도 이 부분이 너무 어려워서 잘 모르겠어. 좀 더 공부하고 가르쳐 줄게.

2) 가 : 여기는 1964년에 지어진 곳이야.

나 : 여기가 뭐하는 곳이냐고 물었는데 무슨 ________________이야?

3) 가 : 고속도로에서 큰 교통사고가 났는데 사람들이 어찌할 바를 모르고 ________________하다가 교통사고가 또다시 날 뻔했어요.

나 : 큰일 날 뻔했군요. 고속도로에서 사고가 나면 더 침착해야 해요.

4) 가 : 컴퓨터 바이러스 때문에 지금까지 모아 놓은 중요한 자료가 다 없어질 뻔했어.

나 : 아이고, ________________했겠네. 많이 놀랐지?

5) 가 : 남자 친구 마음이 변한 것 같다고요?

나 : 네, 바쁘다는 핑계로 저와의 약속을 ________________ 미루고 있어요.

6) 가 : 과학 기술의 발달로 비도 오게 할 수 있다면서요?

나 : 네, 정말 꿈같은 일이지요. 옛날에는 일단 가뭄이 들면 사람들이 할 수 있는 일이 별로 없었습니다. 그냥 ________________으로 하늘만 쳐다보고 있었지요.

7) 가 : 놀이공원에서 없어져서 사흘째 ________________이었던 아이가 서울역에서 발견되었대요.

나 : 무사히 발견되어 다행이군요. 아이들을 데리고 다닐 때는 정말 주의해야 해요.

8) 가 : 이 대회는 세계적인 큰 행사이기 때문에 작은 실수라도 있어서는 안 됩니다.

나 : 맞습니다. 모두 힘을 합쳐 ________________한 행사를 준비합시다.

9) 가 : 미안해, 언니. 언니한테 빌린 귀걸이를 잃어버렸어.

나: 뭐라고? 그거 할머니한테 선물받은 거라서 내가 얼마나 ________________하는데 그걸 잃어버려?

10) 가 : 우리 아버지는 일본 식민지 시대에 태어나셨고 한국 전쟁도 겪으신 세대야.

나 : 우리들과 다르게 그분들은 큰 역사적 사건을 겪으면서 ________________한 삶을 살아오셨지.

어휘와 표현

1. 한국인 이해하기

각오(覺悟) [가고]
명 앞으로 해야 할 일이나 겪을 일에 대한 마음의 준비. readiness; determination
어떤 일이 있더라도 참을 각오가 되어 있다.

감정적(感情的)이다 [감정저기다]
마음이나 기분에 따라 행동하는 성격이다. to be emotional
그는 생각이 다른 사람과 토론할 때 상당히 감정적인 태도로 말한다.

감탄(感歎)하다
동 마음속 깊이 느끼어 칭찬하다. to admire; to exclaim
어린아이의 착한 마음씨에 감탄했다.

강인(强靭)하다
형 쉽게 포기하지 않을 정도로 힘 있고 강하다. to be strong and tough
그의 얼굴은 따뜻한 표정이었지만 강인한 인상을 주었다.

게으르다
형 행동이 느리고 움직이거나 일하기를 싫어하다. to be lazy
그는 옷 갈아입는 것도 싫어할 정도로 게을러서 일주일 동안 같은 옷을 입고 다닌 적도 있다.

과연(果然)
부 결과가 정말로. as expected; really
그 실력으로 과연 취직 시험에 합격할 수 있을까?

기질(氣質)
명 개인이나 민족의 성격적 특징. disposition; cast of mind
그는 낙천적인 기질을 가졌다.

몸에 배다 [모메배다]
버릇이 되어 익숙해지다. to become habituated
무엇이든지 아껴 쓰는 생활이 이미 그들의 몸에 밴 것 같았다.

무뚝뚝하다 [무뚝뚜카다]
형 말이나 행동, 표정이 부드럽거나 친절하지 않아 정이 없어 보이다. to be blunt; to be brusque
그 할아버지는 보통 때도 말씀이 없고 누가 인사해도 무뚝뚝하게 대답하셨다.

무표정(無表情)하다
형 감정이 얼굴에 나타나지 않다. to be expressionless; to be showing no feeling
그는 어떠한 말을 해도 무표정한 얼굴로 아무 말도 안 했다.

미운 정(情) 고운 정(情)이 들다
오래 사귀는 동안 서로 싸우기도 하고 도와주기도 하면서 정이 깊이 들었음을 비유적으로 이르는 말. to become intimate having mixed feelings of love and hate
그 사람과는 오랫동안 한 사무실에서 같이 근무하면서 미운 정 고운 정이 들었다.

부지런하다
형 어떤 일을 미루지 않고 열심히 하는 태도가 있다. to be hard-working; to be diligent; to be industrious
그 아주머니는 부지런해서 이웃 중에서 제일 먼저 일어나 집 주변을 청소한다.

불쑥
부 갑자기 찾아오거나 물건을 앞으로 내미는 모양. suddenly; without notice
아이가 나에게 불쑥 과자를 내밀었다.

사양(辭讓)하다
동 겸손하여 받지 않다. to decline in favor of another; to refuse politely
사양하지 말고 마음껏 드세요.

신중(愼重)하다
형 매우 조심스럽다. to be cautious; to be careful; to be prudent
결정은 신중하게 해야겠지만 일단 결정을 하면 행동은 빠른 것이 좋다.

양보(讓步)하다
동 자기의 좋은 자리나 기회를 다른 사람에게 넘겨주다. to concede; to yield
장학금을 자기보다 어려운 친구에게 양보하다니 정말 인정이 많은 사람이다.

어렴풋이 [어렴푸시]
부 기억이나 생각 따위가 분명하지 않고 흐리게. dimly; vaguely
이 말이 무슨 뜻인지 어렴풋이 알고 있었는데 사전을 보고 분명히 알게 되었다.

역동적(力動的) [역똥적]
관 명 힘차고 활발하게 움직이는 (것). dynamic
그 화가는 달리는 말의 역동적인 움직임을 잘 그려 냈다.

열정적(熱情的)이다 [열쩡저기다]
어떤 일에 애정을 가지고 열심히 집중하는 (성격이다). to be passionate
그는 열정적인 피아노 연주를 들려주었다.

옥탑방(屋塔房) [옥탑빵]

명 주택이나 빌딩 따위의 건물 맨 꼭대기에 있는 방. rooftop house(room)

옥탑방은 여름에 덥고 겨울에 추워서 불편하지만 집세가 싸다.

인상적(印象的)

관 명 어떤 느낌이 마음속에 남아 있는 (것). impressive

그 배우의 연기가 매우 인상적이어서 아직도 기억에 남아 있다.

잔뜩

부 더할 수 없이 심하게. 굉장히 많이. fully; heavily; extremely

연락하지 않고 늦게 갔더니 어머니께서 잔뜩 화가 나 계셨다.

정(情)들자 이별(離別)이다 [정들자이벼리다]

만난 지 얼마 되지 않아서 헤어짐을 이르는 말. to farewell right after becoming intimate

정들자 이별이라더니 이제 좀 서로를 알게 되었는데 헤어지게 되었구나.

진지(眞摯)하다

형 마음 쓰는 태도가 진실하고 성실하다. to be sincere; to be earnest

그 학생은 진지한 태도로 교수님의 모든 강의 내용을 받아들였다.

통째로

나누지 않은 덩어리 전부로. wholly; totally

닭 한 마리를 통째로 요리했다.

활기차다(活氣--)

형 힘이 넘치고 살아 있는 기운이 가득하다. to be active; to be energetic

아침을 활기차게 시작하려면 아침 식사를 꼭 하는 것이 좋다.

2. 한국의 멋

가지런히

부 여럿이 차이가 나지 않고 고르고 똑바르게. neatly; evenly; in order

책장에 책들이 가지런히 정리되어 있었다.

간결(簡潔)하다

형 간단하고 불필요한 것이 없이 깔끔하다. to be brief and to the point

그의 글은 아주 간결하여 읽기 쉽다.

꼬부라지다

형 한쪽으로 휘어지다. to be bent; to be crooked

슈퍼마켓 앞에서 왼편으로 약간 꼬부라진 골목으로 들어오세요.

나뭇결 [나무껼/나묻껼]

명 나무를 세로로 잘랐을 때 보이는 면의 무늬. the grain (of wood)

그는 나뭇결을 살리기 위하여 책상을 칠하지 않고 그대로 사용한다.

목공예품(木工藝品) [목꽁예품]

명 나무를 가공한 공예품. woodcraft

그 가게에는 나무를 깎아 만든 목공예품이 많다.

목재(木材) [목째]

명 나무로 된 재료. wood; lumber

이 문은 목재로 만든 것이다.

백자(白磁) [백짜]

명 흰색 도자기. white porcelain

깨끗하고 소박한 아름다움이 빛나는 백자는 조선 시대의 대표적인 유물이다.

분재(盆栽)

명 화초나 나무 등을 화분에 심어서 줄기나 가지를 보기 좋게 가꿈. 또는 그렇게 가꾼 화초나 나무. dwarfed potted plant

그 집은 소나무 분재로 거실을 장식했다.

세련(洗鍊)되다

형 모습이 서투르거나 어색한 데가 없이 능숙하여 멋있다. to be polished; to be refined

그 여자는 직장 생활을 오래 해서 그런지 아주 세련된 옷을 입었다.

소박(素朴)하다 [소바카다]

형 꾸밈이 없이 수수하다. to be simple; to be plain

김 사장님은 돈이 많지만 소박한 집에서 생활을 한다.

여백(餘白)

명 종이 등에 글씨를 쓰거나 그림을 그리고 남은 빈자리. blank (space)

그 학생은 책의 여백에 작은 글씨로 내용을 메모했다.

연꽃(蓮-)

명 lotus (flower)

연못에 분홍색의 연꽃이 피었다.

연적(硯滴)

명 벼루에 먹을 갈 때 쓸 물을 담아 두는 그릇. 보통은 도자기로 만들지만 돌로도 만든다. water dropper for preparing ink

연적에 담긴 물을 벼루에 붓고 먹을 갈았다.

어휘와 표현

오로지
부 오직 한 방향으로. solely; only
그 여자는 30년 동안 오로지 한국 음식을 연구하는 일에만 몰두했다.

유독(惟獨)
부 많은 것 가운데 홀로 두드러지게. uniquely; only
모두 왔는데, 유독 철수만 오지 않았다.

유물(遺物)
명 조상들이 후손에게 남긴 물건. relics; remains
이 거울은 약 1,000년 전에 만들어진 귀중한 유물이다.

은은(隱隱)하다
형 겉으로 분명하지 않고 희미하거나 약하다. to be soft; to be gentle
달빛이 창문에 은은하게 비치고 있다.

인공적(人工的)
관 명 사람의 힘으로 만든 (것). artificial
아파트 뒷산에 산을 오를 수 있는 계단 등 인공적인 구조물을 설치하였다.

일그러지다
동 물건이나 얼굴이 찌그러지다. to be distorted
화가 나자 철수 씨의 얼굴이 점점 일그러지기 시작했다.

자연스럽다(自然---)
형 억지로 꾸미지 않아서 이상하지 않다. to be natural; to be unaffected
갑작스러운 질문에 대해 아주 자연스러운 태도로 답을 했다.

자체(自體)
명 바로 그것. itself
이 상품은 재료 자체가 귀한 것이다.

정교(精巧)하다
형 솜씨나 기술 등이 빈틈이 없이 아주 자세하고 훌륭하다. to be elaborate; to be exquisite; to be delicate
거기에는 아주 정교하게 깎고 다듬은 보석이 진열되어 있다.

정원(庭園)
명 집 안의 뜰이나 꽃밭. garden
그는 꽃과 나무를 심어서 멋진 정원을 가꾸었다.

청자(靑瓷)
명 푸른 빛깔의 도자기. celadon porcelain
청자는 고려 시대의 것이 가장 유명하다.

촌스럽다(村---)
형 세련되지 않다. countrified
촌스럽게 행동하지 말고 가만히 앉아 있어라.

최소한(最小限)
명 더 이상 줄일 수 없는 가장 작은 한도. the minimum
그 일을 끝내는 데에 최소한 이틀이 걸린다.

추구(追求)하다
동 바라는 것을 향하여 끝까지 따라가며 구하다. to pursue; to seek
사람은 누구나 행복을 추구하게 마련이다.

축소(縮小)하다
동 모양이나 규모 등을 줄여서 작게 하다. to reduce; to downsize
요즘처럼 장사가 어려운 때에는 사업 규모를 축소하는 것이 낫다.

파격(破格)
명 정상적인 방법이나 모양에서 완전히 벗어남. 예외적이고 특별함. breaking the rules; out of the ordinary
요즘 그 백화점은 파격 할인 행사를 하고 있다.

항아리(缸--)
명 아래위가 좁고 가운데가 넓은 그릇. jar; pot
예전에는 집집마다 고추장과 된장 항아리가 있었다.

화려(華麗)하다
형 환하게 빛나며 곱고 아름답다. to be splendid; to be colorful
그녀가 입은 옷은 누구보다도 화려해서 사람들이 모두 쳐다보았다.

부록

- 보충 자료
- 듣기 지문
- 모범 답안
- 어휘 색인

보충 자료

Ⅰ. 외모와 성격

■ MBTI 성격 유형 검사

이 검사는 4가지의 선호 경향에서 선호형을 하나씩 골라 조합하는 방식이며 16가지 성격 유형이 있다.

외향형 (E) 폭넓은 대인 관계를 유지하며 사교적이고 정열적이고 활동적이다.	1 ← 관심의 초점을 두는 곳은? →	**내향형 (I)** 깊이 있는 대인 관계를 유지하며 조용하고 신중하며 이해한 다음에 경험한다.
감각형 (S) 오감에 의존하여 실제의 경험을 중시하며 현재에 초점을 맞추고 정확하고 철저하게 일을 처리한다.	2 ← 정보를 수집할 때는? →	**직관형 (N)** 육감 내지 영감에 의존하며 미래 지향적이고 가능성과 의미를 추구하며, 신속하고 단계를 뛰어넘으며, 비약적으로 일을 처리한다.
사고형 (T) 진실과 사실에 주요 관심을 갖고 논리적이고 분석적이며 객관적으로 판단한다.	3 ← 판단하고 결정할 때는? →	**감정형 (F)** 사람과 관계에 주요 관심을 갖고 상황이나 정상을 고려한 설명을 한다.
판단형 (J) 분명한 목적과 방향이 있으며 기한을 지키며 사전에 계획하고 체계적이다.	4 ← 행동으로 옮길 때는? →	**인식형 (P)** 목적과 방향은 변화 가능하고 상황에 따라 일정이 달라지며 자율적이고 융통성이 있다.

■ 선호형에 따른 성격의 유형은 ESTJ, ISTJ, ENTJ, INTJ 등 16가지로 나뉜다. 성격 유형별 특징은 다음과 같다.

ISTJ 세상의 소금형 한번 시작한 일은 끝까지 해내는 사람들	**ISFJ** 임금 뒤편의 권력형 성실하고 온화하며 협조를 잘하는 사람들	**INFJ** 예언자형 사람과 관련된 뛰어난 통찰력을 가지고 있는 사람들	**INTJ** 과학자형 전체적인 부분을 조합하여 비전을 제시하는 사람들
ISTP 백과사전형 논리적이고 뛰어난 상황 적응력을 가지고 있는 사람들	**ISFP** 성인군자형 따뜻한 감성을 가지고 있는 겸손한 사람들	**INFP** 잔다르크형 이상적인 세상을 만들어가는 사람들	**INTP** 아이디어 뱅크형 비평적인 관점을 가지고 있는 뛰어난 전략가들
ESTP 수완 좋은 활동가형 친구, 운동, 음식 등 다양한 활동을 선호하는 사람들	**ESFP** 사교적인 유형 분위기를 고조시키는 우호적인 사람들	**ENFP** 스파크형 열정적으로 새로운 관계를 만드는 사람들	**ENTP** 발명가형 풍부한 상상력을 가지고 새로운 것에 도전하는 사람들
ESTJ 사업가형 사무적, 실용적, 현실적으로 일을 많이 하는 사람들	**ESFJ** 친선도모형 친절과 현실감을 바탕으로 타인에게 봉사하는 사람들	**ENFJ** 언변능숙형 타인의 성장을 도모하고 협동하는 사람들	**ENTJ** 지도자형 비전을 가지고 사람들을 활력적으로 이끌어 가는 사람들

우정의 양푼 비빔밥

내가 중학교에 다니던 70년대는 너나없이 가난했습니다. 점심시간만 되면 도시락을 싸 오지 못해 수돗물로 허기를 채우는 친구가 열 명 정도 되던 그 시절, 내 단짝 성호도 그중 하나였습니다.

나는 내가 싸 온 도시락이라도 같이 나눠 먹자는 생각으로 성호에게 숟가락을 내밀곤 했습니다. "하하, 사나이가 친구 밥그릇에 손을 대면 쓰나. 나, 인간 이성호 한 끼 굶는다고 안 죽는다." 그렇지만 나는 읽을 수 있었습니다. 멋쩍어하는 표정 뒤에 숨겨진 녀석의 구겨진 자존심을.

그런데 다음날 점심시간, 반장은 느닷없이 커다란 양푼을 꺼내 놓았습니다. "얘들아, 우리 다 같이 비빔밥 만들어 먹자!" 반장의 말이 끝나기가 무섭게 열댓 명의 아이들이 각자의 도시락 뚜껑을 열고 밥과 반찬을 양푼에 쏟아 부었습니다. 그러자 반장은 고추장까지 넣고 밥을 쓱쓱 비비기 시작했습니다. 잠시 후 양푼에는 놀랍게도 두 배로 늘어난 비빔밥이 담겨 있었습니다. 나는 이번에는 자신 있게 성호에게 숟가락을 건넸습니다. 처음에는 주춤하던 성호도 이내 환하게 웃으며 숟가락을 받았고, 우리는 다른 아이들처럼 양푼 비빔밥으로 달려들었습니다.

자기 도시락을 내놓은 아이는 물론 평소에는 수돗물로 배를 채우던 아이들도 모두가 달려들어 맛있게 비빔밥을 먹었습니다. 하지만 누구 하나 밥을 빼앗긴다거나 빼앗아 먹는다거나 하는 생각은 하지 않았습니다.

학년이 올라가 서로 반이 달라졌어도, 점심시간만 되면 우리는 다 같이 모여 양푼 비빔밥을 만들어 먹었습니다. 그 사이 낡고 찌그러진 양푼은 우리가 학교를 졸업한 뒤에야 반장네 집으로 돌아갔습니다.

30년이 지난 지금도 우리는 모이기만 하면 여전히 양푼 비빔밥을 만들어 먹습니다. 빡빡머리 그 시절의 소중한 추억을 비빔밥 재료 삼아 큰 양푼에 넣고 따뜻한 마음을 비비고 또 비비면서 말입니다.

III. 가정과 사회

■ 저출산 장려 포스터(1970~1980년대)

©인구보건복지협회

©인구보건복지협회

©인구보건복지협회

©인구보건복지협회

■ 출산 장려 포스터(2000년대)

©인구보건복지협회

©인구보건복지협회

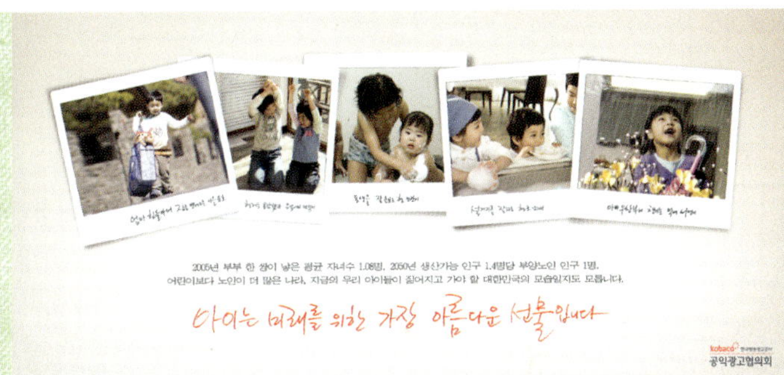

■ 다문화 사회 포스터(2000년대)

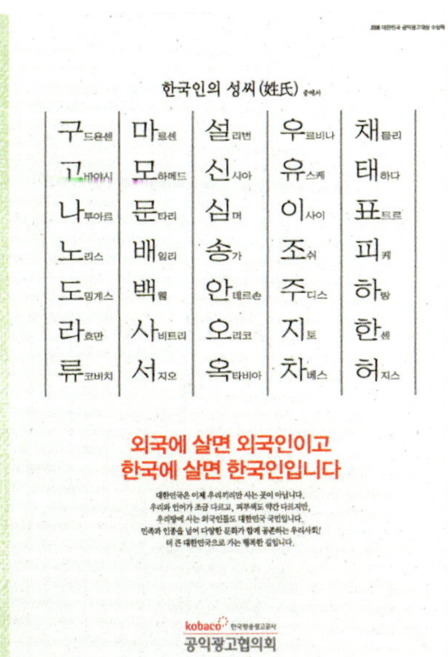

자 기 소 개 서

• 성장 과정

저는 19XX년 9월 25일에 중국 상하이에서 1남 2녀 중 장녀로 태어났습니다. 아버지는 한족이시고 어머니는 조선족이십니다. 아버지께서는 '항상 최선을 다하라'는 말씀을 자주 해 주셨고, 어머니께서는 다른 사람에 대한 배려의 중요성을 생활을 통해 보여 주셨습니다. 또 부모님께서는 장녀인 저에게 가족 안에서의 역할과 그에 따른 책임감을 강조하셨습니다.

고등학교를 졸업한 후 중국 북경대학교 한국어학과에 입학했습니다. 대학 1~2학년 때는 전공 공부뿐만 아니라 컴퓨터와 연극부 활동을 열심히 했습니다. 한국 유학생들과 연합 모임을 만들어 한국어로 하는 연극을 제작해 공연하기도 했습니다. 2학년을 마치고 본격적으로 한국어를 배워야겠다는 결심으로 한국으로 유학을 와 한국대학교 국어국문학과에서 공부하게 되었습니다.

• 성격의 장단점

명랑한 성격과 밝은 미소가 기분 좋다는 평을 많이 듣습니다. 그건 제가 문제가 있으면 해결 방법도 있을 것이라고 생각할 줄 아는 긍정적인 사고를 가지고 있기 때문이라고 생각합니다. 또 장녀로 자라서 그런지 주변 사람들에게 관심과 애정이 많고 또 다정한 표현도 잘하는 편이라 친구가 많습니다. 이런 주변의 사랑하는 사람들은 제 인생의 소중한 재산입니다. 저는 마음먹은 일은 빨리 행동으로 실천하려고 노력합니다. 하지만 일을 맡으면 누구보다 빨리 진행하려고 서두르는 경향이 있습니다. 아직까지 저의 이런 급한 성격으로 문제가 생긴 적은 없었지만 앞으로 일을 하게 되어 중요한 책임을 맡게 되면 더욱 신중하게 일을 처리하도록 노력하겠습니다.

• 경력 사항 및 특기 사항

저는 대학에 입학하기 전에 한국대학교 언어교육원에서 한국어과정 6급을 수료했습니다. 그 후 더 세련된 한국어 표현을 익히기 위해 연구반 프로그램도 이수했습니다. 한국대학교 국어국문학과에 들어간 후에는 외국 유학생들과 전공 세미나를 하면서 공부에 힘을 쏟는 한편 등산 동아리에도 가입해 즐겁게 활동했습니다. 제 한국어 실력은 대학 생활을 통해 크게 향상되어 읽기, 듣기는 매우 자신 있는 수준이며 일상생활의 말하기는 전혀 불편함이 없는 수준입니다. 발표와 토론도 이제는 상당히 능숙해졌습니다.

또 저는 대학 시절부터 현재까지 많은 번역 및 통역 업무를 담당했습니다. 대학 재학 동안에는 영화, 드라마, 웹 페이지 등의 번역을 맡아서 했고 졸업 후에는 화신전자, 신신건설, 세진중공업과 같은 기업에서 통역을 하거나 수출입 관련 서류를 번역했습니다. 그동안 제가 담당했던 일의 결과물을 별첨 자료로 제출하오니 참조해 주시기 바랍니다.

• 지원 동기 및 입사 후 포부

통역을 담당하면서 국제회의에서 이런 일에 대해 알게 되었고 매력을 느꼈습니다. 저도 이 매력적인 분야에서 한 분야를 담당하는 전문가가 되고 싶습니다. 제가 지금까지 배우고 경험한 것들을 이 분야에서 발휘하고 싶습니다. 어떤 환경에서도 밝은 미소와 친절함으로 일하겠습니다. 아직 많이 부족하다는 것을 알고 있기에 끊임없이 성실하게 노력하겠습니다.

입 사 지 원 서

<table>
<tr><td rowspan="3"></td><td rowspan="2">성 명</td><td>(한글)</td><td>김철수</td><td colspan="2">주민등록번호</td><td colspan="2">850531-1123XXX</td></tr>
<tr><td>(한자)</td><td>金哲洙</td><td>연 령</td><td>27</td><td>연 락 처</td><td>02-880-5488</td></tr>
<tr><td>주 소</td><td colspan="4">서울특별시 관악구 관악로 1</td><td>희망업무</td><td>개발 부서</td></tr>
</table>

	학력구분	년 월	출 신 학 교	학 년	전 공	졸업여부
학력사항	고등학교	2004. 2.	○○고등학교			졸업
	대학교	2008. 2.	○○대학교		컴퓨터공학과	졸업
	대학원	2011. 2.	○○대학원		컴퓨터공학과	졸업

	회 사 명	근 무 기 간	직 위	담 당 업 무
경력사항	한국컴퓨터	2007. 7.~ 2007. 8.	인턴사원	개발 지원

	종 류	능 력		취 득 일	자 격 증 명
외국어	영어	상 (중) 하	자격증	2006. 11	정보처리기사
	중국어	상 (중) 하		2007. 2	컴퓨터 보안전문가

육십에 배운 한글

김덕례

안녕하세요? 저는 육십이 넘은 할머니 김덕례라고 합니다. 뒤늦게 '동부 밑거름 학교'에서 한글을 배우고 있는 나무반 학생이지요. 한글을 배운 지 2년이 넘었는데도 아직도 어려운 받침이 있는 글자는 다 틀리니 이 노릇을 어쩌면 좋을지 모르겠습니다.

우리 연배들은 세상이 어려울 때 태어나서 못 배우기도 했지만 내가 어렸을 때에는 여자애들이 글자를 배우면 팔자가 세진다고 아버님이 절대 못 배우게 했어요. 그것이 두고두고 내 평생에 한이 될 줄은 정말 몰랐습니다. 우리 집 양반도 이제껏 아무 불편 없이 잘 살았으면서 왜 새삼스럽게 그런 걸 배우려고 하냐며 제가 한글 공부하는 것을 탐탁지 않게 생각했습니다.

그 설움은 아무도 몰라요(진짜, 며느리도 몰라요). 혹시나 누가 글씨라도 쓰라고 할까 봐 사람 많이 모인 데는 가지 않았고 은행에 가서 돈 한번 찾아 보지 못했습니다. 한마디로 눈 뜬 장님이었지요. 어떤 아줌마가 은행에 갈 때마다 일부러 손에 붕대를 감고 가서 다쳐서 글씨를 못 쓰는 것처럼 다른 사람에게 글씨 부탁을 했다는 피눈물 나는 그 얘기는 바로 제 심정과 똑같았지요. 그러나 지금 전 세상 사는 게 재미있고 행복합니다. 이제 거리를 다녀도 제가 아는 글자들이 많이 있으니 겁날 것이 없고 은행 가서 돈도 척척 찾습니다. 글을 안다는 게 이렇게 좋은 건지 몰랐습니다.

사실 그동안 우리 집 양반한테랑 딸아이한테 '기역, 니은……' 정도는 배웠는데 하도 구박을 하고 자존심을 건드리는 바람에 그만두고 말았지요. 그러다가 딸아이가 전봇대에 붙어 있던 한글 배울 학생 모집 포스터를 보고 적어 왔다며 전화번호 하나를 제게 주더군요. 그게 바로 '동부 밑거름 학교'였어요. 당장에 적힌 대로 전화해서 등록하고는 때때로 손자를 데리고 다니면서도 하루도 결석하지 않고 열심히 공부했습니다.

아침부터 와서 월급 한 푼 안 받고 일자무식인 우리에게 한글을 가르쳐 주는 선생님들이 고마워서라도 포기하지 않으렵니다. 열심히 해서 여든이 되든 아흔이 되든 검정고시를 볼 생각입니다. 이제 다른 세상을 알게 되었고, 옆에서 도와주는 고마운 분들이 계시는데 못 할 것 없지요. '배우는 고통은 잠깐이지만 못 배운 고통은 평생이다'는 말이 있습니다. 한글을 모르고 사는 아주머니, 할머니들! 망설이지 말고 이참에 용기 내서 한글을 배워 보세요. 이 늙은이도 배우는데 다 할 수 있습니다. 우리 새롭게 인생을 사십시다.

(고등학교 국어 상, 교육부)

Ⅵ. 한국 탐구

한국의 문화유산

1. 건축

경복궁 근정전
조선 시대
조선 시대 궁궐

©한동건

부석사 무량수전
고려 시대
팔자 모양의 지붕과 간결한 기둥

©한동건

무위사 극락보전
조선 시대
간결한 직선과 균형 있는 구조

2. 회화

단오도 신윤복
조선 18세기
치밀한 구도와 장난스러움이 있는 풍속도

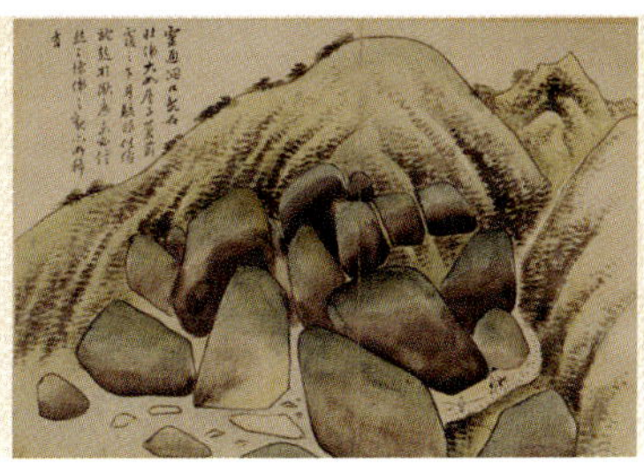

송도기행첩 강세환
조선 18세기
따뜻한 색감과 명암의 묘사

초충도 신사임당
조선 16세기
섬세한 선과 선명한 색

3. 서예

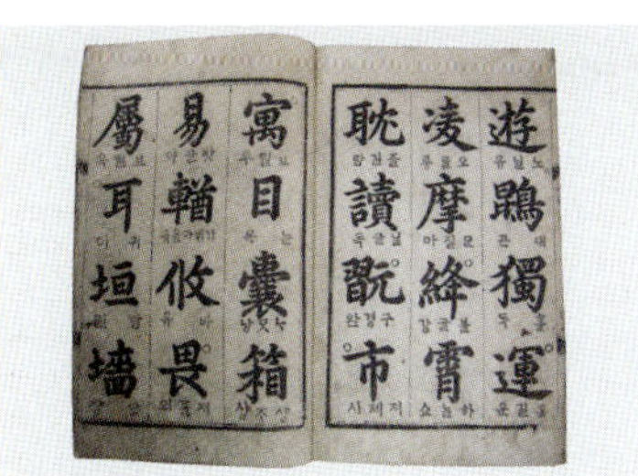

석봉 한호
조선 1583년
짜임새 있고 힘 있는 글씨

이광사
조선 18세기
떨리는 획과 둥근 모양의 글씨

4. 공예

청자
고려 12세기
색의 우아한 모양

분청사기
조선 15세기
활기차고 풍부한 느낌

백자
조선 16세기
곡선미와 단순미

금동미륵보살반가사유상
삼국 6세기 중엽 이후
단순하면서도 세밀한 묘사

5. 기타

양반탈
조선 시대
비대칭적 여유로움

기와
백제 시대
소박하고 친근한 문양

한지공예
현대
섬세한 생활용품

떡살
연대 미상
소박하고 친근한 문양

듣기 지문

Ⅰ. 외모와 성격

1. 갸름한 얼굴에 긴 생머리

들어가기 _ 들어 보세요 Tr 2 p.18

여자 1 : 고3 때 수학 선생님 결혼하셨다는 소식 들었니? 남학생들 사이에 인기 정말 좋았잖아.

여자 2 : 아, 그 눈 동그란 선생님? 응, 그랬지. 근데 첫 수업 시간에 갸름한 얼굴에 긴 머리를 단정하게 묶고 들어오셔서 우리 모두 오해했잖아.

여자 1 : 오해?

여자 2 : 예쁘게 미소 지으면서 조용조용 가르쳐 주실 줄 알았는데 말이야. 우리가 떠들어도 야단도 잘 못 치실 줄 알았거든. 근데 우리 학교에서 제일 무서운 선생님이었지, 아마?

듣고 말하기 _ 들어 보세요 Tr 4 p.22

남자 : 여자는 출입문이 잘 보이는 자리에 앉았다. 마음에 들지 않는 남자가 나오면 슬쩍 일어서 나가기로 마음먹고 빨간 모자는 무릎 위에 두었다. 왠지 긴장이 됐다. 선배 언니의 말대로라면 정말 괜찮은 사람일 거라는 기대 때문일 것이다.

문이 열렸다. 미리 약속한 대로 검정색 코트에 목도리를 한 남자가 들어왔다. 남자의 인상은 다소 차가워 보였다. 약간 각이 진 턱, 뒤로 빗어 넘긴 머리, 방금 면도한 듯 깨끗한 얼굴이 차가운 인상을 주었다. 짙은 회색 바지에 잘 닦은 구두를 신은 이 남자가 바로 기다리던 사람이다 싶어 여자가 무릎 위의 빨간색 모자를 쓰는 순간, 남자가 활짝 웃으며 손을 들어 올렸다. 여자도 손을 들었는데 그녀의 이상형은 그녀 옆을 지나가 버렸다.

이때 문으로 또 다른 남자가 들어왔다. 그 남자도 검정색 코트에 목도리를 두르고 있었다. 그러나 좀 전의 남자와 달라도 너무 달랐다. 멋을 내어 묶은 목도리 때문에 목은 더욱 짧아 보였고 유행을 따라 앞머리를 짧게 잘라서 그런지 둥근 얼굴은 더욱 더 동그랗게 보였다.

여자는 고개를 숙이며 서둘러 일어서려고 했다. 그때 여자의 눈 앞에 검정색 양말에 흰색 운동화를 신은 남자의 발이 멈추어 섰다.

'이건 날 무시한 거야. 어떻게 이런 차림으로 나올 수가 있지?'

"김지수 씨 아닙니까?"

남자는 도수 높은 안경 너머 작은 눈을 빛내며 여자를 내려다보고 있었다.

"네, 네…, 저… (아니요. 전 김지수가 아니에요! 절대 아니에요. 아! 이런. 빨간 모자.)." 여자는 머리 위에 불이 붙은 것만 같았다.

2. A형 성격과 B형 성격

들어가기 _ 들어 보세요 Tr 5 p.24

여자 : 저는요, 딴 사람을 의식을 많이 하고요. 어떤 일을 할 때 편하게 생각하면 될 일을 가지고 여러 가지 걱정이 많은 소심한 성격이에요. 그래서 작은 일에도 스트레스를 받아요. 모든 일을 틀리지 않게 해야 하고, 꼼꼼하게 해야 마음이 편해져요. 그렇지만 그러면서 저는 엄청나게 스트레스를 받게 돼요. 좀 털털하고 느긋하게 살고 싶은데……. 선생님, 이런 제 성격을 고칠 수 있는 방법 좀 알려 주세요.

듣고 말하기 _ 들어 보세요 Tr 7 p.28

아내 : 오늘로 우리가 결혼한 지 벌써 20년이 되었네요. 당신과 처음 만났던 날이 바로 엊그제 같은데요.

남편 : 아이들 키우고 불같은 내 성격 맞추고 사느라 당신이 고생 많았어요.

아내 : 그거야 당신도 마찬가지지요. 내 느긋한 성격 때문에 당신도 많이 답답해했잖아요.

남편 : 말로는 그랬지만 사실은 당신의 편안하고 여유 있는 성격이 부러웠어요.

아내 : 하긴 결혼 초에는 매사에 빈틈이 없고 완벽해 보이는 당신 모습이 매력적으로 보였는데 이젠 오히려 걱정스러워요. 당신 같은 성격이 건강에는 무서운 적이라잖아요.

남편 : 당신 말이 맞아요. 이제 우리도 내일 모레면 50인데 무엇보다도 건강을 조심해야지요.

아내 : 당신 말을 들으니 이제 좀 마음이 놓이네요. 당신이 항상 화도 잘 내고 경쟁심이 강해서 얼마나 걱정이 되는지 아세요? 얼마 전에 신문에서 보니까 당신 같은 성격을 가진 사람이 심장병에 잘 걸린대요.

남편 : 암 환자도 좀 털털하고 느긋한 사람이 꼼꼼하고 급한 성격을 가진 환자들보다도 더 오래 산다지요? 나도 이제 웬만한 일은 마음대로 안 돼도 편안하게 생각하도록 노력해 볼게요.

3. 만나고 싶은 사람

들어가기 _ 들어 보세요 Tr 8 p.30

아나운서 : 오늘 문화 코너에서는 여행가 한비야 씨의 책을 만나 보겠습니다. 지은희 기자, 어떤 책을 소개해 주시겠습니까?

기자 : 오늘 소개할 책은 한비야 씨가 쓴 '걸어서 지구 세 바퀴 반'이라는 책입니다. 한비야 씨는 어릴 적부터 세계 여행을 꿈꾸었다고 하는데요. 30대 중반에 안정된 직장을 그만두고 아프리카로 여행을 떠났는데, 이 여행이 한비야 씨의 인생을 바꾸었습니다. 그 후 7년간 전 세계를 여행하며 경험한 내용을 정리하여 이 책을 냈습니다. 한비야 씨는 현재 네티즌이 만나고 싶은 인물 1위라고 하는데요. 새로운 인생을 꿈꾸는 분이라면 먼저 이 책을 읽어 보시기 바랍니다.

듣고 말하기 _ 들어 보세요 1 Tr 10 p.35

기자 : 바쁘실 텐데 이렇게 시간을 내 주셔서 감사합니다. 최근 선생님께서 하시는 '찾아가는 음악회'에 서울 시민들의 관심이 뜨겁습니다. 선생님께 음악이란 어떤 것입니까?

정명훈 : 글쎄요. 모든 것이 빨리 돌아가는 세상에서 천천히 가면서 세상의 균형을 맞추어 주는 것, 그런 것이 음악이 아닐까 합니다.

듣고 말하기 _ 들어 보세요 2 Tr 11 p.36

기자 : 바쁘실 텐데 이렇게 시간을 내 주셔서 감사합니다. 최근 한 조사에서 선생님이 대학생이 만나고 싶어 하는 인물로 뽑히셨는데요. 이만큼 선생님에 대한 사람들의 관심이 뜨거운 것 같습니다. 선생님은 50년 넘게 음악을 하고 계시는데요. 선생님께 음악이란 어떤 것입니까?

정명훈 : 글쎄요. 모든 것이 빨리 돌아가는 세상에서 천천히 가면서 세상의 균형을 맞추어 주는 것, 그런 것이 음악이 아닐까 합니다. 신이 인간에게 주신 가장 위대한 선물이 바로 음악이라고 할 수 있겠지요.

기자 : 선생님은 네 살부터 피아노를 시작하셨지만 중간에 지휘자로 진로를 바꾸셨는데, 지휘자에게 재능과 노력 이 둘 중에 어느 것이 더 필요하다고 생각하세요?

정명훈 : 어느 정도 음악적인 재능을 타고나는 것도 중요

하지만, 저는 항상 꾸준히 하는 타입이어서요. 둘 중에서 노력이 더 중요한 것 같아요.

기자 : 선생님께서는 가장 좋은 음을 내기 위하여 30분간 같은 음을 연습하게 할 정도로 완벽한 걸 좋아하신다는 이야기를 들었는데요. 선생님께서 생각하기에 지휘자는 어때야 한다고 보세요?

정명훈 : 저는 아직도 지휘자는 이상한 음악가라고 생각해요. 연주할 때 지휘자만 혼자 소리를 안 내니까요. 이렇게 지휘자는 연주를 하는 사람이 아니기 때문에 일반 음악가보다 노력을 훨씬 많이 해야 좋은 음악가가 될 수 있어요.

기자 : 혹시 현재 계획하고 있는 거라든가, 앞으로 하고 싶은 일이 있다면 어떤 일인지요?

정명훈 : 그런 질문을 받을 때마다 대답할 말이 없는데요. 왜냐하면 여태까지 한 것이 하고 싶은 거고 지금까지 해 온 일이 그런 것이고, 또 그걸 계속할 거니까요. 그리고 또 하나, 하고 싶은 일은요. 그동안 제가 워낙 많이 받았으니까, 제가 받은 것을 돌려주어야겠다고 느끼고 있습니다. 그래서 이제까지도 해 왔지만 앞으로도 젊은 음악가를 도와주는 프로그램을 하고 싶습니다.

기자 : 귀한 시간 내 주셔서 감사합니다. 앞으로 더욱 좋은 음악 부탁드립니다.

II. 사랑하는 마음

1. 사랑의 손길

들어가기 _ 들어 보세요 Tr 12 p.50

남자 : 안녕하세요. 저희는 성금을 모아 어려운 이웃을 돕는 단체입니다. 저희 단체의 상징인 세 개의 열매는 각각 나, 가족, 이웃을 의미합니다. 빨간색은 따뜻한 사랑의 마음을 뜻하고, 세 개의 열매가 한 줄기로 모아진 것은 함께 사는 사회를 나타내고 있습니다. 여러분들이 보내 주시는 성금은 이웃 사랑을 실천하는 데 사용됩니다. 작은 정성이 모여서 사회를 더욱 아름답게 만들 수 있습니다. 여러분의 따뜻한 손길을 기다립니다.

듣고 말하기 _ 들어 보세요 Tr 14 p.54

진행자 : 오늘은 십시일반운동본부의 강준식 회장님을 모시고 이야기를 나눠 보겠습니다. 안녕하십니까? 회장님.

강준식 : 안녕하세요?

진행자 : 우선 단체 이름이 관심을 끄는데요. 십시일반운동이라는 것은 어떤 것입니까?

강준식 : '십시일반'이라는 말은 '열 숟가락이 모이면 밥 한 그릇이 된다'는 말이잖습니까? 이 말처럼 작은 정성을 모아 불우 이웃에게 큰 사랑과 희망을 전하고자 하는 운동입니다. 무엇보다 이 세상에 밥 굶는 이웃이 없도록 하자는 것이 십시일반운동의 목표입니다. 감사하게도 많은 분들이 후원금을 보내 주셔서 저희들이 전국 50개 급식소에서 노숙자나 독거노인 등 끼니를 해결할 수 없는 사람들에게 무료 급식을 하고 있습니다.

진행자 : 지난 9월 15일은 아주 특별한 날이었다고 들었습니다.

강준식 : 네, 십시일반운동이 10주년을 맞은 날이었습니다. 이것을 기념하기 위해 1,000명이 모여 큰 밥그릇에 비빔밥을 만들어서 함께 먹는 행사를 했습니다.

진행자 : 1,000명분 비빔밥이라면 정말 큰 그릇이 필요했겠군요. 다른 음식도 많은데 비빔밥을 만드신 특별한 이유가 있습니까?

강준식 : 비빔밥은 신비한 음식이거든요. 자기 밥과 반찬이 따로 있을 때는 별로 많아 보이지 않지만, 모두 모아서 비비면 그 양이 두 배로 늘어나서 다른 사람들까지 같이 먹어도 모자라지 않게 되지요. 모두의 마음을 합해 불우 이웃을 돕자는 정신을 보여 주고 싶었습니다.

진행자 : 그렇군요. 십시일반운동의 무료 급식은 모두 자원봉사자들이 준비한다고 하던데요. 주로 어떤 분들이 자원봉사를 하고 있습니까?

강준식 : 동네 아주머니부터 회사원, 대학생까지 아주 다양한 분들이 자원봉사에 참여해서 이웃 사랑을 실천하고 계십니다.

2. 사랑이란

들어가기 _ 들어 보세요 Tr 15 p.56

남자 : 꽃집의 그녀를 알게 된 지 벌써 두 달, 하지만 아직 얼굴조차 제대로 쳐다보지 못하고 있다. 어쩌다 눈길만 마주쳐도 얼굴이 화끈화끈거리고, 가슴은 두근두근거리고, 입술이 바짝바짝 마른다. 어떻게 말을 걸어야 할까? '저, 시간 있으면 차나 한잔하실래요?' 이렇게 말할까? 아냐, 이건 너무 옛날 방식이야. '처음 본 순간 제 운명의 짝이라고 느꼈습니

다. 사귀고 싶습니다.' 이건 어떨까? 안 돼! 너무 부담스러울 거야. '저 혹시 시간 있으세요? 연극을 같이 보기로 한 친구가 못 오게 돼서요. 초대권을 버리기도 아깝고, 같이 보실래요?' 이건 너무 선수 같지 않을까?

듣고 말하기 _ 들어 보세요 Tr 17 p.60

진행자 : 오늘의 첫 번째 사연은 사랑과 우정 사이에서 고민하고 있는 한 여성 청취자의 이야기입니다. 들어 보시겠습니다.

여자 : 안녕하세요? 아무한테도 말할 수 없는 고민이 있어서 이렇게 글을 쓰게 되었습니다. 저한테는 어릴 때부터 친한 남자 친구가 한 명 있습니다. 초등학교부터 고등학교까지 같이 다녔고, 같은 동네에서 살면서 가족들끼리도 친해서 한 번도 남자라고 느껴본 적은 없었어요. 그런데 걔가 지난달에 여자 친구를 저한테 소개해 주는 거예요. 서로 첫눈에 반했다고 하더군요. 처음에는 별로 신경 쓰지 않았는데 만날 때마다 서로 너무나 잘 맞는다느니, 천생연분을 만났다느니 하며 그 여자 이야기밖에 하지 않는 거예요. 그럴 때마다 저는 그냥 "완전히 눈에 콩깍지가 씌었구나." 하며 놀리는 척했지만 사실은 마음 한구석이 쓸쓸했습니다. 어제는 걔가 저한테 "야! 너도 얼른 남자 친구 좀 찾아봐. 짚신도 짝이 있다잖아. 너한테도 짝이 있을 거야." 이러고 놀리더라고요. 그런데 저도 모르게 눈물이 나와서 감추느라고 혼났습니다. 게다가 저는 걔의 여자 친구가 마음에 들지도 않습니다. 아무리 제 눈에 안경이라지만 그렇게 남자같이 털털한 여자가 뭐가 좋은 걸까요? 제가 질투를 하고 있는 건지, 이런 느낌이 혹시 사랑인 건지 잘 모르겠어요. 그냥 친한 친구를 뺏겨서 섭섭한 걸까요? 제 감정이 사랑인지 우정인지 좀 알려 주세요.

Ⅲ. 가정과 사회

1. 변화하는 가족

들어가기 _ 들어 보세요 Tr 18 p.74

남자 : 성인 남녀 만 명에게 '가족' 하면 어떤 단어가 떠오르느냐고 물었더니 가장 많은 응답자가 '사랑'을 꼽았습니다. 그 다음이 '힘', '행복'의 순이었습니다. 이런 결과를 보면 대부분의 사람이 가족의 사랑을 통해 살아갈 힘과 행복을 얻고 있는 것 같습니다. 하지만 응답자의 5%는 '상처', '오해', '짜증' 등의 부정적인 말을 떠올렸습니다. 가족에 대해 아픈 기억을 갖고 있는 사람 또한 적지 않은 셈이지요. 그래도 누구에게나 가족은 소중한 존재일 겁니다. 무엇보다 소중한 가족에게 오늘 사랑의 말 한마디씩 해 보시는 것은 어떨까요?

듣고 말하기 _ 들어 보세요 Tr 20 p.78

사회자 : 사회 변화에 따라 효도의 모습도 많이 바뀌고 있는데요. 전통적인 효도의 모습은 어떠했는지, 최근에는 어떤 변화가 있는지에 대해 두 분 선생님과 말씀을 나눠 보겠습니다.

여자 : 한국 사람의 의식에서 효도는 가장 중요한 마음이었지요. 자신을 낳아 주신 부모님을 가장 중요하게 여기고 항상 감사하는 태도로 부모님을 대했습니다. 부모님께 물려받은 머리카락 하나도 소중하게 여겼으니까요.

남자 : 네, 그렇습니다. 부모님 살아 계실 때는 아침저녁으로 인사를 올리며 부모님의 건강에 늘 신경 쓰고 돌아가시면 부모님 산소 근처에서 3년 상을 지냈죠. 이에 반해 요즘은 효도에 대한 의식이 약해지다 못해 없어진 것 같아 걱정이 됩니다. 핵가족이 되면서 자식을 귀하게만 키워서 그런 것 같습니다.

여자 : 네, 저도 요즘 젊은 부모들이 아이들을 너무 보호하기만 하고 효도에 대한 생각은 키워 주지 못하는 것이 아닌가 싶어요. 그렇지만 자세히 보면 젊은 사람들도 자기들의 방식으로 부모님에 대한 마음을 표현하려고 해요. 예를 들면 딸이 엄마와 친구처럼 지내는가 하면 아들도 결혼해서 분가를 하는 경우가 많아지기는 했지만 부모와 더 가깝고 친밀하게 지내지요. 옛날과는 형태가 달라졌지만 자기 형편에 따라 자유롭게 표현하는 효가 된 것 같아요.

남자 : 하긴 부모들도 자식들에게 기대하는 것이 많이 바뀌고 있어요. 예를 들면 늙어서 자식들과 같이 살고 싶은가 하는 질문에 대해 많은 사람들이 같이 사는 게 불편하다고 응답했다고 합니다. 오히려 자식들이 경제적으로 지원을 해 주면서 부모의 독립적인 생활을 존중해 주기를 바라는 사람들이 많다고 합니다.

2. 행복한 가정을 위해

들어가기 _ 들어 보세요 Tr 21 p.82

남자 : 사회 변화에 따라 정부의 가족 정책도 변화가 많았지요?

여자 : 네, 크게 두 가지가 있는데요, 하나는 출산율과 관련된 것입니다. 60~70년대만 해도 출산율을 낮추기 위해 여러 가지 캠페인을 했었지요. 그런데 현재는 저출산 문제가 심각해서 어떻게 하면 출산율을 높일 수 있는지가 정부의 큰 과제입니다. 또 하나는 다양한 가족 형태와 관련된 것입니다. 맞벌이 가정, 다문화 가정, 한부모 가정 등 가족의 상황마다 해결해야 할 과제가 다 다르기 때문에 가족 정책도 이에 따라 달라지고 있습니다.

듣고 말하기 _ 들어 보세요 1 Tr 22 p.86

사회자 : 지금부터 회의를 시작하겠습니다. 오늘 회의의 안건은 우리 동네의 어려운 가정을 지원하기 위한 아이디어를 모으는 것입니다. 많은 의견 부탁드립니다.

남자 : 네, 제 생각에는 무엇보다 우리 동네 맞벌이 가정의 아이들을 위해 공부방을 좀 마련해 줬으면 좋겠습니다.

듣고 말하기 _ 들어 보세요 2 Tr 23 p.87

사회자 : 자, 그럼 서울아파트 5동 주민 대표 회의를 시작하겠습니다. 오늘 회의의 안건은 어려운 문제가 있는 가정을 지원하기 위한 아이디어를 모으는 것입니다. 구청에서 공고가 났는데, 가정 지원 정책에 대한 제안을 주민들에게 받은 다음에 심사를 해서 좋은 제안은 상도 주고 실제 정책으로도 만든다고 합니다. 많은 의견 부탁드립니다.

남자 1 : 제 생각에는 무엇보다 우리 동네 맞벌이 가정의 아이들을 위해 공부방을 좀 마련해 줬으면 좋겠어요. 학교 끝나고 집에 오면 애들끼리만 집에 있어야 하는데, 위험하기도 하고 숙제 같은 것 도와줄 사람도 필요하고요.

여자 : 네, 저도 전부터 그런 생각을 했는데요. 마침 우리 동 주민 센터 2층에 빈방이 하나 있으니까 거기를 아이들의 공부방으로 하면 어떨까요? 컴퓨터나 책상은 구청에서 제공을 받는 걸로 하고요.

남자 2 : 공부를 지도할 선생님도 필요할 것 같은데요.

여자 : 우리 동네에서 가까운 한국대학교에 협조를 구하는 것은 어떨까요? 자원봉사해 줄 대학생들을 찾을 수 있을 것 같은데요.

남자 1 : 아, 그거 아주 좋은 생각이십니다.

남자 2 : 저는 다문화 가정도 좀 도와줬으면 좋겠어요. 우리 옆집 새댁은 필리핀에서 왔는데 한국말을 못하니까 매일 집에만 있어요. 그 집 할머니도 며느리하고 말이 안 통하니까 힘들어하시던데요. 가족들끼리 말이 안 통하면 얼마나 답답하겠어요. 무엇보다도 그런 결혼이주여성들에게 한국어를 가르치고 한국 생활에 적응할 수 있도록 도와주는 프로그램을 구청에서 개설하는 것이 필요해요.

3. 듣고 싶은 말

들어가기 _ 들어 보세요 Tr 24 p.90

사회자 : 오늘은 '기억에 남는 말'이라는 주제로 사연을 소개해 드리고 있습니다. 이번에는 김지연 씨 사연 들어 보겠습니다.

제 어머니는 어렸을 때부터 제가 무엇을 해도 항상 너를 믿는다고 하셨어요. 저는 이 말을 들을 때마다 행복하고, 어떤 일도 할 수 있다는 자신감이 생겼어요. 나를 믿어 주시는 어머니가 계시다는 생각을 하면 두려울 것이 없었지요. 세상의 어머님들, 자녀들에게 너를 믿는다고 해 주세요. 그러면 그 아이는 더 자신 있게 인생을 살아갈 거예요.

듣고 말하기 _ 들어 보세요 Tr 26 p.94

사회자 : 안녕하십니까? '라디오 세상 보기'입니다. 사회 변화가 빨라지면서 가족 형태에 많은 변화가 생기고 있고, 특히 전통적인 부부 관계가 많이 달라지고 있는 것 같습니다. 최근 남자 전업주부가 상당히 늘어났기 때문입니다. 부인 연봉이 1억이 된다면 대신 살림을 하겠다는 남편들이 많았다는 조사 결과도 있습니다. 오늘은 아내 대신 살림을 하는 남자 전업주부 세 분의 이야기를 먼저 들어 보겠습니다.

남자 1 : 저는 직장에 다니는 아내를 대신해 결혼 후부터 계속 집안 살림을 맡아 하고 있습니다. 처음에는 가족이나 친구들의 따가운 시선을 견디기 힘들었지만, 지금은 살림 전문가가 다 되었습니다. 최근에는 그간의 경험을 담아서 살림에 대한 책도 냈습니다. 이제 남자도 적성에 맞으면 살림할 수 있는 시대가 되었다고 봅니다.

남자 2 : 저는 직장에서 해고된 뒤 직장 생활하는 아내 대신 어쩔 수 없이 살림을 하게 되었습니다. 가사 노동이 생각보다 힘들고, 설거지할 때는 내가 지금 뭐 하고 있나 하는 생각도 들어서 마음이 편하지 않습니다. 부모님도 못마땅해 하시지만 뭐, 어쩔 수 없지 않습니까?

남자 3 : 저는 직업이 만화가라서 출퇴근하지 않아도 되니까 가사 분담을 하다가 자연히 살림을 맡게 되었습니다. 저는 아이들 학교 어머니회에도 나가는데, 제가 주장을 해서 '어버이회'로 이름도 바꿨습니다. 처음에는 다른 어머니들이 저를 이상하게 봤는데, 이제는 아이들 교육에 대한 정보도 같이 이야기하는 사이가 됐습니다. 여자들만 살림하라는 법 있습니까? 남편이나 아내 중에 더 잘할 수 있는 사람이 맡아서 하면 되는 거지요.

사회자 : 네, 잘 들었습니다. 저희가 가족과 친구들께 세 분에게 해 주고 싶은 말씀에 대해 미리 인터뷰를 한 게 있습니다. 인터뷰를 듣고 나서 더 이야기 나누도록 하겠습니다.

Ⅳ. 직업과 직장

1. 일하는 사람들

들어가기 _ 들어 보세요 Tr 27 p.112

남자 : 최근 취업 준비생들에게 가장 인기 있는 직업 1위가 공무원, 2위가 교사인 것으로 나타났다고 합니다. 교수님은 이런 조사 결과에 대해 어떻게 생각하십니까?

여자 : 네, 경제가 어려워지고 사회 분위기가 점점 더 경쟁적이 되어 가니까 젊은이들이 적성에 맞는 직업보다는 안정적인 직장을 중시하는 것 같습니다. 하지만 직업의 세계는 사회 변화, 산업 구조의 변화에 따라 계속 달라지기 마련입니다. 적어도 10년 후를 내다보고 자신이 전문가가 되고 싶은 분야에서 열심히 일하겠다는 마음으로 직업을 선택하는 것이 바람직할 것입니다.

듣고 말하기 _ 들어 보세요 1 Tr 29 p.117

김민수 : 저는 산업공학과 3학년 김민수라고 합니다. 먼저 이 좌담회가 저한테 큰 도움이 되어서 감사하다는 말씀을 드리고 싶습니다. 제가 여쭤 보고 싶은 것은 취업하고자 하는 분야가 한 곳이 아닐 때 어떻게 하면 좋은가 하는 것입니다. 제 경우에는 금융업과 제조업 분야에 모두 관심이 있는데 힘들더라도 둘 다 준비하는 게 나을까요? 아니면 하나만 선택해서 거기에 집중하는 것이 나을까요?

선배 : 그러니까 각기 다른 분야에 관심이 있는데 어떻게 준비하면 좋겠느냐 이런 말씀이시지요? 제 생각에는 그 분야에 자신이 잘 맞는지를 따져 보는 것이 우선일 것 같습니다.

듣고 말하기 _ 들어 보세요 2 Tr 30 p.118

김민수 : 저는 산업공학과 3학년 김민수라고 합니다. 먼저 이 좌담회가 저한테 큰 도움이 되어서 감사하다는 말씀을 드리고 싶습니다. 제가 여쭤 보고 싶은 것은 취업하고자 하는 분야가 한 곳이 아닐 때 어떻게 하면 좋은가 하는 것입니다. 제 경우에는 금융업과 제조업 분야에 모두 관심이 있는데 분야가 다르다 보니까 요구하는 조건도 굉장히 달라 취업 준비를 할 때 두 배로 준비해야 하는 부담이 있습니다. 힘들더라도 둘 다 준비하는 게 나을까요? 아니면 하나만 선택해서 거기에 집중하는 것이 나을까요? 사람 일은 모르는 것이기 때문에 하나만 준비하기엔 위험 부담이 클 것도 같고, 그렇다고 둘 다 준비하기엔 부담감이 너무 커서 고민입니다.

선배 : 그러니까 각기 다른 분야에 관심이 있는데 어떻게 준비하면 좋겠느냐 이런 말씀이시지요? 제 생각에는 취업 준비 이전에 그 분야에 자신이 잘 맞는지를 따져 보는 것이 우선일 것 같습니다. 최근 금융업에 많은 구직자가 몰리고 있습니다. 급료도 높고 미래 전망도 나쁘지 않기 때문입니다. 하지만 막상 입사한 후에는 많은 업무량 때문에 너무 힘들다고 하소연을 하는 경우가 많습니다. 월급이 높은 만큼 일의 강도나 업무량도 높다는 것을 고려해야 합니다. 제조업의 경우는 급료가 금융업만큼 많지는 않지만 그래도 금융업보다는 여가 시간도 즐길 수 있고 자기 개발 시간도 가질 수 있습니다. 이렇게 각 분야마다 특성이 있고 장단점이 있기 때문에 가장 중요한 것은 바로 자신의 적성이 정말 그 분야에 맞느냐,

그 분야에 잘 적응하고 성장할 수 있겠느냐 하는 것입니다. 취업을 하면 일주일에 최소 5번, 하루에 8시간 넘게, 출퇴근 시간을 고려하면 결국 자는 시간 빼고는 거의 다 그곳에서 보내야 하는 게 직장입니다. 일이 적성에 맞지 않는다면 매일 싫은 일을 해야 하는 곳으로 억지로 가야 합니다. 아무리 유명한 회사라고 해도, 아무리 연봉이 많다고 해도, 자신과 맞지 않는다면 할 수 없는 겁니다.

2. 취업 준비

들어가기 _ 들어 보세요 Tr 31 p.120

여자 : 요즘 한창 기업들마다 사원 모집 하던데요.

남자 : 으응. 나도 요즘 여기저기 원서 넣고 면접 보러 다니느라 정신없어.

여자 : 저도 취직할 생각을 하면 벌써부터 스트레스가 쌓여요. 제가 아는 선배는 원서를 50군데나 내고서 겨우 취직했대요.

남자 : 너도 미리미리 준비해. 나도 취업 준비를 한다고 했는데도 막상 실제 상황이 되고 보니 더 열심히 준비할 걸 하고 후회가 돼.

여자 : 선배님은 분명히 좋은 데 합격할 거예요.

남자 : 그래. 취직 되면 내가 꼭 한턱 낼게. 아니 두 턱이라도 낼게.

듣고 말하기 _ 들어 보세요 Tr 32 p.124

남자 : 먼저 자기소개 좀 해 주시겠습니까?

여자 : 저는 '항상 해결 방법은 있다'는 긍정적인 생각으로 살려고 노력하는 사람입니다. 그래서 무슨 일이든 적극적인 자세로 남들보다 두 배 더 열심히 하려고 노력하고 있습니다. 학교 다닐 때는 통역이나 관광 안내 아르바이트를 하면서 사람들을 보살피고 사람들의 의견을 듣고 조정하는 경험을 많이 했습니다. 또 한국에서 오랫동안 공부하고 생활하면서 한국에 대해 많은 것을 알게 되고 많은 것을 이해하게 되었습니다. 저의 이런 장점을 살려 일한다면 회사에 꼭 필요한 사람이 될 수 있다고 생각합니다. 감사합니다.

남자 : 한국어 실력은 어느 정도입니까?

여자 : 지난달에 한국어능력시험 6급에 합격했습니다. 일상생활의 말하기는 전혀 불편함이 없고 소설책도 거의 이해할 수 있고 드라마나 뉴스도 잘 이해합니다. 발표와 토론 연습도 많이 했습니다. 또 저는 우리 나라에 있을 때부터 한국에서 출장 온 직원들을 안내하는 일도 하고 간단한 통역도 했습니다. 한국에 와서는 아르바이트로 주로 영화, 드라마, 웹 페이지 등의 번역 일을 했습니다. 앞으로도 제 한국어 능력을 더욱 향상시키기 위해 계속 노력하겠습니다.

남자 : 만약 입사하게 된다면 어떤 마음으로 일하겠습니까?

여자 : 회사에 꼭 필요한 사람이 되고 싶습니다. 또 한국과 우리 나라를 잇는 인재가 되고 싶습니다. 이 꿈을 위해 어떤 환경에서도 밝은 미소와 친절함으로 일하겠습니다. 아직 많이 부족하다는 것을 알고 있습니다. 항상 배우는 자세로 끊임없이 성실하게 노력하겠습니다.

Ⅴ. 가르침과 배움

1. 학교 이야기

들어가기 _ 들어 보세요 Tr 33 p.138

사회자 : 저는 '학교생활의 추억' 하면 쉬는 시간에 먹던 점심 도시락 생각이 먼저 나는데요. 요즘 학생들은 급식을 하니 그런 추억은 별로 없을 거 같아요. 김준석 씨는 신세대라고 할 수 있는데, '학교생활' 하면 어떤 기억이 먼저 떠오르세요?

김준석 : 저는 가을에 열리던 학교 축제 생각이 나요. 제가 고등학교 때 풍물 동아리를 했었거든요. 공연 준비하느라고 밤늦게까지 팔이 아프게 연습하고 달을 보면서 집으로 돌아가던 생각이 나요. 그때 친구들과 함께 먹던 떡볶이가 어쩌면 그렇게 맛있었는지…….

듣고 말하기 _ 들어 보세요 Tr 35 p.144

남자 : 이제 수능 시험이 끝났네요. 해마다 이맘때면 수능 시험의 문제점에 대한 얘기들이 많이 나오는 것 같아요.

여자 : 그래요. 3년 동안 교육받은 결과를 한 번의 시험으로 평가한다는 게 문제지요. 수능 시험을 1년에 여러 차례 실시하고, 학생들이 그중 가장 좋은 성적을 선택할 수 있도록 개선하자는 의견들이 많아요.

남자 : 시험 문제 유형은 더 문제가 많은 것 같아요. 수능 시험은 모두 객관식이고 학교 교육에서 보는 시험도 사지선다형의 비중이 높잖아요. 어느 대학 교수

가 계산을 해 보니까 우리나라 학생들은 초등학교 에 입학해서 수능 시험을 볼 때까지 한 학생당 사지 선다형 문제를 약 백만 개쯤 풀게 된대요.

여자 : 와, 그렇게 많대요?

남자 : 네. 그러다 보니 실력보다는 요령으로 시험을 보게 되고, 공부도 그런 요령을 익히는 게 중요하게 되는 거지요. 그래서 우스갯소리지만, 선 볼 때도 한 사람씩 보면 결정할 수가 없으니 네 명의 후보자를 동시에 만나야 잘 찍을 수 있겠다는 얘기도 있어요. 사지선다형에 길들여져서 그렇다는 거지요.

여자 : 하긴 제가 학생 때는 시험에 붙으라고 보통 엿이나 찹쌀떡을 줬었는데, 요새는 잘 찍으라고 포크도 주잖아요. 그런데 요즘은 학교 중간고사나 기말고사에서 서술형 같은 주관식 문제도 낸대요. 물론 모의고사나 학력 평가는 수능 시험처럼 여전히 객관식이지만 말이에요.

남자 : 주관식은 객관식에서는 평가하기 어려운 창의적 사고 능력이나 지식을 평가할 수 있는 좋은 유형이라고 생각해요.

여자 : 그런데 만약 수능 시험에 서술형이 포함되면 아마 난리가 날 거예요. 객관식은 정답이 정해져 있어서 누구든지 공정하게 채점할 수 있는데, 주관식은 아무리 노력해도 채점이 100% 공정하기가 어렵잖아요.

2. 한석봉의 어머니

들어가기 _ 들어 보세요 Tr 36 p.146

남자 : 이번 조사에서 70.9%의 국민들은 '대학을 반드시 다닐 필요는 없다'고 응답했습니다. 그런데 '내 자식'에 대해서 물으면 결과는 달라졌습니다. 전체 응답자의 57.8%가 '내 자식은 대학을 졸업해야 한다'고 답했습니다.

또한 93.5%가 '출신 대학으로 능력을 평가하는 것이 바람직하지 않다'고 응답했지만, '내 자식'과 관계되면 역시 결과는 달라졌습니다. 응답자 중 71.7%는 '내 자식은 좋은 대학에 입학하기 바란다'고 응답했습니다.

들어가기 _ 들어 보세요 1 Tr 38 p.150

남자 : 사람들이 한석봉의 어머니나 맹자의 어머니를 현명한 어머니의 모델이라고 하는데, 저는 생각이 좀 달라요. 한석봉 어머니는 자신이 떡을 썬 것처럼 고르게 글씨를 쓰지 못했다고 아들을 야단치는데 이런 비교는 공정하지 않지요. 왜냐하면 어머니는 이미 수십 년 동안 떡을 썰어 온 사람이잖아요.

여자 : 일리가 있는 말씀이에요. 저도 그렇게 생각해요.

들어가기 _ 들어 보세요 2 Tr 39 p.150

남자 : 대부분의 사람들이 한석봉의 어머니나 맹자의 어머니를 현명한 어머니의 모델이라고 하는데, 저는 그런 생각에 동의할 수가 없어요. 한석봉 어머니는 자신이 떡을 썬 것처럼 고르게 글씨를 쓰지 못했다고 아들을 야단치는데 이런 비교는 공정하지 않지요. 왜냐하면 어머니는 이미 수십 년 동안 떡을 썰어 온 사람이잖아요.

여자 : 저는 생각이 좀 다른데요. 제 생각에는 한석봉의 어머니가 한 평가 방법은 평가받는 사람이 아무 말 없이 받아들일 수 있는 힘이 있는 것 같아요. 더 공부해야겠구나 하고 절로 다시 돌아가게 만드는 이런 힘은 평가자가 행동으로 모범을 보일 때 나오는 거지요. 어머니가 낮잠 자다 일어나서 숙제했느냐, 공부했느냐 하면 아이가 스스로 노력하려고 할 리가 없죠.

남자 : 제 생각에는 어머니를 만나러 밤길을 온 아들을 하룻밤도 재우지 않고 캄캄한 밤에 돌려보내는 것도 너무 심한 일 같아요. 칭찬과 격려가 아이들의 교육에서 얼마나 필요하고 중요한데요. 이 일화에서는 엄격한 교육만 강조되는 것이 마음에 들지 않아요.

여자 : 네, 일리가 있는 말씀이에요. 그렇지만 아들을 위한 어머니의 노력이 아들의 성공에 큰 영향을 주었다는 것은 배울 점이지요. 요즘은 한석봉 어머니보다 더 열심히 아이들을 위해 노력하는 부모들이 많은데, 저는 그렇게 못 하고 있어서 걱정이거든요.

남자 : 저는 그렇게 생각하지 않아요. 지나친 것은 부족한 것만 못하다는 말이 있는데, 요즘의 교육열이 그런 것 같아요.

3. 공부 잘하는 비결

들어가기 _ 들어 보세요 Tr 40 p.152

사회자 : 교수님은 학생 때부터 공부에 뛰어난 분으로 널리 알려져 있는데, 특별한 공부 비결이 있으면 소개해 주십시오.

교수 : 특별한 비결은 아니지만 효과적으로 공부하는 방법은 있습니다. 먼저, 공부 계획을 세우고 관리하는 것이 중요합니다. 시간별로, 과목별로 어떻

게 공부할 것인지 계획을 세우고 나중에 실천했는지 반드시 점검해야 합니다. 다음은, 집중력을 높일 수 있어야 합니다. 집중력 있는 한 시간이 산만한 열 시간보다 효과적입니다. 소음, 잡념, 졸음 등 집중을 방해하는 것을 모두 없애야 합니다.

듣고 말하기 _ 들어 보세요 Tr 42 p.156

여자 : 여러분, 안녕하세요. 오늘 제가 말씀드리려고 하는 것은 '한국어를 잘하는 비결'에 대한 것입니다. 여러분은 한국어를 배운 지 얼마나 되었나요? 저는 1년이 다 됐습니다. 한국어 배우기가 어렵습니까? 저도 어렵습니다. 여러분은 지금 실력에 만족하십니까? 저는 아직 만족 못 합니다. 그럼 어떻게 하면 한국어 실력을 기를 수 있을까요? 저는 다음과 같이 세 가지 방법을 제안하고자 합니다.

첫째, 무조건 암기하고 반복하십시오. 다른 과목을 공부할 때는 암기식 공부가 바람직하지 않을 수도 있지만 저는 외국어 공부에서는 암기가 아주 중요하다고 생각합니다. 수업 시간에 배운 단어와 문장을 무조건 암기하고 한국 사람에게 실제 사용해 보세요. 이것이 어려우면 혼자 중얼거리면서 반복하셔도 됩니다.

둘째, 여러분 옆에 있는 한국어 선생님과 친구들을 적극 활용하십시오. 말이 틀려도 하나도 창피한 게 아닙니다. 연습한 대로 친구들과 이야기를 나누고, 수업 시간에 더욱 적극적으로 이야기하세요. 실패한 횟수가 늘수록 여러분의 한국어 실력도 늘어날 겁니다.

셋째, 한국 사람들과 적극적으로 얘기를 나눠 보십시오. 기회가 없다고요? 그것은 핑계에 불과합니다. 기회라는 것은 기다리는 것이 아니고 스스로 만드는 것입니다. 저는 기회만 있으면 한국 사람한테 말을 겁니다. 예를 들어 버스나 지하철에서도 옆자리에 앉은 사람한테 말을 겁니다. 한 가지 비결을 알려 드리면, 아줌마를 잡으세요. 대부분의 아줌마들은 시간적인 여유가 있어서 그런지 친절하고 아주 자세하게 말해 줍니다. 물론 말이 좀 빨라서 잘 이해하지 못하는 부분도 있습니다만, 대부분의 경우 어머니 같은 심정으로 따뜻하게 받아 줍니다.

한국말 배우기가 쉽지 않고 시간도 오래 걸리는 일이겠지만 저와 같이 열심히 재미있게 공부합시다. '나는 이렇게 하니까 도움이 되더라' 하는 여러분만의 비결이 있으면 가르쳐 주십시오. 제 발표를 끝까지 들어주셔서 감사합니다.

(히사요, 2006 가을 학기 6급 발표, 내용 일부 수정)

VI. 한국 탐구

1. 한국인 이해하기

들어가기 _ 들어 보세요 Tr 43 p.172

여자 : 얼마 전에 스웨덴에 갔는데, 거기서 묵은 유스호스텔에 재미있는 안내문이 있었어.

남자 : 뭔데?

여자 : 나라별로 그 나라 사람들에게 해서는 안 될 것을 안내하고 있었어. 예를 들어 '이탈리아 손님께, 늦게까지 노래 부르지 마세요. 미국에서 오신 분께, 여자 친구나 남자 친구를 데려오지 마세요. 일본 손님들께, 너무 일찍 일어나지 마세요.' 뭐, 이런 내용이었어.

남자 : 재미있네. 한국 사람에 대해서도 있었어?

여자 : 한국 사람 건 없었는데, 있었다면 뭐라고 했을까? 나도 궁금한데.

듣고 말하기 _ 들어 보세요 Tr 45 p.176

여자 : 안녕하세요? 오늘 저는 한국 사람이라면 누구나 알고 있는 한 과자에 대한 것으로부터 이야기를 시작하도록 하겠습니다. 이 과자는 큰 인기를 끌었는데 인기 비결은 그 맛에도 있지만 '마음을 나누는 정'을 보여 주는 광고도 큰 역할을 했습니다.

이 과자는 사람의 마음인 '정'을 주제로 광고를 합니다. 저는 한국어를 공부하면서 그 '정'이 무엇인지 궁금했습니다.

그러던 어느 여름날이었습니다. 제가 갑자기 내린 소나기를 잔뜩 맞으며 동네의 가게 앞에서 잠시 비를 피하고 있었는데, 항상 저에게 무뚝뚝하던 주인 아줌마가 저에게 불쑥 우산을 내밀었습니다. "학생, 이 우산 쓰고 빨리 집에 가. 그러다 병에 걸리면 어떡해?" 처음에 저는 당황하여 사양했지만 결국 우산과 아줌마의 따뜻한 마음을 다 받기로 했습니다. 이 경험은 저에게 적지 않은 충격과 함께 감동을 주었습니다.

저에게 그냥 친절하게 대해 준다고 느끼는 데에 그치는 것이 아니라 마음 속 깊이 감동을 느낄 수 있는 것은 왜일까요? 다른 사람과 따뜻한 마음을 나누려는 정이 그 속에 있기 때문이 아니었을까요?

한국 사람들은 어디에서나 '하하하' 하고 시끄럽게 웃고, 슬플 때 '엉엉' 하고 큰 소리로 울고, 화가 날 때는 무섭게 야단을 치기도 합니다. 저는 그런 모습에서 한국 사람들의 뜨거운 정을 느끼곤 합니다.

2. 한국의 멋

들어가기 _ 들어 보세요 Tr46 p.180

남자 : 오늘은 '한국의 미'에 대해 말씀드리겠습니다. 얼마 전에 한 외국 친구가 제게 한국의 미, 즉 한국의 아름다움을 특징짓는 말이 무엇인지 물어서 '멋'이라고 대답한 적이 있습니다. 그렇습니다. 이 '멋'이란 것은 한 마디로 말해서 한국의 미의식, 혹은 아름다움의 판단 기준을 나타내는 표현이라고 할 수 있습니다. 똑바로 써야 할 모자를 일부러 옆으로 돌려서 쓰는 것처럼 '멋은 살짝 균형을 깨뜨리는 것'이라고 했는데, 여러분은 멋을 어떤 것이라고 생각하세요? 이제부터 '멋'이란 어떤 특징이 있는지 좀 더 자세히 말씀드리겠습니다.

듣고 말하기 _ 들어 보세요 1 Tr48 p.185

남자 : 오늘은 '한국의 미' 두 번째 시간으로 한국식 정원의 특징에 대하여 설명하겠습니다. 자, 이 사진을 봐 주십시오. 이 정원은 자연스러움을 살리는 한국식 정원의 특징을 그대로 보여 주고 있습니다.

여자 : 어, 선생님. 말씀 도중에 죄송한데요. 어느 것입니까?

남자 : 두 번째 사진입니다. 한국식 정원의 자연스러움에 대해 좀 더 자세히 말씀드리자면 다음과 같습니다. 이 사진 자료를 봐 주세요.

듣고 말하기 _ 들어 보세요 2 Tr49 p.186

남자 : 오늘은 '한국의 미' 두 번째 시간으로 한국식 정원의 특징에 대하여 설명하겠습니다. 자, 이 사진을 봐 주십시오. 이 정원은 자연스러움을 살리는 한국식 정원의 특징을 잘 보여 줍니다. 한국적인 아름다움이란 자연스러움을 최대한 살리는 것이라고 말씀드렸는데, 이 정원 역시 자연의 모양을 바꾸지 않고 그대로 두고 만든 점이 특징적입니다. 언덕이 있으면 그 언덕을 깎아내지 않고, 그 상태에서 나무를 심고 집을 지었지요. 다시 사진을 봐 주세요. 어떠세요? 한국적인 특징이 느껴집니까?

여학생 : 네, 그렇네요. 언덕이 있는데, 그 언덕을 깎아내지 않고 그대로 두고 거기에 작은 집을 지었네요. 작은 집이 그곳 자연의 일부분인 것처럼 보이네요.

남자 : 그래요. 잘 지적했어요. 자연을 인간에 맞게 바꾸지 않는 것, 자연스러움이 한국적인 아름다움의 특징이지요.

여학생 : 그런데, 말씀 도중에 죄송한데요. 교수님, 다른 나라의 정원은 어떤가요? 다른가요?

남자 : 예, 좀 다릅니다. 예를 들어 일본식 정원은 인공미를 추구한다고 합니다. 다시 말해 사람이 손을 대어 자연을 닮은 정원을 만드는 것입니다. 그러니까 정원에는 기본적으로 자연적인 요소들이 필요합니다. 산을 대표하는 언덕, 강을 대표하는 물, 그리고 나무와 꽃이지요. 일본식 정원의 기본적인 형태는 흙을 쌓아 산 모양으로 언덕을 만들고 주변에 물길을 내는 것이지요. 그리고 일본은 대체로 마당이 넓지 않기 때문에 작은 공간에 자연물들을 최대한 축소하여 놓습니다. 위에서 말한 산도 사람 키 정도로 작게 하여 꾸미고요. 거기에 들어가는 자연물도 작게 하여 둡니다. 예를 들어 나무도 일부러 화분에 작게 기른 분재를 놓습니다.

모범 답안

Ⅰ. 외모와 성격

1. 갸름한 얼굴에 긴 생머리

들어가기 _ 들어 보세요 p.18

1. 동그란 눈, 갸름한 얼굴, 긴 머리
2. ☑ 남학생들 사이에 인기가 높았다.
   ☑ 보기와 달리 학생들에게 무섭게 대했다.

읽고 말하기 _ 주제 어휘 p.19

1) 마 2) 가 3) 라 4) 바 5) 다 6) 나

읽고 말하기 _ 읽어 보세요 p.21

1.

	인물	모습	인상
㉮	아이	둥근 얼굴, 까맣고 동그란 눈, 납작한 코, 넓은 이마	평범한 모습
㉯	어머니	갸름한 얼굴, 높지도 낮지도 않은 코, 그려 놓은 듯한 눈썹, 맑은 눈, 고운 얼굴, 단정하게 빗어 올린 머리	전형적인 동양 미인
㉰	담임 선생님	막걸리 방울이 튀어 하얗게 말라붙은 양복 윗도리 소매, 빗질을 안 한 부스스한 머리, 아침 세수를 안 한 것 같은 얼굴	기대와는 다른 실망스러운 모습

2 유난히 까맣고 동그란 눈
3. 일찍 돌아가신 아버지 대신 다섯 자식을 키우시는 피곤한 생활
4. 부드럽고 자상한 멋쟁이 선생님

듣고 말하기 _ 들어 보세요 p.22

1. ☑ 소개받기로 한 남자를 기다리고 있다.
2.
- 여자 : 빨간 모자를 쓴다.
- 남자 : 검정색 코트에 목도리를 두른다.

3.
- 첫 번째 남자

- 외모 : 그는 턱이 각이 졌고 머리는 뒤로 빗어 넘겼으며, 방금 면도한 듯 얼굴은 깨끗했다.
- 옷차림 : 그는 회색 바지에 잘 닦은 구두를 신었고 검정색 코트에 목도리를 두르고 있었다.

▪ 두 번째 남자
- 외모 : 그는 둥근 얼굴에 목은 짧았고 앞머리는 짧게 잘랐다.
- 옷차림 : 검정색 코트에 목도리를 두르고 흰색 운동화에 검정색 양말을 신고 있었다.

4.
▪ 빨간 모자를 썼다 : 첫 번째 들어온 남자가 마음에 들어서 약속한 대로 빨간 모자를 썼다.
▪ 먼저 들어온 남자를 보고 손을 들었다 : 자신이 만나기로 한 여자임을 알리려고 손을 들었다.
▪ 서둘러 일어나려고 했다 : 만나기로 한 남자가 마음에 안 들어서 그냥 나가려고 했다.

2. A형 성격과 B형 성격

들어가기 _ 들어 보세요 p.24

1. ☑ 성격
2. ☑ 소심하다
   ☑ 꼼꼼하다

읽고 말하기 _ 주제 어휘 p.25

1. 내성적이다　2. 관대하다　3. 까다롭다
4. 인정이 많다　5. 냉정하다　6. 참을성이 없다
7. 소극적이다　8. 이기적이다　9. 적극적이다
10. 차분하다　11. 외향적이다　12. 상냥하다

읽고 말하기 _ 읽어 보세요 p.26

1.

㉮	A형 성격의 특징
㉯	B형 성격의 특징
㉰	A형 성격과 B형 성격의 차이
㉱	A형 성격을 고치는 방법

2.
▪ A형 성격 : 급하다, 경쟁심이 강하다, 까다롭다, 성공할 가능성이 높다, 스트레스에 민감하다, 모든 것을 일일이 확인한다
▪ B형 성격 : 느긋하다, 관대하다, 참을성이 많다, 소극적이다, 주변 사람들과 잘 지내려고 한다, 병에 걸릴 확률이 낮다

듣고 말하기 _ 들어 보세요 p.28

1.

▪ 불같다	○	▪ 느긋하다	△
▪ 편안하다	△	▪ 여유가 있다	△
▪ 빈틈이 없다	○	▪ 완벽하다	○
▪ 경쟁심이 강하다	○		

2. ☑ 경쟁심이 강한 성격
3. ☑ 여유 있는 성격

3. 만나고 싶은 사람

들어가기 _ 들어 보세요 p.30

1. 여행가
2. 7년간 전 세계를 여행한 경험

읽고 말하기 _ 주제 어휘 p.31

1) 정명훈　2) 말러 교향곡 3번 d단조　3) 캐런 카길
4) 서울시향　5) 예술의전당 콘서트홀

읽고 말하기 _ 읽어 보세요 p.32

1.

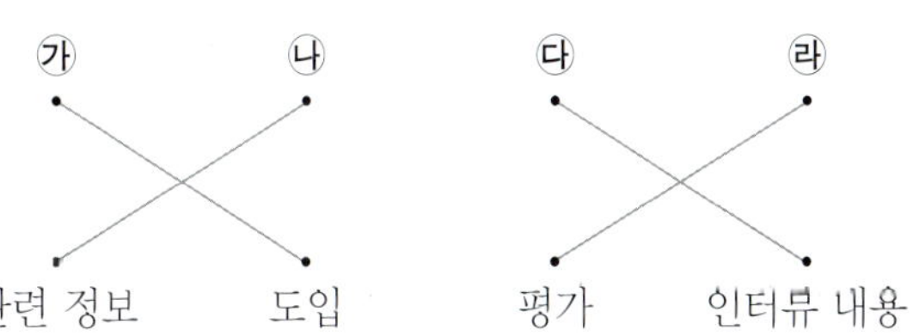

2. ☑ 편안하다
   ☑ 차분하다

3.

질문	대답
▪ 음악은 어떤 것인가?	▪ 모든 것이 빨리 돌아가는 세상에서 천천히 가면서 세상의 균형을 맞추어 주는 것. 신이 인간에게 주신 가장 위대한 선물.
▪ 어떻게 하면 좋은 지휘자가 될 수 있는지?	▪ 일반 음악가보다 노력을 훨씬 많이 해야.
▪ 앞으로의 계획은 무엇인가?	▪ 지금까지 한 일이 바로 하고 싶은 일. 앞으로도 좋은 연주를 하고 싶고, 아울러 젊은 음악가를 돕겠음.

듣고 말하기 _ 들어 보세요 1 p.35

1. 시작 부분, 바쁘실 텐데 이렇게 시간을 내 주셔서 감사합니다.

듣고 말하기 _ 들어 보세요 2 p.36

1. 음악적인 재능을 타고나는 것도 중요하지만, 노력이 더 중요한 것 같음.
2. 지휘자는 어때야 한다고 보는지
3. 여태까지 한 것이 하고 싶은 거고 앞으로도 그걸 계속할 것임. 또 하나 하고 싶은 일은 젊은 음악가를 도와주는 프로그램을 하는 것.

보충 어휘-의성어 p.39

연습 1.
1) ① 2) ② 3) ① 4) ②

연습 2.
1) 훌쩍훌쩍 2) 벌컥벌컥 3) 콜록콜록
4) 쿨쿨 5) 소곤소곤 6) 달그락달그락

연습 3.
1) 뚜벅뚜벅 2) 우당탕 3) 소곤소곤
4) 하하 5) 훌쩍훌쩍 6) 사각사각
7) 달그락 8) 콜록콜록 9) 쿨쿨
10) 벌컥벌컥

II. 사랑하는 마음

1. 사랑의 손길

들어가기 _ 들어 보세요 p.50

1. ②
2. 성금을 모아 어려운 이웃을 돕는다.

읽고 말하기 _ 주제 어휘 p.51

1.

1) 결식아동	집이 없어서 지하철역에서 잠을 잡니다.
2) 노숙자	고등학생이지만 병든 아버지, 어린 동생을 위해 돈을 법니다.
3) 독거노인	홍수가 나서 집을 잃고 학교 체육관에서 지내고 있습니다.
4) 이재민	집이 가난해서 점심을 굶습니다.
5) 난민	옆집 할아버지는 가족 없이 혼자 사십니다.
6) 소년 소녀 가장	전쟁을 피해 이웃 나라로 온 후 난민촌에서 살고 있습니다.

2.

1) 모금을 하다	무료로 밥을 주다
2) 성금을 내다	다른 사람을 돕기 위해 돈을 모으다
3) 구호품을 보내다	다른 사람을 돕기 위해 돈을 내다
4) 무료 급식을 하다	이재민에게 필요한 물건을 보내다
5) 후원하다	직접 활동하지 않고 뒤에서 돕다

읽고 말하기 _ 읽어 보세요 p.53

1. 무의탁 독거노인, 결식아동 등 도움이 필요한 사람들
2. 무료 급식
3. 불우 이웃에 관해 알리기 위해, 후원금을 모으기 위해
4. ㉰ 상황 설명 ㉱ 도움 요청
   ㉲ 끝인사/날짜/보내는 사람 ㉮ 인사
   ㉯ 편지 쓰는 목적

듣고 말하기 _ 들어 보세요 p.54

1. '열 숟가락이 모이면 밥 한 그릇이 된다'는 말처럼 작은 정성을 모아 불우 이웃에게 큰 사랑과 희망을 전할 수 있다는 뜻.
2. ☑ 무료 급식
3. 십시일반운동 10주년을 기념하여 1,000명이 모여 비빔밥을 만들어 먹는 행사를 했음. 밥과 반찬을 모아서 비비면 양이 두배로 늘어나는 비빔밥을 먹으면서 마음을 합해 불우 이웃을 돕자는 정신을 보여 주고 싶었음.
4. 동네 아주머니, 회사원, 대학생 등 다양한 사람들

2. 사랑이란

들어가기 _ 들어 보세요 p.56

1. 얼굴은 화끈화끈거리고, 가슴은 두근두근거리고, 입술은 바짝바짝 마른다.
2.
- 시간 있으면 차나 한잔하실래요?
- 처음 본 순간 제 운명의 짝이라고 느꼈습니다. 사귀고 싶습니다.
- 연극을 같이 보기로 한 친구가 못 오게 돼서요. 초대권을 버리기도 아깝고 같이 보실래요?

읽고 말하기 _ 주제 어휘 p.57

1. 짝사랑 2. 첫사랑 3. 풋사랑
4. 헌신적인 사랑 5. 순수한 사랑 6. 영원한 사랑
7. 안타까운 사랑

읽고 말하기 _ 읽어 보세요 p.58

1. 견우와 직녀가 각자 맡은 일에 신경을 쓰지 않아 엉망이 되어서.
2. 일 년에 단 한 번, 음력 7월 7일 밤에만.
3. 오랜만에 만나는 견우와 직녀가 반가워서 흘리는 눈물 때문에.
4. 견우와 직녀가 다리를 만들어 준 까마귀와 까치의 머리를 밟고 걸어다니기 때문에.
5. 안타까운 사랑

듣고 말하기 _ 주제 어휘 p.60

1. 눈에 콩깍지가 씌었나 봐요.	사랑을 하면 단점은 안 보이고 장점만 보여요.
2. 짚신도 짝이 있대요.	자기 짝이 없는 사람은 없대요.
3. 천생연분이군요.	이 사람은 하늘이 정해 준 짝인 것 같아요.
4. 첫눈에 반했어요.	처음 보자마자 사랑하게 되었어요.

듣고 말하기 _ 들어 보세요 p.61

1. 친구 사이
2. 첫눈에 반했다, 서로 너무나 잘 맞는다, 천생연분을 만났다
3. ☑ 마음이 쓸쓸하다.
   ☑ 남자에게 신경을 쓰고 있다.
4. 자신의 감정이 우정인지 사랑인지.

보충 어휘-의태어 p.65

연습 1.
1) ② 2) ② 3) ① 4) ①

연습 2.
1) 헐렁헐렁해졌다 2) 투덜투덜거려서
3) 싱글벙글하고 있다 4) 뒤죽박죽이어서
5) 살금살금 6) 허둥지둥

연습 3.
1) 꾸벅꾸벅 2) 힐끗힐끗
3) 살금살금 4) 투덜투덜
5) 싱글벙글 6) 뒤죽박죽
7) 반짝반짝 8) 깡충깡충
9) 허둥지둥 10) 헐렁헐렁

Ⅲ. 가정과 사회

1. 변화하는 가족

들어가기 _ 들어 보세요 p.74

1. '가족' 하면 떠오르는 단어
2. 가장 많은 응답자가 '사랑'을 꼽았으며 그 다음이 '힘', '행복'의 순이었음. 그러나 응답자의 5%는 '상처', '오해', '짜증' 등의 부정적인 말을 떠올렸음.
3. 대부분의 사람이 가족의 사랑을 통해 살아갈 힘과 행복을 얻고 있음. 하지만 가족에 대해 아픈 기억을 갖고 있는 사람 또한 적지 않음.

읽고 말하기 _ 주제 어휘 p.75

1. 가부장 제도　2. 대를 잇기　3. 가장
4. 권위가 있는　5. 효도를 하는　6. 혈연 의식

읽고 말하기 _ 읽어 보세요 p.76

1. 한국의 전통적인 가족 형태와 최근 가족 형태의 특징
2.

	대가족	핵가족
정의	부부와 결혼한 자녀 및 손자, 손녀들까지 포함하는 가족 형태	부부와 미혼인 자녀로만 이루어진 가족 형태
특징	아버지가 집안의 가장으로서 가족을 책임지며 모든 가족 구성원들이 아버지의 권위를 존중하고 아버지의 결정을 따른다.	부부가 동등하며 가족 문제에 대해서도 두 사람이 권리와 의무를 나눠 갖는다. 특히 가정 경제나 자녀 교육에서 여성이 남성보다 더 큰 역할을 하는 경우도 종종 있다.

3. 아들을 통해 집안의 '대를 잇는다'는 의식, 서로 피를 나누었다는 '혈연 의식', 자식이 부모에게 하는 '효도'
4. 여성의 역할이 증대되고 부부의 권리와 의무가 동등해지면서 가부장 제도나 부권 중심으로 대를 잇는 전통도 약화되고 있음.
5. 주말 가족, 기러기 가족, 한부모 가족, 재혼 가족, 입양 가족, 다문화 가정 등

듣고 말하기 _ 들어 보세요 p.78

1. 부모님께 물려받은 머리카락 하나도 소중하게 여기고, 부모님 살아계실 때는 아침저녁으로 인사를 올리며 부모님의 건강에 늘 신경 쓰고 돌아가시면 부모님 산소 근처에서 3년 상을 지냈음.
2. 효도에 대한 의식이 없어지는 것.
3. ☑ 젊은 부모들이 아이들을 너무 보호해서 키운다.
   ☑ 요즘 사람들도 효도를 하지만 그 방식이 옛날과 다르다.
4. 자식들이 경제적으로 지원을 해 주면서 부모의 독립적인 생활을 존중해 주기를 바라고 있음.

2. 행복한 가정을 위해

들어가기 _ 들어 보세요 p.82

1. 출산율을 낮추기 위한 정책에서 출산율을 높이기 위한 정책으로 변화했다.
2. 가족 형태에 따라 해결해야 할 과제가 다르기 때문에.

읽고 말하기 _ 주제 어휘 p.83

1. 제공하고　2. 공고했어요　3. 개설한대요
4. 지원하고　5. 운영하는

읽고 말하기 _ 읽어 보세요 p.84

1.

	㉮	㉯
대상	정읍시의 만 5세 이하 셋째 이상 어린이	관악구 결혼이주여성과 지역 주민
내용	셋째 이상 자녀 출산 가정에 대한 매월 보육비 지원 1) 일반 가정의 어린이 : 매월 1인당 20만 9천 원 2) 저소득층 가정의 어린이 : 매월 1인당 29만 9천 원	요리 교실 개설

2. ☑ 셋째 아이를 출산한 가정
   ☑ 셋째 아이가 만 4세인 가정
3. ☑ 저소득층 가정 지원과 보육비 지원을 같이 받을 수

없다.

☑ 요리교실은 먼저 신청하는 순서대로 참여할 수 있다.

듣고 말하기 _ 들어 보세요 1 p.86

1. 회의 시작 부분, 지금부터 회의를 시작하겠습니다.
2. 제 생각에는 ~면 좋겠습니다.

듣고 말하기 _ 들어 보세요 2 p.87

1. 어려운 문제가 있는 가정을 지원하기 위한 아이디어를 모으는 것.
2. 심사를 해서 좋은 제안은 상도 주고 실제 정책으로 만든다고 함.
3.

대상	방법
▪ 맞벌이 가정의 아이들	▪ 공부방을 마련해 준다. ▪ 공부를 지도할 선생님을 찾아 준다.
▪ 다문화 가정	▪ 한국어를 가르치고 한국 생활에 적응할 수 있도록 도와주는 프로그램을 개설한다.

3. 듣고 싶은 말

들어가기 _ 들어 보세요 p.90

1. 너를 믿는다는 말
2. ☑ 행복
   ☑ 자신감
3. 자녀들에게 너를 믿는다고 말해 주어서 자녀들이 더 자신 있게 인생을 살 수 있도록 할 것.

읽고 말하기 _ 주제 어휘 p.91

1.

1) 40% 이상의 응답자가 경제적 여유가 행복의 조건이라고 답했다.
2) 화목한 가정생활이 행복의 조건이라고 보는 응답자는 40% 이하이다.
3) 만족스러운 일이나 취미 활동이 행복의 조건이라는 응답은 30% 미만이었다.
4) 절반에 가까운 사람들이 경제적 여유를 행복의 중요한 조건으로 보고 있다.
5) 행복한 삶의 조건에 대한 응답 결과는 모두 과반수를 넘지 않는다.

2.

1) 분석해 2) 차지했다 3) 파악할
4) 나타났다 5) 실시했다

읽고 말하기 _ 읽어 보세요 p.92

1. 30~50세 기혼자 5,000명
2.

설문	응답
배우자에게 들었을 때 가장 힘이 되는 말은?	남성은 71%가 '당신을 믿어요', 여성은 49.5%가 '많이 힘들지요?'라고 응답했다.
배우자에게 해 주고 싶은 말은?	'영원히 당신만을 사랑해'라는 응답이 46.4%에 달했다.
배우자에게 가장 화가 날 때는?	'나를 무시하는 말을 할 때'라는 응답이 29%로 가장 많은 수를 차지했다.
남편이 바라는 최고의 아내상은?	43.5%가 '친구 같은 아내'라고 응답했다.
아내가 바라는 남편상은?	49.5%가 '가정적인 남편'이라고 응답했다.
다시 태어나도 현재의 배우자와 결혼할 것인가?	61.7%가 '현재의 배우자와 결혼하겠다'고 응답했다. 응답 결과는 성별로 차이를 보였다.
자녀가 있어도 좋아하지 않으면 이혼할 수 있는가?	'이혼할 수 있다'는 응답이 49%로 나타났다. 응답 결과는 성별로 차이를 보였다.
맞벌이를 하더라도 집안일은 여자 책임인가?	'그렇다'는 응답이 남성은 37%, 여성은 27%로 나타났다.
남성도 상황에 따라 전업주부를 할 수 있는가?	'그렇다'는 응답이 남성은 65.4%, 여성은 69.4%로 나타났다.

듣고 말하기 _ 들어 보세요 p.94

1. 아내 대신 살림을 하는 남자 전업주부
2.

- 첫 번째 남자 : 직장에 다니는 아내 대신 결혼 후 계속 집안 살림을 하고 있음.
- 두 번째 남자 : 직장에서 해고된 뒤 직장에 다니는 아내 대신 살림을 하게 되었음.

- 세 번째 남자 : 출퇴근 하지 않는 직업이라서 가사 분담을 하다가 살림을 맡게 되었음.

3.
- 첫 번째 남자 ①, ⑥
- 두 번째 남자 ②, ③
- 세 번째 남자 ④, ⑤

4.

	의견	태도
1) 첫 번째 남자	적성에 맞으면 남자도 살림할 수 있다.	살림하는 것에 대해 적극적이다.
2) 두 번째 남자	어쩔 수 없어서 살림을 하고 있다.	살림하는 것에 대해 소극적이다.
3) 세 번째 남자	더 잘 할 수 있는 사람이 살림을 하면 된다.	살림하는 것에 대해 적극적이다.

보충 어휘–속담 I p.99

연습 1.

1) ① 2) ② 3) ① 4) ①

연습 2.

1) 가는 말이 고와야 오는 말이 곱다
2) 뛰는 놈 위에 나는 놈 있다
3) 떡 줄 사람은 생각지도 않는데 김칫국부터 마신다
4) 길고 짧은 건 대봐야 안다
5) 사공이 많으면 배가 산으로 간다
6) 소 잃고 외양간 고친다

연습 3.

1) 길고 짧은 건 대봐야 안다고
2) 소 잃고 외양간 고치
3) 배보다 배꼽이 더 크네요
4) 세 살 버릇 여든까지 간다
5) 고래 싸움에 새우등 터진다
6) 사공이 많으면 배가 산으로 가
7) 개구리 올챙이 적 생각 못 한다
8) 가는 말이 고와야 오는 말이 고운 법
9) 뛰는 놈 위에 나는 놈 있다
10) 떡 줄 사람은 생각지도 않는데 김칫국부터 마신다

Ⅳ. 직업과 직장

1. 일하는 사람들

들어가기 _ 들어 보세요 p.112

1. 가장 인기 있는 직업에 대해 조사했음. 그 결과 1위가 공무원, 2위가 교사인 것으로 나타남.
2. 경제가 어려워지고 사회 분위기가 점점 더 경쟁적이 되어 가니까 젊은이들이 적성에 맞는 직업보다는 안정적인 직장을 중시하게 되었다.
3. 적어도 10년 후를 내다보고 자신이 전문가가 되고 싶은 분야에서 열심히 일하겠다는 마음으로 직업을 선택하는 것이 바람직하다.

읽고 말하기 _ 주제 어휘 p.113

1. 업무, 업무
2. 분야, 분야
3. 유망한, 유망하다
4. 취업하기, 취업하려는
5. 수행하기, 수행하려면

읽고 말하기 _ 읽어 보세요 p.114

1. 유망 직종의 변화
2.

1920년대		1960년대		1980년대
인기 있는 직업	→	일반적인 직업	→	직업이 없어짐

3. 컴퓨터 그래픽 디자이너, 웹 마스터, 프로그래머 등 컴퓨터 관련 직업
4. 직업도 마치 사람처럼 시대에 따라 탄생, 성장, 소멸의 과정을 겪는다. 직업을 현재 시점에서 바라보는 것 이외에도 시대와 상황 변화에 따라 살펴보는 지혜가 필요하다.

듣고 말하기 _ 주제 어휘 p.117

2.
1) 상여금 : 성공적으로 일했을 때 회사에서 상으로 주는 돈
2) 주급 : 일주일 동안 일한 대가로 받는 돈
3) 연봉 : 일을 한 대가로 일 년 동안 받는 돈을 모두 합한 금액
4) 월급 : 한 달 동안 일한 대가로 받는 돈
5) 수당 : 정해진 급여 이외에 따로 주는 돈
6) 일당 : 하루 동안 일한 대가로 받는 돈

듣고 말하기 _ 들어 보세요 1 p.117

1. ☑ 반대 의견
2. 제가 여쭤 보고 싶은 것은 ~입니다.
3. 그러니까 ~느냐 이런 말씀이시지요?

듣고 말하기 _ 들어 보세요 2 p.118

1. 취업 준비
2. 취업하고자 하는 분야가 한 곳이 아닐 때 어떻게 하면 좋은가 하는 것.
3.

금융업	제조업
▪ 월급이 높고 미래 전망도 좋음. ▪ 일의 강도가 높고 업무량이 많음.	▪ 월급이 많지 않음. ▪ 여가 시간을 즐길 수 있고 자기 개발 시간도 가질 수 있음.

4. 자신의 적성이 그 분야에 잘 맞느냐 하는 것이 가장 중요. 왜냐하면 자는 시간 빼고는 거의 직장에서 보내는데 매일 적성에 맞지 않는 일을 하러 갈 수는 없기 때문.

2. 취업 준비

들어가기 _ 들어 보세요 p.120

1. 취업 준비
2. 여기저기 원서 넣고 면접 보러 다니고 있음.
3. 취업을 위해 더 열심히 했어야 한다는 것.

읽고 말하기 _ 주제 어휘 p.121

1.

1) 모집 공고 •	• 지원 서류를 회사에 냅니다.
2) 지원서 제출 •	• 시험을 봐서 지원자의 지식을 평가합니다.
3) 서류 전형 •	• 지원 서류를 보고 지원자를 평가합니다.
4) 필기시험 •	• 대화를 하면서 지원자를 평가합니다.
5) 면접 •	• 회사에서 사원을 뽑는다는 것을 널리 알립니다.

읽고 말하기 _ 읽어 보세요 p.123

1. 1차 서류 전형, 2차 필기시험, 3차 면접
2. 입사 지원서, 자기소개서
3. 개별 통지
4. ☑  ☑ 

듣고 말하기 _ 들어 보세요 p.124

1.
▪ 자기소개를 해 보세요.
▪ 한국어 실력은 어느 정도입니까?
▪ 만약 입사하게 된다면 어떤 마음으로 일하겠습니까?
2. 긍정적, 적극적이며 사람들과 잘 어울리며 한국의 많은 것을 이해하고 있음.
3. 한국어능력시험 6급에 합격했음. 일상생활의 말하기는 불편함이 없고 소설책, 드라마, 뉴스도 잘 이해함. 발표, 토론 연습 많이 했고 통역, 번역 경험 있음.
4. 회사에 꼭 필요한 사람이 되고 싶음. 또한 한국과 자기 나라를 잇는 인재가 되고 싶음.

보충 어휘–속담 Ⅱ p.127

연습 1.
1) ① 2) ② 3) ② 4) ②

연습 2.
1) 가는 날이 장날이다 2) 누워서 떡 먹기다
3) 갈수록 태산이다 / 산 넘어 산이다 4) 소 귀에 경 읽기다
5) 꿩 먹고 알 먹기다 6) 누워서 침 뱉기다

연습 3.
1) 가는 날이 장날
2) 천 리 길도 한 걸음부터 / 시작이 반
3) 수박 겉핥기
4) 갈수록 태산 / 산 넘어 산
5) 금강산도 식후경
6) 누워서 떡 먹기
7) 누워서 침 뱉기
8) 꿩 먹고 알 먹기
9) 그림의 떡
10) 소귀에 경 읽기

V. 가르침과 배움

1. 학교 이야기

들어가기 _ 들어 보세요 p.138

1. 쉬는 시간에 먹던 점심 도시락
2. 가을에 열리던 학교 축제

읽고 말하기 _ 주제 어휘 p.139

1. 공교육
2. 평생 교육
3. 태교
4. 사교육
5. 대안 교육
6. 가정 교육

- 저는 학교 수업 후에 학원에 가요.
- 아기를 임신한 사람은 몸과 마음을 편안히 하고 조심해야 아기에게 좋아요.
- 대부분의 아이들은 만 7세가 되면 초등학교에 입학해서 학교 교육을 받기 시작해요.
- 교육의 문제점을 해결할 수 있는 방법을 찾아 교육하는 새로운 학교들이 생기고 있어요.
- 저는 문화 센터에서 서예를 배우고 있어요. 학교 졸업하고 나서도 뭔가를 배우니까 참 재미있어요.
- 아이들에게는 학교 교육뿐만 아니라 가족과의 생활 속에서 이루어지는 교육도 중요해요.

읽고 말하기 _ 읽어 보세요 p.140

1. 한국이 현재와 같은 경제 성장을 이루는 데 중요한 역할을 해 왔다.

2.
- 학제 : 6-3-3-4 (초등학교 6년, 중학교 3년, 고등학교 3년, 대학교 4년)
- 학교의 종류 : 국립, 공립, 사립
- 의무 교육 : 중학교까지
- 학기 : 2학기제(3월, 9월에 학기 시작)
- 방학 : 학기를 마친 후에 각각 겨울 방학, 여름 방학이 있음.

3.
- 중고등학교 : 무시험제
- 대학교 : 입학시험을 봄(고등학교 내신 성적, 수학 능력 시험 성적, 대학별로 치르는 논술 시험, 면접 등).

4. 입시 위주의 학교 교육과 사교육의 비중이 커지는 문제점에 대한 대안으로 생김.
5. 교육에 대한 관심은 많으나 진정한 교육은 이루어지지 않는다.

듣고 말하기 _ 주제 어휘 p.143

2.

1) 객관식
2) 주관식
3) 사지선다형
4) 단답형
5) 서술형

> 1. 정신없이 바쁜 평소 아침과는 달리 공휴일인 오늘 아침은 (　　　) 여유가 있다.
> ① 더디고　② 느긋하고
> ③ 한심하고　④ 빠듯하고

> 4. 한국의 가정에서는 부모에 대한 효도와 함께 형제들 간의 (　)을/를 강조한다. 가족 간의 유대는 한국 사회를 통합하는 기본 바탕이 되고 있다.

> ※ [57] 다음 글을 읽고 아래에 제시된 표현을 모두 사용하여 '일기 쓰기의 효과'라는 제목으로 글을 완성하십시오. (120~150자 내외) (8점)
>
> 일기는 무엇 때문에 쓰는 것인가? 그 이유는 일기가 생활의 기록으로서 마음의 수양이 되며, 관찰력과 문장력을 기르게 하기 때문이다.
> 우선, 일기는 그날 하루의 생활을 기록한 글이다. 그날의 일을 차근차근 생각하며 일기를 쓰게 되면, 자기가 겪은 일의 잘잘못을 깨닫게 되고 자기의 허물을 뉘우치게 될 것이다. 그러므로 일기를 쓰면 마음의 수양이 될 수 있다.
> 둘째, ______________________
> ______________________
> ______________________
> ______________________
> 셋째, 일기를 쓰게 되면 글 쓰는 습관이 생기게 되고 표현이 세련되어 문장력이 늘게 된다. 결국 우리는 일기를 쓰면서 덧없이 지나가는 생활을 알뜰히 간직해 두고 되새겨 볼 수 있어 더욱 보람 있게 살 수 있을 것이다.

듣고 말하기 _ 들어 보세요 p.144

1.
- 3년 동안 교육받은 결과를 한 번의 시험으로 평가하는 문

제점
- 시험 문제 유형의 문제점

2.
- 엿, 찹쌀떡 – 시험에 붙으라는 의미
- 포크 – 답을 잘 찍으라는 의미

3.

1) 객관식 — 실력보다 요령으로 시험을 보게 된다. / 정답이 정해져 있다.

2) 주관식 — 창의적 사고 능력이나 지식을 평가할 수 있다. / 채점이 100% 공정하기가 어렵다.

2. 한석봉의 어머니

들어가기 _ 들어 보세요 p.146

1. 출신 대학으로 능력을 평가하는 것이 바람직한가?
2. 응답자 대부분이 대학을 반드시 다닐 필요는 없다, 출신 대학으로 능력을 평가하는 것이 바람직하지 않다고 응답했지만 '내 자식'에 대한 질문에는 응답자 중 절반 이상이 내 자식은 대학을 졸업해야 한다, 내 자식은 좋은 대학에 입학하기 바란다고 응답함.

읽고 말하기 _ 읽어 보세요 p.148

1. 조선뿐만 아니라 중국에까지 이름난 명필
2. 어머니에 대한 그리움이 더욱 깊어 가서
3. 등잔불을 끄고 글씨를 쓰게 함. 어머니가 썬 떡은 모두 크기가 고른데 석봉이의 글씨는 제대로 쓴 게 하나도 없음.
4. 글씨 공부를 아직 마친 것이 아님을 알게 하려고 함.

듣고 말하기 _ 들어 보세요 1 p.150

1. 저는 생각이 좀 달라요.
2. 일리가 있는 말씀이에요. 저도 그렇게 생각해요.

듣고 말하기 _ 들어 보세요 2 p.150

1.
- 한석봉 어머니가 한 평가 방법은 공정하지 않다.
- 이 일화에서는 너무 엄격한 교육만 강조되고 있다.

2.
- 이 평가 방법은 평가자가 직접 모범을 보임으로써 평가받는 사람이 받아들이게 하는 힘이 있다.
- 어머니의 노력이 아들의 성공에 큰 영향을 주었다.

3. 공부 잘하는 비결

들어가기 _ 들어 보세요 p.152

1. 공부 잘하는 방법

2.
- 공부 계획을 세우고 관리한다.
- 집중력을 높일 수 있어야 한다.

읽고 말하기 _ 주제 어휘 p.153

1. 진학하다	2. 엄격하다	3. 암기하다
4. 참교육	5. 주입식 교육	6. 효과적이다

읽고 말하기 _ 읽어 보세요 p.154

1. 명문 대학 입학을 위한 주입식 교육
2. 살아 있는 교육, 참교육
3. 체험을 통해 계란 반숙하는 법을 알게 함.
4. 암기식 공부보다 문제 해결식 공부가 효과적임.
5.
- 참교육 : 자신의 자아를 발견하거나 공부의 즐거움에 빠지게 하는 살아 있는 교육
- 주입식 교육 : 많은 양의 지식을 무조건 암기하도록 하는 교육
- 문제 해결식 공부 : 계란을 지접 삶아 보는 것처럼 실패와 성공을 통하여 배우는 공부
- 암기식 공부 : 계란 삶는 법을 외우는 것처럼 밑줄 그으면서 외우는 식으로 하는 공부

듣고 말하기 _ 들어 보세요 p.156

1. 한국어를 잘하는 비결

2.
- 첫째, 무조건 암기하고 반복하라.
- 둘째, 한국어 선생님과 친구들을 적극 활용하라.
- 셋째, 한국 사람들과 적극적으로 얘기를 나눠 보라.

보충 어휘-한자성어 I p.159

연습 1.

1) ① 2) ② 3) ① 4) ①

연습 2.

1) 구사일생 2) 설상가상 3) 자포자기
4) 금시초문 5) 작심삼일 6) 금상첨화

연습 3.

1) 금시초문 2) 대동소이
3) 구사일생 4) 부전자전
5) 이구동성 6) 설상가상
7) 유비무환 8) 작심삼일
9) 금상첨화 10) 자포자기

VI. 한국 탐구

1. 한국인 이해하기

들어가기 _ 들어 보세요 p.172

1. 스웨덴의 유스호스텔에 있는 안내문
2.
- 이탈리아 손님께 : 늦게까지 노래 부르지 마세요.
- 미국 손님께 : 여자 친구나 남자 친구를 데려오지 마세요.
- 일본 손님께 : 너무 일찍 일어나지 마세요.

읽고 말하기 _ 주제 어휘 p.173

1. 열정적이다 2. 부지런하다 3. 게으르다
4. 신중하다 5. 강인하다 6. 진지하다
7. 감정적이다 8. 활기차다

읽고 말하기 _ 읽어 보세요 p.174

1.

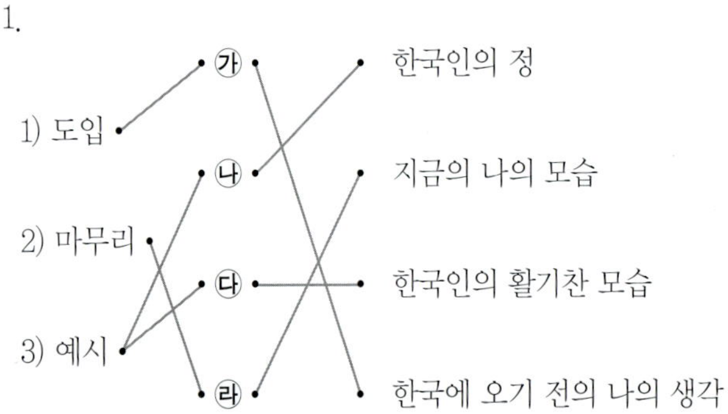

2. 한번 가 보자 하는 마음으로 충동적으로 한국에 왔다.
3. 낯설고 무표정했던 주인 부부에게서 이사할 때 도움을 받고 한국식 인간 관계를 경험하면서.
4. 2002년 한일 월드컵 때 신나게 했던 길거리 응원, 은행에서의 활기찬 일 처리
5.
- 한국에 오기 전 : 경제학을 전공하며 도서관에 박혀 있던 소극적인 사람
- 한국에 온 후 : 한국 문학을 전공하며 한국을 좋아하는 유학생. 김치를 즐겨 먹고 버스에서 노인에게 자리를 양보하고 가끔 빨리빨리 일을 해 치우는 사람

듣고 말하기 _ 주제 어휘 p.176

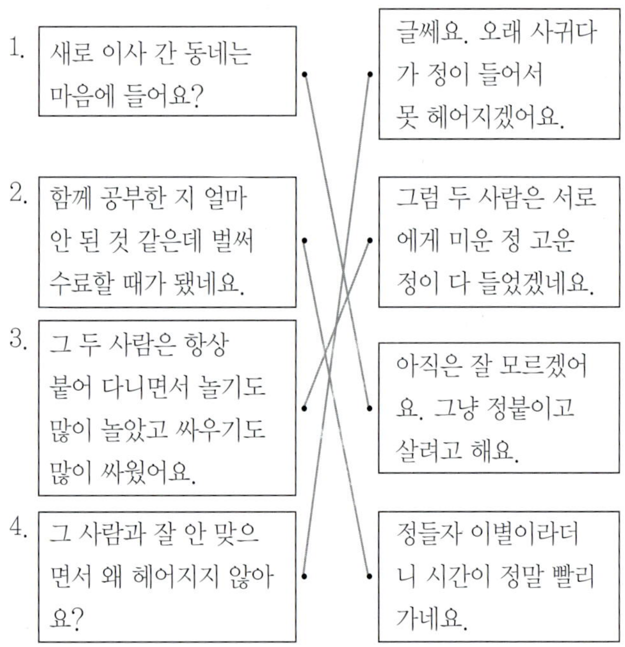

듣고 말하기 _ 들어 보세요 p.176

1. ☑ 따뜻한 마음의 표현, 정
2. 동네 가게 앞에서 소나기를 피하고 있었는데 늘 무뚝뚝하던 가게 주인아줌마가 우산을 빌려주었다.
3. 마음속 깊이 따스한 감동을 느꼈다.
4. 한국 사람들은 어디에서나 '하하하' 하고 시끄럽게 웃고, 슬플 때 '엉엉' 하고 큰 소리로 울고, 화가 날 때는 무섭게 야단을 치기도 한다.

2. 한국의 멋

들어가기 _ 들어 보세요 p.180

1. 한국의 미
2. 멋
3. 똑바로 써야 할 모자를 일부러 옆으로 돌려서 쓰는 것.

읽고 말하기 _ 주제 어휘 p.181

1. 화려한
2. 촌스럽다
3. 세련된
4. 간결한
5. 정교하게
6. 자연스러운
7. 소박하다

읽고 말하기 _ 읽어 보세요 p.183

1. 소박함, 자연스러움, 파격미, 여백의 미

2.
- 장식이 전혀 없다.
- 고운 색깔을 쓰지 않고 흰색만 썼다.
- 완벽한 원이 아니다.
- 자연스럽고 은은하다.

3.
- 장식을 최소한으로 줄였다.
- 간결한 선과 면, 나뭇결의 미를 살렸다.

4. 이 연적에서 연꽃들은 모두 가지런히 달려 있는데 유독 꽃잎 하나만이 약간 옆으로 꼬부라져 있다.
5. 서양화와 달리 여백으로 남겨진 공간이 있다.

듣고 말하기 _ 들어 보세요 1 p.185

1. 한국식 정원의 특징
2. 말씀 도중에 죄송한데요.
3. 좀 더 자세히 말씀드리자면

듣고 말하기 _ 들어 보세요 2 p.186

1. ☑ 한국식 정원과 일본식 정원의 특징
2. 1) 일본 2) 한국
3. 1) 한 2) 일 3) 일
   4) 한 5) 일 6) 한

보충 어휘-한자성어 Ⅱ p.189

연습 1.

1) ① 2) ① 3) ① 4) ②

연습 2.

1) 애지중지한다 2) 행방불명이다
3) 속수무책이다 4) 차일피일하다
5) 파란만장하다 6) 십년감수했다

연습 3.

1) 횡설수설 2) 동문서답
3) 우왕좌왕 4) 십년감수
5) 차일피일 6) 속수무책
7) 행방불명 8) 완전무결
9) 애지중지 10) 파란만장

어휘 색인

ㄴ

ㄷ

ㅁ

ㅂ

ㅈ

ㅊ

집필

최은규 서울대학교 국어국문학과 박사
서울대학교 언어교육원 한국어교육센터 대우부교수

김민애 서울대학교 국어교육학과 박사 수료
서울대학교 언어교육원 한국어교육센터 대우부교수

안경화 서울대학교 언어학과 박사
서울대학교 언어교육원 한국어교육센터 대우부교수

정인아 상명대학교 한국학과 박사
서울대학교 언어교육원 한국어교육센터 대우조교수

함창덕 한양대학교 미국학과 석사
서울대학교 언어교육원 한국어교육센터 대우조교수

번역

현혜미 이화여자대학교 외국어로서의 한국어교육학 석사
서울대학교 언어교육원 한국어교육센터 대우전임강사